左傳選

朱东润　选注

上海古籍出版社

图书在版编目(CIP)数据

左传选 / 朱东润选注. —上海：上海古籍出版社，2020.9（2025.4 重印）

ISBN 978-7-5325-9707-9

Ⅰ.①左… Ⅱ.①朱… Ⅲ.①中国历史—春秋时代—编年体②《左传》—译文③《左传》—注释 Ⅳ.①K225.04

中国版本图书馆 CIP 数据核字(2020)第 145099 号

左传选

朱东润　选注

上海古籍出版社出版发行

（上海市闵行区号景路159弄1-5号A座5F　邮政编码201101）

（1）网址：www.guji.com.cn

（2）E-mail：guji1@guji.com.cn

（3）易文网网址：www.ewen.co

上海展强印刷有限公司印刷

开本 890×1240　1/32　印张 10.625　插页 5　字数 204,000

2020 年 9 月第 1 版　2025 年 4 月第 5 次印刷

ISBN 978-7-5325-9707-9

K·2881　定价：42.00 元

如有质量问题，请与承印公司联系

电话：021-66366565

前　言

《左传》是中国一部伟大的历史作品；从它的文学价值讲，同时也是一部优秀的文学作品。我们看到，在《左传》写成的年代，中国民族文化已经达到高度的水平，这是我们可以自豪的。不仅如此，《左传》的作者，在史料方面，曾经运用大量的著作，纵使我们对于相传的“百二十国宝书”这一类的记载，不能完全指实，但是即在《左传》的叙述中，我们可以明白地指出这里有关于周、鲁、晋、齐、宋、楚、郑诸国的原始史料；我们也可以明白地指出，除了正式的官书记载以外，还有关于子产、晏婴等人传记的材料。我们看到春秋时代，即纪元前八世纪的后期到前五世纪的初期，中国民族已经是一个积蓄了丰富史料的民族。我们有这样辉煌的文化遗产，是一种莫大的光荣。

关于《左传》，留下两个问题，虽然已经获得相当的结论，但是没有得到普遍的接受：

一、《左传》的性质及书名的问题；

二、《左传》的作者及其时代的问题。

《左传》是《左氏传》（见《汉书·艺文志》）或《春秋左氏传》（见《汉书·刘歆传》）的简称，这是不是此书的原名呢？肯定了《左传》的原名，便肯定了《左传》的性质。在西汉初年和西汉初年以前，“传”的本义是一种解释，一种用和原文不同的语句而加以说明的解释。很显然地，有了“传”就必须有和“传”的语句不同的原文。在提出《左传》这个名义的时候，认定这是《春秋》（这里指鲁《春秋》——相传为孔子删定的历史记载）的一种解释，所以全名称为《春秋左氏传》，正和《春秋公羊传》、《春秋穀梁传》是同一性质的作品。这样的提出是在纪元前一世纪的末年，汉哀帝的时代，通过刘歆而完成的。但是就在刘歆的同时，一般学者坚决地不承认这是一部鲁《春秋》的解释，以致刘歆写了那篇《移让太常博士书》，到现在还保留在《汉书·刘歆传》里。一世纪的初期，《左氏传》立博士，获得政治力量的支持，那时已经肯定这是一部解经的著作了，但是当时还曾引起范升、陈元间的争执，直待贾逵出来，再经过东汉章帝的裁定，《左传》的地位才是确定了。可是晋王接就曾从《左传》的性质否定它作为《春秋》解释的地位。唐、宋以后，对于此书提出的见地更多，留待后面再谈。

在刘歆提出《左传》这个名称以前，这部书的原名是什么？《史记·十二诸侯年表序》在叙述孔子作《春秋》以后，说起："鲁君子左丘明惧弟子人人异端，各安其意、失其真，故因孔子史记具论其语，成《左氏春秋》。"这是说：这本书的原名是《左氏春秋》，作者是左丘明，作品是和鲁《春秋》并行的历史记载，但是却没有肯定这只是鲁《春秋》的解释。虽然后人对于作者及其时代还有不同的考证，但是对于原名及其性质的问题，我们是不妨这样接受的。近代康有为《新学伪经考》指出这部书是《国语》的一部分，刘歆把这一部分抽出来，配合鲁《春秋》，加上解经的语句，成为《春秋左氏传》，而把其余的部分保留下来，仍称《国语》。解经的语句，很可能不是《左氏春秋》的原文，但是康有为所说的《国语》和《左传》的关系，还没有被普遍接受。

其次是《左传》作者及其时代的问题。《史记》认为这是鲁君子左丘明所作，时代当然较孔子略后，但是没有说他是孔子的弟子，《史记·仲尼弟子列传》也没有关于左丘明的记载。《汉书·刘歆传》说起"歆以为左丘明好恶与圣人同，亲见孔子"；《后汉书》更说起光武帝"知丘明至贤，亲受孔子"。从"亲见"到"亲受"，证实了左丘明是孔子的弟子。那么为什么《史记》既然提到左丘明这部重要的著作，反而抹去了他的授受渊源，不记入《仲尼弟子列传》呢？司马迁亲自看到《弟子籍》这部记载，他没有理由清除左丘明的姓名，那么刘歆和光武帝怎样会知道左丘明是孔子的弟子呢？这很有可能是他们为了建立《春秋左氏传》的威信而造出来的。

此外后人对于左丘明是东周时人或战国时人，《左氏传》是左丘明作或非左丘明作，还有许多争论。唐赵匡首先指出左丘明“盖夫子以前贤人，如史佚、迟任之流”；他认为《左传》的作者不是左丘明。宋郑樵《六经奥论》列举八证，认为“据此八节，可以知左氏非丘明，是为六国时人，无可疑者”。郑樵又认为“左氏之书，序晋、楚事最详，如‘楚师熸’、‘犹拾沈’等语，则左氏为楚人”；在这一点上，他可能有些太主观了，因为《左传》的记载，序晋事的比序楚事的多到将近一倍，所以很难据此认为楚人的著作。清姚鼐《左传补注序》指出“余考其书于魏氏事造饰尤甚，窃以为吴起为之者盖尤多”。恰巧吴起为卫左氏(地名)人，因此有人认定这是吴起的著作。

对于吴起作《左氏春秋》的这个主张，有人还不能同意，但是从三个方面看来，我们不妨认为这是战国初期魏人的作品。

（一）《左传》关于魏事的叙述，正如姚鼐所说，有不少的夸张，如“万，盈数也，魏，大名也，以是始赏，天启之矣”；“公侯之子孙必复其始”；以及“美哉，沨沨乎，大而婉，险而易行，以德辅此，则明主也”；都可看出作者对于魏的歌颂。前四〇三年，周威烈王命魏斯为诸侯，魏的地位逐步上升，直到前三四一年，魏齐大战，魏人大败，太子申被虏，这才遇到重大的挫折。

（二）《左传》所引对于祸福的豫言，几乎无一不验，《四库全书总目提要》的作者摸清了作者的规律，认为都是从后傅合，这是正确的。哀公九年作者称“赵氏其世有乱乎”。哀公九年以后，赵人传七世，大乱亦七次，至肃侯三年公子范袭邯郸，不胜而死，大乱始定。肃侯三年为前三四七年。

（三）《左传》所记秦事，自前六二七年殽之战以后，即逐渐减少，甚至对于穆公遂霸西戎的如何获得霸权，也没有应备的记录。《史记》载穆公“益国十二，开地千里”，这是司马迁看到《秦记》的结果，而是《左传》的作者所没有接触到的。秦孝公即位以前，中间曾经有一段“秦僻在雍州，不与中国诸侯之会盟，夷翟(同狄)遇之”的时期，见《史记·秦本纪》，这是《左传》作者不能掌握秦史料的理由。孝公即位在前三六二年。

因此《左传》的成书在魏的开始强大，赵的内乱未定，和秦与东方诸国隔绝的时期，我们可以假定为前四世纪的初期。

《左传》成书的年代确定了，我们可以从此认清《左传》的思想价值。《左传》作者显然地是受到很大的儒家思想的影响的，他本身也是一个儒家，因此在《左传》里看到不少的孔子的主张。当然的，作者止是一个初期的儒家，他的见地还没有获得进一步的发展，这和后来的孟子是有所不同的。

在古代社会里，人的思想是受到古代的限制的。《左传》作者有时相信超自然的威力，相信占卜和预言——在我们认清作者所处的时代以后，这是完全不足怪的。他对时代中的重大的事变，有时还从表面的现象作出结论：例如齐桓公的向楚进兵，首先必须割断楚和蔡的连系，但是作者指出这是因为蔡人把和桓公分居的爱妾遣嫁的关系；又如晋文公的出兵截断楚人的北上，首先必须争取曹、卫，但是作者暗示这是因为曹、卫的君主在晋文公流亡的时候，没有加以重视的关系。这样的论断，对于今天的我们，不会有很大的说服力的，但是我们必须知道作者的认识，是受到时代的限制的。

孔子是前五世纪的人，他对于当时的楚、吴、越这几个国家的向北进展，是怀有恐惧的心理的。那时代的人认为楚、吴、越都是蛮夷，是异民族，因此他们的北进，是蛮夷对于华夏的进攻。孔子对于周天子，似乎没有寄托太多的希望，他止希望霸主的出现，联合华夏的诸侯，打退蛮夷的进攻。这样的思想，《左传》作者完全保存下来。在《左传》里，我们看到对于齐桓、晋文的出力的描绘，这决不是偶然的。作者在定公十年的记载里，提出孔子“裔不谋夏，夷不乱华”的主张。昭公十六年，齐人出兵，把徐国打败了，作者认为这是因为没有霸主，以至发生不断的战祸，因此他传达了叔仲昭子的慨叹：“诸侯之无伯，害哉!”这正和孔子的推崇管仲，以及《公羊传》的慨叹“上无天子，下无方伯”（僖公元年），是一线相通的。当然，《左传》成书的时代，楚人(包括吴、越在内)久已进为中国民族的组成部分，因此这个夷夏之辨，无须再提到第一位；当时的情势，也已经不是霸主出现可以解决，而必须提出大一统(孟子的“王天下”)的主张。《左传》作者未能看清，必待孟子出来，才能把儒家的理论推进一大步。

贯穿在儒家思想之中的有民本主义。《尚书》“民惟邦本，本固邦宁”（《五子之歌》)，正是这个思想的体现。民本主义当然止是封建统治阶级的一种提法，但是认识到这一点的，在那时的封建统治阶级当中，还是比较进步的。《左传》桓公六年提出季梁的主张，“夫民，神之主也，是以圣王先成民而后致力于神”；文公十三年提出邾子的主张，“天生民而树之君，以利之也，民既利矣，孤必与焉”；襄公二十五年提出晏婴的主张，“君民者岂以陵民？社稷是主”。这里都看出民本主义的认识。《左传》作者甚至对于被统治的阶级，也提出他的看法。襄公十年王叔陈生和伯舆的管家瑕禽对质，王叔认为“筚门闺窦之人”也出来讲话，那就没有办法了；瑕禽说：“今自王叔之相也，政以贿成，而刑放于宠，官之师旅不胜其富，吾能无筚门闺窦乎！”这是说：自从你执政以后，贪污放纵，相习成风，做官的不胜其富，我们那能不住在柴门小窗洞的屋子呢？这里指出人民的穷苦，正是统治者的压迫和剥削的结果。《左传》作者的提出，是有他的进步性的。

前五世纪、前四世纪的儒家思想，有它的积极一面，但是也有它的消极一面；这个消极一面，特殊表现在它的保守性。孔子自称“信而好古”，为什么要“好古”呢？这正是保守。因为保守，有时对于新的事物，认识便不清楚，甚至还要加以毁谤。子产是春秋后期的伟大的政治领袖，孔子对他也是极端的推崇。前五三六年，子产看清了时代的要求，把当时的法律条文，用金属品铸定下来，成为成文法，这正是合乎时代要求的一件大事，但是保守的晋人叔向给他说：“终子之世，郑其败乎！”这是说在子产的这一代，郑国一定要走上失败的道路。保守的统治阶级总是要维护它的特权，不愿意成文法的公布。尤其可怪的是在二十几年以后，晋国的赵鞅、荀寅，看到人民对于成文法的要求，在前五一三年，向人民征求了四百八十斤铁，把晋的法律条文也铸定下来，孔子说："晋其亡乎！"保守的儒家甚至认为成文法的公布是亡国的先声。《左传》作者把叔向和孔子的言论记载下来，正透出了他自己的看法。

综合《左传》作者在记载中透露出来的思想，我们可以说，这里有进步的思想，也有保守落后的思想，但是我们可以肯定地说，进步的思想是主要的。

《左传》的艺术价值，是自古以来所公认的，因此我们不需要作详尽的分析。有一点必须提出的，就是我们对于《左传》全书或某篇全篇的结构，是无法给以全面的估计的。从原来的《左氏春秋》，进而为刘歆的《春秋左氏传》，再进而为杜预的《春秋经传集解》，中间经过两次的转手。刘歆的割裂窜乱，是公认的事实；杜预自己说，曾经"分《经》之年与《传》之年相附"，可见他也曾加以变动。经过两次转手以后，我们是无法看到原来的结构的。马骕的《左传事纬》，可算是一种《左氏春秋》还原的工作，但是这只是一种企图，不同的人会有不同的尝试，而每次尝试的结果，都不可能是完美的。

从《左传》的叙述里，我们看到作者对于任何一个大的战役，都能把来历和结果，叙得清清楚楚；他把参加这一个战役的主要成员的主张和看法，都直接表达出来；他不一定把面对面的相扑加以描绘，有时只把和这个战役有关的几件小事叙述了，给它以适当的烘托。这样的写法在城濮之战、邲之战的叙述中都可以看到。《史记·项羽本纪》写钜鹿之战、垓下之战，对于正面的战争，写得不多，正是这个写法的继承。

《左传》作者对于小的动作，常有非常生动的刻划。桓公元年叙述华父督见孔父之妻，"目逆而送之"。这是写的两眼的瞪视，从远而近，再从近而远。庄公十二年叙述陈人把南宫万送回宋国的经过，“陈人使妇人饮之酒，而以犀革裹之，比及宋，手足皆见”。这是写的勇士的手足，穿过犀牛皮的情形。襄公二十六年，郑皇颉在对楚作战中被俘了，王子围和穿封戌争取俘虏。伯州犁提出一个办法：由皇颉自己承认。他介绍了一番，“上其手曰，‘夫子为王子围，寡君之贵介弟也’；下其手曰，‘此子为穿封戌，方城外之县尹也。谁获子？’”从“上下其手”的当中，透出了说话人的用意。昭公元年写郑子皙、子南求婚的姿态，“子皙盛饰入，布币而出；子南戎服入，左右射，超乘而出”；着礼服的恭恭敬敬地把礼物献上，着武装的气概轩昂地表现了武士的英姿；不消说，惟有武士会获得美人的重视。在这些叙述里，《左传》作者有他的优点，不过这在他只能算是次要的。

在人物形象的塑造方面，《左传》作者有他的特长，有时他来一个集中的加强表现，这止有使得这个人物更突出、更生动。因为《左传》是一部历史作品，我们很难肯定作者在写作的时候是有这样的动机的，但是不妨说他的写作会产生这样的结果。关于人物形象的写法，将在选文中随时提及，这里不再举例了。

因为体例所限的关系，对于历代以来《左传》研究的成果，以及和《左传》研究有关的著作，这里不多说。在读者愿意作进一步的钻研的时候，当然以后会接触到，这里提供的只是最基本的选注本。

《左传》是一部伟大的优秀的作品，为什么选定这几篇呢？本来读《左传》的时候，有人重视国家大事的叙述，也有人欣赏生动活泼的小品。这个选本是偏重国家大事的叙述的，因为从这里面可以看到春秋时代的整个轮廓。同时，我们认为，即使是在国家大事的叙述中，《左传》作者也是充分发挥了他的文学才能，塑造了鲜明的形象，生动地描写了事件的进展。在选材的时候，基本上依靠马骕的《左传事纬》，这是一部在研究《左传》时，不可不读的著作。

注释古书是一件非常细致的工作，这里需要博学、耐心，和那种不辞辛苦，但求于读者有益的怀抱——这都是对我说不上的，所以实际上我是不适合于做这样的工作的。因此这本书是我自己不能完全满意的，诚恳地期待读者和专家们的指教。在注释的时候，主要地依靠杜预的《春秋经传集解》和洪亮吉的《春秋左传诂》，同时也参照了其他诸家的著述，尤其是清代诸家解经的作品。这里不列举诸家的姓名和原文，但是我是丝毫不敢掠美的。

在注释方面，偶然也有和旧注不同的地方，这里可以举出一点：

僖公二十二年："宋公将战，大司马固谏曰……"杜预注："大司马固，庄公之孙公孙固也。"洪亮吉根据韦昭《国语注》，也认为大司马固，就是公孙固。本来同篇之中有了大司马，又有司马子鱼，恰巧这时又有公孙固，因此韦昭、杜预认为大司马和司马是两个官名，而"大司马固谏曰……"便是"大司马公孙固谏曰……"但是顾炎武《左传杜注补正》却认为大司马就是司马子鱼。炎武此说曾经受到后人的驳诘。可是我们以《左传》证《左传》，炎武的主张是可以成立的。文公八年《春秋》："宋人杀其大夫司马。"《左传》："夫人因戴氏之族以杀襄公之孙孔叔、公孙钟离及大司马公子卬，皆昭公之党也。司马握节以死，故书以官。"一行之中，公子卬称"大司马"，又称"司马"，可见此处加"大"止是宋人特有的风气，这就看出僖公二十二年的"大司马"和"司马"子鱼止是一个人。《史记·宋世家》关于这件事的记载，也把谏辞属于司马子鱼。结合《史记》的记载，因此接受了顾炎武的主张。

在注释的时候，基本上是用的浅近的文言。标音根据黎锦熙先生主编的《国音常用字汇》，对于阴平、阳平、上、去，都分别标出。* 可能有人对于四声的分别不很习惯，觉得四声无须标出，其实人民口头既然有四声的存在，便有标出四声的必要，这

---

* 按：为了适合现代读者的阅读习惯，本次出版将标音改为现代汉语拼音；另外为了帮助读者理解，在尊重朱东润先生注释的前提下对《左传》原文进行了白话今译。以上文字工作均由特约编辑曹南屏先生担任。

是可以说出理由的。

《左传》在由《左氏春秋》转手为《春秋左氏传》的时候，插入了解经的语句，这一件工作是不是刘歆一人的工作，姑且不管，但是有时因为插入经解，以致上下语气不贯，这是显然的事实。有的选本索性把经解删去，文义更觉流畅。这本书里对于解经的语句，另用仿宋字排印，一面保存本来的面目，同时也表示有所区别。

选注者对于担任本书工作的学力，是非常不够的；同时因为业务工作的关系，也没有能够好好掌握时间，争取为本书作最大的努力。因此在选注方面的讹误，必然是难免的，惟有请求读者加以指正，俾能及时纠正错误。

一九五五年九月二日

目　录

郑庄小霸

隐公元年(前七二二)

初，郑武公娶于申[1]，曰武姜[2]，生庄公及共叔段。庄公寤生[3]，惊姜氏，故名曰寤生，遂恶之。爱共叔段，欲立之，亟请[4]于武公，公弗许。及庄公即位，为之请制[5]，公曰："制，岩邑也[6]，虢叔死焉，佗邑唯命[7]。"请京[8]，使居之，谓之京城大叔[9]。

【注释】

〔1〕郑，姬姓国，在今河南新郑县等地。申，姜姓国，在今河南南阳县。

〔2〕武，从夫谥；姜，从母国姓。

〔3〕武姜寐时生庄公，至寤始觉，故曰寤生。一说，始生即开目者曰寤生。

〔4〕亟请，屡请也。

〔5〕制，一名虎牢，今河南汜水县，本为东虢国故地。

〔6〕岩邑，岩险之地也。

〔7〕佗亦作他。

〔8〕京，今河南荥阳县。

〔9〕大叔读太叔。

【译文】

当初，郑武公从申国迎娶妻室，名叫武姜，生下了庄公和共叔段。庄公是在姜氏睡着的时候出生的，这使姜氏很受惊，所以就取名寤生，因此姜氏就不喜欢他。姜氏喜爱共叔段，想立他为太子，屡次向武公请求，武公没有同意。等到庄公即位，姜氏为共叔段请求制这个地方为封邑，庄公说：“制，是一个险要的城邑，虢叔就曾经死在那里，如果选择其他的城邑我一定按您说的办。”姜氏又请求京这个地方，让共叔段作为封邑，称作京城太叔。

祭仲〔1〕曰：“都城过百雉，国之害也。〔2〕先王之制，大都不过参国之一〔3〕，中五之一，小九之一。今京不度，非制也，君将不堪。”公曰：“姜氏欲之，焉辟〔4〕害？”对曰：“姜氏何厌之有〔5〕！不如早为之所，无使滋蔓〔6〕，蔓难图也；蔓草犹不可除，况君之宠弟乎！”公曰：“多行不义，必自毙，子姑待之！”

【注释】

〔1〕祭仲，郑大夫。

〔2〕三丈为雉，百雉，城周三百丈也。国与都对举，国指国都，都指所属之城邑。

〔3〕参与三通。大城之面积，比之国都，不得超过三分之一。

〔4〕辟与避通。

〔5〕言姜氏不知厌足也。

〔6〕滋，益也。蔓，延也。

【译文】

祭仲说：“大城城墙的周长过了三百丈，将会对国都构成威胁。按照先王定下的制度，大城不能超过国都的三分之一，中的不超过五分之一，小的不超过九分之一。如今京地没有按照这一标准，是不合于制度的，恐怕将给您带来祸害。”庄公说：“姜氏要这么做，我哪里能避免祸害呢？”祭仲回答说：“姜氏怎么会有满足的时候！不如及早打算，不要使事态进一步滋生蔓延，一旦蔓延就难以对付了；蔓延开来的杂草都很难除尽，何况您那受宠的弟弟呢!”庄公说:“不义的事情做得太多,必然自食其果,你姑且等着看吧!”

既而大叔命西鄙北鄙贰于己[1],公子吕[2]曰:“国不堪贰,君将若之何?欲与大叔,臣请事之;若弗与,则请除之,无生民心。”公曰:“无庸[3],将自及。”大叔又收贰以为己邑,至于廪延[4]。子封曰:“可矣,厚将得众。”公曰:“不义不暱[5],厚将崩。”

【注释】

〔1〕鄙,边邑也。贰,两属;一说,贰,附益也。

〔2〕公子吕即子封,郑大夫。

〔3〕无庸,庸与用通。言无用除之也。

〔4〕廪延,今河南汲县延津县间。

〔5〕暱音 nì,亲也。

【译文】

不久,太叔命令西部和北部的边境地区既听庄公命令、又听自己命令,公子吕说:“一个国家是不能存在两面听命的情况的,您将如何对待这件事呢?如果想让位于太叔,为臣恳请侍奉他;如果不想让位,那么就请您除掉他,不要使百姓产生其他想法。”庄公回答说:“用不着,他将自食其果。”太叔又收纳了两个城作为自己的封邑,已经扩展到了廪延。子封说:“可以采取行动了,势力大了就会得到民心。”庄公回答说:“做不义的事情就不能使人亲近,势力再大都将崩溃。”

大叔完聚[1],缮甲兵[2],具卒乘[3],将袭郑[4]。夫人将启之[5],公闻其期,曰:“可矣。”命子封率车二百乘以伐京[6],京叛大叔段,段入于鄢[7],公伐诸鄢。五月辛丑[8]，大叔出奔共[9]。

【注释】

〔1〕完聚，完其城郭，聚其人民禾黍。
〔2〕缮，修理也。
〔3〕卒乘，步卒及车乘。
〔4〕袭，掩取也。
〔5〕夫人指武姜。启，内应也。
〔6〕古时一乘有步卒七十二人，甲士三人。
〔7〕鄢，今河南鄢陵县。
〔8〕古以甲子、乙丑……纪日，辛丑为五月二十三日。
〔9〕共，今河南辉县。

【译文】

太叔修治了城郭，聚集了人民和粮食，修缮了铠甲和兵器，准备好了步兵和车乘，将要来袭取郑国的国都。姜氏将要作为内应，庄公听闻了举事的日期，说："可以采取行动了。"命令子封率战车二百乘去讨伐京邑，京邑的人民反叛太叔段，太叔段逃到鄢邑，庄公就到鄢邑讨伐他。五月辛丑，太叔逃亡到共国。

书曰："郑伯克段于鄢[1]。"段不弟，故不言弟；如二君，故曰克；称郑伯，讥失教也，谓之郑志；不言出奔，难之也。

【注释】

〔1〕见本年《春秋经》。

【译文】

《春秋》上说："郑伯克段于鄢。"共叔段不守为人弟的本分，所以不称"弟"；兄弟俩就像两个君主一样，所以称"克"；称庄公为郑伯，是为了讥刺他缺少对弟弟的管教，认为这是郑庄公的本来意愿；没有提及出奔一事，是因为史官下笔有困难。

遂寘姜氏于城颍[1]而誓之曰："不及黄泉，无相见也！"既而悔之。颍考叔为颍谷封人[2]，闻之，有献于公。公赐之食，食舍肉，公问之。对曰："小人有母，皆尝小人之食矣，未尝君之羹，请以遗之！"公曰："尔有母遗[3]，繄[4]我独无！"颍考叔曰："敢问何谓也？"公语之故，且告之悔。对曰："君何患焉！若阙地[5]及泉，隧而相见，其谁曰不然？"公从之。公入而赋："大隧之中，其乐也融融！"姜出而赋："大隧之外，其乐也洩洩[6]！"遂为母子如初。君子曰[7]："颍考叔，纯孝也，爱其母，施及庄公[8]。《诗》曰[9]：'孝子不匮，永锡尔类[10]。'其是之谓乎。"

【注释】

〔1〕寘与置同。城颍，今河南临颍县西北。

〔2〕颍谷，颍水所出，在今河南登封县。封人，典封疆之官。

〔3〕遗音 wèi，赠也。

〔4〕繄音 yī，语助词。

〔5〕阙地与掘地同。

〔6〕洩音 yì，洩洩，舒散也。

〔7〕《左传》所称"君子曰"，多采取当时君子之言，或断以己意。

〔8〕施音 yì，延也。

〔9〕见《大雅・既醉篇》。

〔10〕言孝子之心，不至匮乏，永远赐及同类也。锡，赐也。

【译文】

于是把姜氏安置在城颍，然后发誓说："不到黄泉，就绝不相见！”说好以后又开始后悔。颍考叔是颍谷地区的封人官，听闻了这个情况，就献给庄公一些东西。庄公赐他美食。颍考叔享用美食时并没有吃肉，庄公就问他原因。颍考叔回答：“小人有个老母亲，平日都是吃小人供奉的食物，从来没有吃过君主的食物，我请求把这肉给我母亲吃！”庄公慨叹：“你有母亲可以赠与，而我却独独没有！”颍考叔说：“敢问这是什么意思？”庄公告诉他原因，并且告诉他自己的后悔。颍考叔回答说：“您有什么可忧虑的呢！如若掘地到涌出泉水，在挖的地道里相见，有谁会说您违背誓言呢？”庄公听从了他的献策。庄公进入地道后赋诗说：“在这个偌大的地道之中，真是其乐融融啊！”姜氏走出地道后也赋诗说：“在这个偌大的地道之外，快乐得如此舒畅！”于是就恢复了母子关系。时人君子说：“颍考叔，真是个孝子啊，爱自己的母亲，又影响到庄公。《诗》说：‘孝子之心不至匮乏，永远赐及你的同类。’说的就是这样的事吧。”

隐公六年(前七一七)

五月庚申〔1〕，郑伯侵陈〔2〕，大获。往岁，郑伯请成〔3〕于陈，陈侯〔4〕不许，五父〔5〕谏曰：“亲仁善邻，国之宝也，君其许郑！”陈侯曰：“宋、卫实难〔6〕，郑何能为！”遂不许。君子曰：“善不可失，恶不可长〔7〕，其陈桓公之谓乎。长恶不悛〔8〕，从自及也，虽欲救之，其将能乎！《商书》曰〔9〕：‘恶之易也〔10〕，如火之燎于原，不可乡迩〔11〕，其犹可扑灭〔12〕！’周任有言曰〔13〕：‘为国家者见恶如农夫之务去草焉，芟夷蕴崇之〔14〕，绝其本根，勿使能殖，则善者信矣〔15〕。’”

【注释】

〔1〕庚申为五月十二日。

〔2〕陈，妫姓国，在今河南淮阳县。
〔3〕请成，求和也。
〔4〕陈侯，陈桓公也。
〔5〕五父，桓公弟公子佗也。
〔6〕宋，子姓国，在今河南商丘县等地。卫，姬姓国，在今河南淇县、滑县等地。难，去声，实难，言宋卫实可患也。
〔7〕长音 zhǎng，滋长也。
〔8〕悛音 quān，改过也。
〔9〕见《商书·盘庚篇》。
〔10〕原缺“恶之易也”四字。易也，犹易长也。
〔11〕乡与向通。乡迩，逼近也。
〔12〕其犹可扑灭，犹言不可扑灭。
〔13〕周任，周大夫。
〔14〕芟音 shān，除草也。夷，灭也。蕴，积也。崇，聚也。
〔15〕信，申也，读作申。

【译文】

五月庚申这一天，郑庄公入侵陈国，大获全胜。过去，郑庄公曾经向陈国求和，陈侯没有同意，五父劝谏说：“亲近仁义而和睦邻国，这是国家宝贵的政策，您还是答应郑国的请求吧！”陈侯说：“宋国、卫国才是真正的祸患，郑国能有什么作为！”于是没有同意。时人君子说：“善是不能丢失的，恶是不能滋长的，是在说陈桓公吧。滋长了恶而不知悔改，然后就会自食其果，即使想要挽救，又怎么可能呢？《商书》说：‘恶的容易滋长，就像大火在平原上燃烧，连逼近它都不能，怎么还可以扑灭！’周任有句话说：‘治理国家的人看到恶就如同农夫必须要把杂草除去，铲除掉以后堆积起来作肥料，断绝它的老根，不让它再能生长，那么善就能发展起来了。’”

隐公九年(前七一四)

北戎[1]侵郑，郑伯御之，患戎师，曰：“彼徒我车[2]，惧其侵轶我也[3]。”公子突曰[4]：“使勇而无刚者尝寇[5]而速去之，君为三覆[6]以待之，戎轻而不整，贪而无亲，胜不相让，败不相救，先者见获，必务进，进而遇覆，必速奔；后者不救，则无继矣，乃可以逞。”从之。戎人之前遇覆者奔，祝聃逐之[7]，衷戎师[8]，前后击之，尽殪[9]。戎师大奔。十一月甲寅[10]，郑人大败戎师。

【注释】

〔1〕北戎即山戎，居今河北。
〔2〕彼徒我车，彼用步卒，我用兵车也。
〔3〕轶音 yì，自后过前曰轶。
〔4〕公子突，庄公次子。
〔5〕尝寇，向寇挑战也。
〔6〕覆，伏兵也。
〔7〕聃音 dān。祝聃，郑大夫。
〔8〕衷戎师，贯戎师之中也。
〔9〕殪音 yì，死也。
〔10〕甲寅为十一月二十六日。

【译文】

北戎入侵郑国，郑庄公率兵抵御他们，又为北戎的军队而担心，说：“他们用步兵，而我们用兵车，我怕他们从后边突然绕到我军之前袭击我们。”公子突说：“派遣一些勇敢而不刚毅的兵士向敌寇挑战，和敌人一接触就马上退走，您另外安排三批伏兵等他们，北戎的人轻率而不整肃，贪婪而不团结，打赢了各不相让，打败了各不相救，在前面的人看到有所缴获，一定会力主进军，进军遇到伏兵，一定会迅速奔逃；在后面的人不会去救援，就没有后继，于是我们的计谋就得逞了。”郑庄公听从了他的献策。在前面遇到伏兵的戎人四散奔逃，祝聃驱逐了他们，再从中间截断戎人的军队，前后夹击他们，将其全部歼灭。戎人的后继部队纷纷四散奔逃。十一月甲寅这一天，郑人把北戎的军队打得大败。

隐公十一年(前七一二)

郑伯将伐许[1]，五月甲辰，授兵于大宫，[2]公孙阏[3]与颍考叔争车，颍考叔挟辀以走[4]，子都拔棘[5]以逐之，及大逵[6]，弗及，子都怒。秋七月，公会齐侯[7]、郑伯伐许。庚辰，傅于许。[8]颍考叔取郑伯之旗蝥弧[9]以先登，子都自下射之，颠。瑕叔盈[10]又以蝥弧登，周麾[11]而呼曰："君登矣。"郑师毕登。壬午[12]，遂入许，许庄公奔卫。齐侯以许让公，公曰："君谓许不共[13]，故从君讨之。许既伏其罪矣，虽君有命，寡人弗敢与闻[14]。"乃与郑人。

【注释】

〔1〕许，姜姓国，在今河南许昌县。

〔2〕甲辰为五月二十四日。大宫，郑之祖庙，读太宫。授兵，分发武器也。

〔3〕阏音 è。公孙阏即子都，郑大夫。

〔4〕辀音 zhōu，车辕也。

〔5〕棘，戟也。

〔6〕大逵，郑国都之大路。

〔7〕公，指鲁隐公。鲁，姬姓国，都曲阜，今山东曲阜县。齐侯，齐僖公。齐，姜姓国，都营丘，今山东临淄县。

〔8〕庚辰为八月一日。傅与附通，包围也。

〔9〕蝥音 máo。蝥弧，旗名。

〔10〕瑕叔盈，郑大夫。

〔11〕周麾，遍招也。

〔12〕壬午为八月三日。
〔13〕共与恭通。
〔14〕寡人，国君谦称也。

【译文】

郑庄公将要进攻许国，五月甲辰，在太宫内分发武器，公孙阏和颍考叔争夺兵车，颍考叔挟带车辕奔跑，子都拔出戟来追逐他，一直到国都的大路上还没有追到，子都很愤怒。秋季，七月，鲁隐公会同齐僖公、郑庄公进攻许国。庚辰这一天，包围了许国国都。颍考叔举着郑庄公的蝥弧旗率先登上城墙，子都在城下用弓箭射他，颍考叔坠城而死。瑕叔盈又举着蝥弧旗登上城墙，向四周招展旗帜并且欢呼道："我们的国君登上城墙了。"于是郑国的军队全部登上了城墙。壬午这一天，占领了许都，许庄公奔逃到卫国。齐僖公把许国让给鲁隐公，隐公说，"您说许国不恭敬，所以寡人才跟从您讨伐它。许国既然已经认罪，即使您有这样的要求，寡人也不敢参与这件事。"于是许国划归郑国。

郑伯使许大夫百里奉许叔〔1〕以居许东偏，曰："天祸许国，鬼神实不逞〔2〕于许君，而假手于我寡人〔3〕。寡人唯是一二父兄不能共亿〔4〕，其敢以许自为功乎？寡人有弟，不能和协，而使餬其口〔5〕于四方，其况能久有许乎？吾子其奉许叔以抚柔此民也，吾将使获也〔6〕佐吾子。若寡人得没于地，天其以礼悔祸于许，无宁兹许公复奉其社稷〔7〕。唯我郑国之有请谒〔8〕焉，如旧昏媾〔9〕，其能降〔10〕以相从也，无滋他族实偪处此，以与我郑国争此土也。吾子孙其覆亡之不暇，而况能禋〔11〕祀许乎？寡人之使吾子处此，不唯许国之为〔12〕，亦聊以固吾圉也〔13〕。"乃使公孙获处许西偏，曰："凡而器用财贿〔14〕，无置于许，我死，乃亟去之。吾先君新邑于此[15]，王室而既卑矣，周之子孙，日失其序[16]；夫许，大岳之胤也[17]，天而既厌周德矣，吾其能与许争乎？”君子谓郑庄公于是乎有礼。礼，经国家，定社稷，序民人，利后嗣者也。许无刑[18]而伐之，服而舍之，度德而处之[19]，量力而行之，相时而动，无累后人，可谓知礼矣。

【注释】

〔1〕许叔，许君之弟。
〔2〕逞，快也。不逞，不快也。
〔3〕假与借通。言借手于我寡德之人以讨许也。
〔4〕亿，安也。共亿，相安也。
〔5〕餬音 hú。餬口，寄食也。
〔6〕获即公孙获，郑大夫。
〔7〕无，发语词。宁，乃也。社稷，土谷之神，为国家之代称。
〔8〕谒，告也。
〔9〕妇之父曰昏，重婚曰媾，通指亲属。
〔10〕降，降心也。
〔11〕禋，祀也，音 yīn。
〔12〕为，去声。
〔13〕圉音 yǔ，边境也。
〔14〕而与尔通。贿，货也。
〔15〕新邑于此，新居于此也。
〔16〕序与绪通。绪，业也。
〔17〕大岳读泰岳，神农之后也。胤音 yìn，后嗣也。
〔18〕刑，法也。
〔19〕度，去声，考虑也。

【译文】

郑庄公让许国的大夫百里侍奉许叔居住在许国国都的东边，说：“上天降祸许国，鬼神确实因为许国国君而感到不快，而借我寡德之人的手来讨伐许国。寡人只有一两个父老兄弟都不能和睦相处，怎么敢把讨伐许国当成自己的功劳？寡人有个弟弟，不能和睦相处，而使他在外邦寄食，难道我还能长久占有许国？您侍奉许叔来安抚这里的人民，我将派公孙获来辅佐您。如果寡人得以善终，上天又依礼撤除降于许国的祸害，让许公再来治理他的国家。那时如果我们郑国对许国有所请求，可能就像对待旧有的亲属一样，会降格同意的吧，不要让其他的国家滋蔓到迫近这里，来与我郑国争夺这块土地。我的子孙到时候挽救危亡还来不及，又怎么能替许国祭祀祖先呢？寡人让您居住在这里，不单是为了许国，也是姑且以此来巩固我国的边境。”于是派公孙获驻在许国的国都西边，说：“凡是你的用具和财物，都不要放在许国，我死后，你就赶快离开许国。我的先君刚刚在这里新建城邑时，周王室已经开始衰微了，周王朝的子孙，也日渐失却其祖先的功业；许国，是大岳的后嗣，上天既然已经厌弃周王朝，我怎么能与许国相争呢？”时人君子都说郑庄公在这件事情上是合乎礼的。礼，是用来经略国家，安定社稷，使人民有秩序，使子孙后代获益的。许国没有法度就去讨伐它，服罪后就饶恕它，权衡自己的德行而处置，估量自己的力量而行事，看准了时机才采取行动，不去连累后代，可以说是懂得礼了。

郑伯使卒出豭〔1〕，行〔2〕出犬鸡，以诅射颍考叔者。君子谓郑庄公失政刑矣。政以治民，刑以正邪，既无德政，又无威刑，是以及邪，邪而诅之，将何益矣！

【注释】

〔1〕百人为卒。豭音 jiā，牡豕。

〔2〕二十五人为行，音 háng。

【译文】

郑庄公令军队中每一卒奉献一头猪，每一行奉献一只狗和一只鸡，用来祭祀神灵以诅咒射死颍考叔的人。时人君子认为郑庄公这样做丧失了政和刑的原则。政是用来治理人民的，刑是用来匡正邪恶的，既没有施德的政，又没有加威的刑，所以邪恶的事情才会发生，等到发生了邪恶的事情才去诅咒它，又有什么好处呢！

桓公五年（前七〇七）

王夺郑伯政〔1〕，郑伯不朝。秋，王以诸侯伐郑，郑伯御之。王为中军；虢公林父〔2〕将右军，蔡人〔3〕、卫人属焉；周公黑肩〔4〕将左军，陈人属焉。郑子元请为左拒〔5〕以当蔡人、卫人，为右拒以当陈人，曰："陈乱，民莫有斗心，若先犯之，必奔；王卒顾之，必乱；蔡、卫不枝〔6〕，固将先奔；既而萃〔7〕于王卒，可以集事〔8〕。"从之。曼伯〔9〕为右拒，祭仲足〔10〕为左拒，原繁、高渠弥〔11〕以中军奉公，为鱼丽之陈〔12〕，先偏后伍〔13〕，伍承弥缝〔14〕。战于繻葛〔15〕，命二拒曰："旝动而鼓〔16〕。"蔡、卫、陈皆奔，王卒乱，郑师合以攻之，王卒大败。祝聃射王中肩，王亦能军〔17〕。祝聃请从之〔18〕，公曰："君子不欲多上人，况敢陵天子乎〔19〕，苟自救也。社稷无陨，多矣。"夜，郑伯使祭足劳王〔20〕，且问左右〔21〕。

【注释】

〔1〕王，周桓王也。郑庄公旧为周卿士，至是，桓王不用他继续管理王政。

〔2〕虢公林父，周卿士。

〔3〕蔡，姬姓国，今河南汝南上蔡、新蔡等县。
〔4〕周公黑肩，周卿士。
〔5〕子元即公子突。拒，方阵，左拒，左方作战之单位也。
〔6〕枝，支持也。
〔7〕萃，聚也。
〔8〕集事，成事也。
〔9〕曼伯，郑大夫。
〔10〕祭仲足即祭仲。
〔11〕原繁、高渠弥，皆郑大夫。
〔12〕陈与阵通。鱼丽，阵名。
〔13〕车战，二十五乘为偏。五人为伍。兵车居前，以伍次之。
〔14〕步卒承兵车之后，而弥缝其阙漏也。
〔15〕繻音 xū。繻葛，郑地，今河南长葛县北十二里。
〔16〕旝音 kuài，红色之旗也。红旗动而鸣鼓。
〔17〕言犹能整饬队伍。
〔18〕从之，追之也。
〔19〕陵，侮也。
〔20〕劳，去声，慰劳也。
〔21〕慰问王左右之臣也。

【译文】

周桓王褫夺了郑庄公管理王政的权利，郑庄公不去觐见周王。这一年秋天，周桓王纠集天下诸侯讨伐郑国，郑庄公率军抵御。周王率领中军；虢公林父率领右军，蔡国军队、卫国军队隶属于右军；周公黑肩率领左军，陈国军队隶属于左军。郑子元建议用左军方阵来抵挡蔡国军队、卫国军队，用右军方阵来抵挡陈国军队，说："陈国发生变乱，百姓没有战斗意志，如果先侵袭他们，必然会四散奔逃；周王的军队看到，必然产生混乱；蔡、卫军队难以支持，必然会争先奔逃；然后我们集中军队攻击周王的中军，一定能够成功。"郑庄公听从了郑子元的献策。曼伯率领右军方阵，祭仲率领左军方阵，原繁、高渠弥率领中军侍奉郑庄公，形成了鱼丽阵形，偏在前，伍在后，伍弥补偏间的缝隙。在繻葛交战，郑庄公命令两个方阵说："红旗挥动后就鸣鼓进军。"蔡军、卫军、陈军都奔逃而去，周王所率的军队阵脚大乱，郑国军队合兵一处攻击，周王的军队大败。祝聃用弓箭射中了周王的肩膀，但是周王还是能整饬军队。祝聃请命追赶，郑庄公说："君子是不希望太占人上风的，更何况是侵侮天子呢，姑且挽救自己罢了。国家因此得以免于危亡，这就足够了。"这天夜里，郑庄公派祭足慰劳周王，同时也慰问了他左右随行的群臣。

【讲评】

郑的分封，在西周末年；始封主桓公，为王朝司徒，见西周将乱，恐怕与王室同归于尽，先把妻子财物寄存在济、洛、河、颍四水之间，虢、郐两国的所在，后来郑国迁到东方。西周灭亡，桓公殉难，其子武公即位，拥护王室有功，仍做王朝卿士。郑国东迁的时候，和商人订立和平共处的盟约(见《左传》昭公十六年)，商人也认识到他们和国家休戚相关(见《左传》僖公三十三年)。所以春秋初年的郑国，不同于其他诸国。这是一个新兴的，同时也是新型的国家。庄公打败共叔段，统一了内部的矛盾，随即向外发展，伐陈、伐宋、败北戎、入许、救齐，连周桓王也被他打败了。这是新生力量发展的必然的道路。同时我们也应当注意到作者对于郑庄公、颍考叔这一系列人物的生动描写。这样的写法是在《左传》作者的手中完成，而其后再经过《史记》作者司马迁加以发展的。

楚武始强

桓公二年(前七一〇)

蔡侯、郑伯会于邓[1]，始惧楚也[2]。

【注释】

〔1〕邓，曼姓国，在今河南邓县。

〔2〕楚，芈姓国，始封丹阳，今湖北秭归县；后迁郢，今湖北江陵县。

【译文】

蔡侯、郑庄公在邓国会盟，开始有些忧惧楚国。

桓公六年(前七〇六)

楚武王侵随[1]，使薳章求成焉[2]，军于瑕[3]以待之。随人使少师董成[4]。鬭伯比[5]言于楚子曰：“吾不得志于汉东也[6]，我则使然。我张吾三军而被吾甲兵，以武临之，彼则惧而协来谋我，故难间也。汉东之国随为大，随张必弃小国，小国离，楚之利也。少师侈，请羸师以张之[7]。”熊率且比[8]曰：“季梁[9]在，何益？”鬭伯比曰：“以为后图，少师得其君[10]。”王毁军而纳少师[11]。

【注释】

〔1〕随，姬姓国，在今湖北随县。

〔2〕薳音 wěi。薳章，楚大夫。求成，求和也。

〔3〕瑕，随地。

〔4〕少师，随大夫。董成，主持和议也。

〔5〕鬬伯比，楚大夫。

〔6〕汉东，汉水之东。

〔7〕羸音 léi，弱也。羸师，故作军容衰弱之状。张之，使其骄矜而不为备也。

〔8〕率音 lǜ，且音 jū。熊率且比，楚大夫。

〔9〕季梁，随大夫。

〔10〕得其君，为君所信任也。

〔11〕毁军，与羸师同。

【译文】

楚武王入侵随国，派薳章求和，军队驻扎在瑕地等待。随国派出了少师主持和议。鬬伯比对楚王说："我国在汉水之东一直无法达成目的，是我们自己造成的。我国扩大自己的军队并且装备铠甲和武器，用武力来逼迫这些国家，他们忧惧了就结合起来对付我国，所以他们难以被离间。汉水之东的国家中随国是最大的，随国一旦国势扩张必然会抛弃周边的小国，小国离心，对于我们楚国而言是有利的。随国的少师为人骄侈，我恳请君王以故作衰弱的军队迎战来助长他骄傲的气焰。"熊率且比说："随国有季梁在，这样的计谋有什么用？"鬬伯比说："这是为以后打算，让少师得到他们国君的信任。"于是楚武王就用故作衰弱的军队来接待少师。

少师归，请追楚师，随侯将许之。季梁止之曰："天方授楚〔1〕，楚之羸，其诱我也，君何急焉？臣闻小之能敌大也〔2〕，小道大淫〔3〕，所谓道，忠于民而信于神也。上思利民，忠也；祝史正辞〔4〕，信也。今民馁〔5〕

而君逞欲，祝史矫举[6]以祭，臣不知其可也。”公曰：“吾牲牷肥腯，粢盛丰备，[7]何则不信？”对曰：“夫民，神之主也，是以圣王先成民而后致力于神。故奉牲以告曰：‘博硕[8]肥腯。’谓民力之普存也，谓其畜之硕大蕃滋也，谓其不疾瘯蠡也[9]，谓其备腯咸有也。奉盛以告曰：‘絜[10]粢丰盛。’谓其三时不害而民和年丰也[11]。奉酒醴[12]以告曰：‘嘉栗旨酒[13]。’谓其上下皆有嘉德而无违心也。所谓‘馨香’，无谗慝也[14]。故务其三时，修其五教[15]，亲其九族[16]，以致其禋祀。于是乎民和而神降之福，故动则有成。今民各有心而鬼神乏主[17]，君虽独丰，其何福之有[18]！君姑修政而亲兄弟之国[19]，庶免于难[20]。”随侯惧而修政，楚不敢伐。

【注释】

〔1〕授，与也。言天意助楚也。

〔2〕小指小国，大指大国。

〔3〕道，与道相合也。淫，滥也，过而与道不相合也。

〔4〕祝官史官，皆事神之官。正辞，言辞正实不欺诳也。

〔5〕馁音 něi，饿也。

〔6〕矫音 jiǎo，诈称也。矫举，举诈伪之辞也。

〔7〕牷音 quán，纯色曰牷。腯音 tú，肥也。粢音 zī，黍稷曰粢，在器曰盛。祭祀所用之牛羊豕，纯色肥满；器中所盛之黍稷，又皆丰备。

〔8〕博，广也。硕，大也。

〔9〕瘯音 cù，蠡音 lǐ。皮肤病也。

〔10〕絜与洁通。

〔11〕三时不害，言春夏秋皆务农，不受损害也。

〔12〕醴音 lǐ，甜酒也。

〔13〕栗，敬也。旨，美也。

〔14〕慝音 tè，恶也。谗慝，谗言恶语也。

〔15〕五教，父义、母慈、兄友、弟恭、子孝也。

〔16〕九族，上而高祖、曾祖、祖、父，下而子、孙、曾孙、玄孙，连本身为九族也。

〔17〕民为神之主，民各有心则鬼神无主，故曰鬼神乏主。

〔18〕何福之有，倒文，犹言有何福也。

〔19〕汉水之东，多姬姓之国，皆随兄弟之国也。

〔20〕难，去声，祸也。

【译文】

少师归国，请命追击楚国军队，随侯即将同意。季梁阻止他说："天意正帮助楚国，楚国的羸弱，是在诱惑我们，君王为什么急着出兵呢？臣听说小国之所以能对抗大国，是因为小国与道相合而大国淫滥过度与道不相合，所谓的道，是指对人民忠而对神灵信。国君想着使民得利，就是忠；祝史祭祀时的言辞诚实不欺，就是信。如今人民挨饿而国君放纵私欲，祝史以诈伪之辞来祭祀，臣不知道这样是不是可以。"随侯说："我祭祀时用的牺牲纯色而且肥壮，器物中盛放的黍稷又都丰备，为什么不能算信呢？"季梁对答说："人民，是神灵的主宰，所以圣明的君王先使人民安居乐业而后才致力于祭祀神灵。所以奉献牺牲时祝告说：'牺牲大而肥壮。'这是说人民的财力普遍丰足，是说他们的牲畜肥大而且繁殖众多，是说牲畜没有疾病，是说牲畜丰备肥美兼而有之。奉献黍稷时祝告说：'洁净的黍稷丰富充足。'是说春夏秋三季都努力务农而不受损害，人民和睦，年成丰收。奉献甜酒时祝告说：'敬献美酒。'是说国家上下都有美好的德行而没有异心。所谓'馨香'，是指没有谗言恶语。所以使他们在春夏秋三季致力于农耕，使他们五教修明，使他们九族亲睦，再来进行祭祀。于是人民和乐而神灵降福于他们，所以做什么都有所成。如今人民都怀有异心而鬼神就缺乏主宰，国君虽然独自供献丰盛，又有什么福泽可言！国君姑且修饬国政而亲睦各兄弟之国，也许能免于祸难。"随侯听完忧惧而修饬国政，楚国不敢前来侵伐。

桓公八年(前七〇四)

随少师有宠，楚鬬伯比曰：“可矣！雠有衅[1]，不可失也。”夏，楚子合诸侯于沈鹿[2]，黄[3]、随不会。使薳章让黄[4]。楚子伐随，军于汉、淮之间。季梁请下之[5]，弗许而后战，所以怒我[6]而怠寇也。少师谓随侯曰：“必速战，不然，将失楚师。”随侯御之，望楚师。季梁曰：“楚人上左，君必左，无与王遇[7]。且攻其右，右无良焉，必败，偏败，众乃携矣[8]。”少师曰：“不当王，非敌也[9]。”弗从。战于速杞[10]，随师败绩[11]，随侯逸[12]。鬬丹获其戎车与其戎右少师[13]。秋，随及楚平。楚子将不许，鬬伯比曰：“天去其疾矣[14]，随未可克也。”乃盟而还。

【注释】

〔1〕衅音 xìn，隙也。有衅，有隙可乘也。

〔2〕沈鹿，楚地。

〔3〕黄，嬴姓国，在今河南潢川县。

〔4〕让，责也。

〔5〕下之，表示屈服也。

〔6〕怒我，激怒我军，振作士气也。

〔7〕楚人以左为上，楚君必在左。王即楚君也，亦称楚子。

〔8〕携音 xié，离也。

〔9〕不与楚王相敌，不成为同等之国也。

〔10〕速杞，随地。

〔11〕败绩，大败也。

〔12〕逸，逃也。

〔13〕戎车，兵车也。戎右，戎车之右也。车战，勇武亲信之人，居主帅之右，称为戎右。

〔14〕少师被获而死，其人在则为随国之害，故曰“天去其疾矣”。

【译文】

随国少师得宠，楚国鬬伯比说：“可以了！敌国有隙可乘，不能错失机会。”夏天，楚武王在沈鹿会合诸侯，黄、随两国没有赴会。楚武王派薳章问责黄国。楚武王讨伐随国，驻军在汉水和淮水之间。季梁请求随侯表示屈服，楚国不同意而后开战，这样来激怒我军而振作士气，且使敌军懈怠。少师对随侯说：“一定要速速交战，否则的话，将会错过战胜楚军的机会。”随侯于是出兵抵御楚军，同时远望楚军。季梁说：“楚国人以左为上，国君必然在左军之中，不要和楚王正面交战。姑且攻击他们的右军，右军没有良将，必然败北，他们的偏军一败，全军都会败逃。”少师说：“不与楚王正面交锋，就不能成为地位同等的国家。”随侯于是不听从季梁的献策。在速杞交战，随军大败，随侯逃跑了。鬬丹拿获随侯乘坐的兵车和位居兵车右侧的少师。秋天，随国要和楚国议和。楚武王打算不同意，鬬伯比说：“上天已经去除了随国的祸害少师了，随国还未能战胜。”于是在会盟后回国。

桓公九年(前七〇三)

巴子使韩服[1]告于楚，请与邓为好，楚子使道朔将巴客以聘于邓[2]。邓南鄙鄾人攻而夺之币[3]，杀道朔及巴行人[4]。楚子使薳章让于邓，邓人弗受。夏，楚使鬬廉[5]帅师及巴师围鄾。邓养甥、聃甥[6]帅师救鄾，三逐巴师，不克。鬬廉衡陈其师于巴师之中以战，而北，[7]邓人逐之。背巴师而夹攻之[8]，邓师大败，鄾人宵溃[9]。

【注释】

〔1〕巴，姬姓国，在今四川巴县。韩服，巴使者。

〔2〕道朔，楚大夫。巴客，韩服也。聘，访问也。

〔3〕鄾音 yōu，在今河南邓县南，属邓，故曰邓南鄙。币，帛也，使者所持之聘礼也。

〔4〕行人，外交之官。

〔5〕鬭廉，楚大夫。

〔6〕养甥、聃甥，邓大夫。

〔7〕衡，横也。北音背，走也。言横陈其师于巴师之间以与邓人战，而伪为败走。

〔8〕背巴师，指邓人追楚师，出于巴师之外；而夹攻之，指楚师、巴师夹攻邓人也。

〔9〕宵，夜也。

【译文】

巴王派遣韩服向楚国报告，请求和邓国友好，楚武王派遣道朔带着巴国使臣到邓国访问。邓国南方边境的鄾人攻击他们并且掠夺了他们所带的聘礼，杀了道朔和巴国的外交官。楚武王派薳章问责邓国，邓国人拒不接受。夏天，楚国派鬭廉率领军队和巴国的军队一起包围了鄾地。邓国的养甥、聃甥率军救援鄾地，三次试图驱逐巴国军队，不能取胜。鬭廉把楚军横向布署在巴国军队中与邓军交战，伪装退走，邓军追击他们。等到邓军追击出巴国军队的军阵以外时，再和巴国军队一起夹击，邓军大败，鄾人在一夜之间溃败。

桓公十一年(前七〇一)

楚屈瑕将盟贰、轸〔1〕，郧人军于蒲骚〔2〕，将与随、绞、州、蓼〔3〕伐楚师。莫敖〔4〕患之。鬭廉曰："郧人军其郊，必不诫〔5〕，且日虞〔6〕四邑之至也。君次于郊郢以御四邑〔7〕，我以锐师宵加于郧，郧有虞心而恃其城，莫有斗志，若败郧师，四邑必离。”莫敖曰：“盍请济师[8]于王？”对曰：“师克在和[9]，不在众，商、周之不敌[10]，君之所闻也。成军以出，又何济焉？”莫敖曰：“卜之。”对曰：“卜以决疑，不疑何卜！”遂败郧师于蒲骚，卒盟而还[11]。

【注释】

〔1〕屈瑕，楚大夫。贰音 èr，轸音 zhěn。二国名，在今湖北应山县境。

〔2〕郧，国名，在今湖北安陆县。蒲骚，今湖北应城县西北，属郧。

〔3〕随、绞、州、蓼四国名。绞，在今湖北郧县西北，或曰在今湖北德安县境。州在今湖北监利县东。蓼在今河南沘源县南。

〔4〕莫敖，官名，屈瑕时为莫敖。

〔5〕诫，警戒也。

〔6〕虞，望也。

〔7〕次，止也。郊郢，楚地。四邑指随、绞、州、蓼四国。

〔8〕盍音 hé，何不也。济师，添派军队也。

〔9〕克，胜也。和，团结也。师克在和，军队以团结而致胜也。

〔10〕商、周之不敌，言商纣军众而败，周武王军少而胜也。

〔11〕卒，完成也。

【译文】

楚国的屈瑕准备与贰、轸两国会盟，郧国人驻军在蒲骚，准备与随、绞、州、蓼几个国家攻击楚国军队。时任莫敖的屈瑕对此深感忧虑。鬬廉说：“郧国人在郊区驻扎军队，一定不会加以警戒，而且天天盼望其他四国军队的到来。君王可以在郊郢驻军来抵御随、绞、州、蓼四个国家，我则率领精锐部队在夜里进攻郧地，郧国一定怀有盼望之心而守着自己的城池，没有什么斗志，如若打败了郧国军队，其他四国必然撤兵。”屈瑕说：“何不向国君要求加兵呢？”鬬廉回答说：“军队打胜仗是在于团结，不在于人数的众多，商、周的兵力并不对等，这您是知道的。整顿好军队而后出兵，又为什么需要加兵呢？”屈瑕说：“应当占卜。”鬬廉回答说：“占卜是用来了结心中的疑惑，心中没有疑惑需要什么占卜！”于是在蒲骚击败了郧国的军队，最终在会盟后班师回朝。

桓公十二年(前七〇〇)

楚伐绞，军其南门〔1〕。莫敖屈瑕曰：“绞小而轻，轻则寡谋，请无扞采樵者以诱之〔2〕。”从之，绞人获三十人。明日，绞人争出，驱楚役徒〔3〕于山中。楚人坐其北门而覆诸山下〔4〕，大败之，为城下之盟而还。伐绞之役，楚师分涉于彭〔5〕，罗人〔6〕欲伐之，使伯嘉谍之〔7〕，三巡数之〔8〕。

【注释】

〔1〕军其南门，以军队围其南门也。

〔2〕扞音 hàn，保卫也。

〔3〕役徒，服劳役之人也。

〔4〕坐，守也。覆与伏通，设伏兵也。

〔5〕彭，水名，即湖北之筑水。

〔6〕罗，熊姓国，在今湖北宜城县西。

〔7〕伯嘉，罗大夫。谍音 dié，伺察也。

〔8〕巡，遍也。

【译文】

楚国进攻绞国，以军队包围了他们国都的南门。时任莫敖的屈瑕说：“绞国国土狭小而人们轻躁易动，轻躁就缺少谋略，请不要派兵保卫我军外出砍柴的兵士来引诱他们。”楚武王听从了他的献策，绞国拿获了三十个楚兵。第二天，绞国人争着出城，在山中追逐楚国砍柴的兵士。楚军守着他们的北门而在山下设伏兵，大败绞国军队，缔结城下之盟后班师。进攻绞国的战役，楚军分兵渡过彭水，罗国人想攻击他们，派伯嘉伺察，三次全面清点了楚军的兵数。

桓公十三年(前六九九)

十三年春，楚屈瑕伐罗。鬬伯比送之，还，谓其御〔1〕曰："莫敖必败，举趾高，心不固矣。"遂见楚子曰："必济师。"楚子辞焉，入告夫人邓曼〔2〕。邓曼曰："大夫其非众之谓。其谓君抚小民以信，训诸司以德〔3〕，而威莫敖以刑也〔4〕。莫敖狃于蒲骚之役〔5〕，将自用也，必小罗〔6〕。君若不镇抚，其不设备乎！夫固谓君训众而好镇抚之，召诸司而劝之以令德，见莫敖而告诸天之不假易也〔7〕。不然，夫岂不知楚师之尽行也！"楚子使赖人追之，不及。莫敖使徇〔8〕于师曰："谏者有刑。"及鄢〔9〕，乱次〔10〕以济，遂无次，且不设备。及罗，罗与卢戎两军之〔11〕，大败之。莫敖缢于荒谷〔12〕；群帅囚于冶父〔13〕，以听刑。楚子曰："孤〔14〕之罪也。"皆免之。

【注释】

〔1〕御，御车者。

〔2〕邓，曼姓国，邓君之女曰邓曼。

〔3〕诸司，诸有司，一般官吏也。

〔4〕刑，法也。威莫敖以刑，以法令镇摄莫敖也。

〔5〕狃，习也，习以为常也。

〔6〕小，轻视也。

〔7〕假易，宽纵也。
〔8〕徇音 xún，号令也。
〔9〕鄢，水名，经湖北宜城县入汉水。
〔10〕乱次，不守秩序也。
〔11〕卢戎，南蛮也。双方夹攻之曰两军之。
〔12〕〔13〕荒谷、冶父，皆楚地。
〔14〕孤，孤独之人，人君之谦称也。

【译文】

十三年春季，楚国屈瑕进攻罗国。鬬伯比送他出征，归途中，对为他驾车的人说："莫敖必然失败，走路时把脚抬得很高，说明他心态不稳固。"于是觐见楚武王说："一定要加兵。"楚武王拒绝了，入内宫后将此事告诉了夫人邓曼。邓曼说："鬬伯比并不是要你增加军队。他想让您用诚信来安抚黎民，用德操来训诫一般官吏，而用法令来镇摄莫敖。莫敖已经习以为常于蒲骚这一战的胜利，将会刚愎自用，一定会轻视罗国。君王如果不加以控制，不是等于不加防范吗！鬬伯比的原意是让君王训诫大众而好好地镇摄并安抚他们，召集百官而以美德规劝他们，召见莫敖而告诉他上天都不会宽纵他的过错。否则的话，鬬伯比怎么会不知道楚军已经全部出发了呢！"楚武王派赖人追赶莫敖，追赶不上。莫敖号令全军说："劝谏的人要受刑罚。"到了鄢水，不守秩序渡河，于是乱了秩序，而且没有设下防备。到了罗国，罗国军队和卢戎两相夹击，大败了莫敖所率的楚军。莫敖在荒谷自缢身亡；其他将帅则被囚禁在冶父，以听候刑罚。楚武王说："这是寡人的罪过。"赦免了其他的将帅。

庄公四年(前六九〇)

四年春王正月[1]，楚武王荆尸[2]，授师孑焉以伐随[3]。将齐[4]，入告夫人邓曼曰："余心荡[5]。"邓曼叹曰："王禄[6]尽矣！盈而荡，天之道也。先君[7]其知之矣，故临武事，将发大命而荡王心焉。若师徒无亏，王薨于行，国之福也。”王遂行，卒于樠木之下[8]。令尹鬬祁、莫敖屈重除道梁溠[9]，营军临随。随人惧，行成[10]。莫敖以王命入盟随侯，且请为会于汉汭[11]而还。济汉而后发丧。

【注释】

〔1〕春王正月四字，屡见《春秋》。周人建子，历法与诸国不尽同，王正月指周历之正月。

〔2〕楚亦称荆。尸，陈也，与阵同。楚武王荆尸，楚武王为荆尸之阵也，省动词。

〔3〕孑，戟也，武器。

〔4〕齐与斋通，出兵之前必祭祖，将祭必先斋。

〔5〕荡，动乱散漫也。

〔6〕王禄，王之寿命也。

〔7〕先君，已死之君主也。

〔8〕樠音 mán，木名。湖北钟祥县东有樠木山。

〔9〕令尹，楚官名。溠音 zhà，水名，今名扶恭河，源出湖北随县西北鸡鸣山，南流注于涢水。梁溠，于溠水架桥梁也。

〔10〕行成，求和也。

〔11〕汉汭，汉水之内也。楚在汉西，以汉水之西为内。

【译文】

四年春季，周历的正月，楚武王使用荆尸阵法，给军队颁发武器去攻打随国。准备斋戒时，进入内宫告诉夫人邓曼说：“我的内心动乱散漫。”邓曼叹气说：“君王的寿命快到尽头了！满了就会动荡，这是自然的道理。先君大概知道了，所以在战争之前，将要发布征伐命令时却使君王的内心动乱散漫。如若军队没有什么损失，君王死在行军途中，已经是国家的福分了。”楚武王于是出征，死在樠木山下。令尹鬬祁、莫敖屈重开路并在溠河上架起桥梁，在随国附近安营扎寨。随人忧惧，求和。莫敖以楚王的名义进入随国与随侯举行会盟，而且约请在汉水之西会盟，然后班师。随侯渡过了汉水后才发丧。

庄公十八年(前六七六)

初，楚武王克权〔1〕，使鬬缗尹之〔2〕，以叛〔3〕，围而杀之，迁权于那处〔4〕，使阎敖尹之。及文王即位，与巴人伐申而惊其师，巴人叛楚而伐那处，取之，遂门于楚〔5〕。阎敖游涌而逸〔6〕，楚子杀之，其族为乱，冬，巴人因之以伐楚。

【注释】

〔1〕权，国名，在今湖北当阳县东南。

〔2〕缗音 mín。鬬缗，楚大夫。楚官多以尹为名，楚灭权为邑，使鬬缗为长，故曰尹之。

〔3〕鬬缗据其地叛楚曰以叛。

〔4〕那处，楚地，今湖北荆门县附近。

〔5〕门于楚，围楚城门也。

〔6〕涌音 yǒng，水名。

【译文】

起初，楚武王攻克权国，派鬬缗做那里的官长，鬬缗占据这个地方而叛乱，楚国包围权地杀死了鬬缗，把权地的百姓迁徙到那处，派阎敖做他们的官长。到文王即位，与巴国人征伐申国而楚军使巴国的军队感到惊恐，巴军反叛了楚军而攻击那处，得以攻取下来，于是紧接着包围了楚国都城的城门。阎敖游泳渡过了涌水而逃逸，楚文王杀了他，他的族人起而作乱，冬季，巴人趁这个机会攻打楚国。

庄公十九年(前六七五)

十九年春，楚子御之[1]，大败于津[2]。还，鬻拳弗纳[3]，遂伐黄，败黄师于踖陵[4]。还，及湫[5]，有疾，夏六月庚申[6]，卒。鬻拳葬诸夕室[7]，亦自杀也而葬于绖皇[8]。初，鬻拳强谏楚子，楚子弗从，临之以兵[9]，惧而从之。鬻拳曰："吾惧君以兵，罪莫大焉。"遂自刖也[10]，楚人以为大阍[11]，谓之大伯[12]，使其后掌之[13]。君子曰："鬻拳可谓爱君矣，谏以自纳于刑[14]，刑犹不忘纳君于善。"

【注释】

〔1〕御之，御巴人也。

〔2〕津，今湖北枝江县西。

〔3〕鬻音 yù。鬻拳，楚大夫。弗纳，拒而不允入内也。

〔4〕踖音 jí。踖陵，今河南潢川县西南。

〔5〕湫音 jiǎo，在今湖北钟祥县北。

〔6〕庚申为六月十五日。

〔7〕夕室，楚子病卒之地。

〔8〕绖音 dié。绖皇，阙门也。

〔9〕兵，武器也。

〔10〕刖音 yuè，断足也。

〔11〕阍音 hūn。大阍，守门之长。

〔12〕大伯读太伯。

〔13〕使其后掌之，使其后世世为守门之长。

〔14〕自纳于刑，以刑事处分自己。

【译文】

十九年春季，楚文王率军抵抗巴人，在津地被打得大败。班师回国，鬻拳不允许楚文王进城，于是攻打黄国，在踖陵打败了黄国军队。回国，到了湫地，得病，死在夏季的六月庚申这一天。鬻拳把他葬在夕室，他也自杀而葬在楚文王地宫的阙门内。起初，鬻拳坚决劝阻楚王，楚王没有听从，鬻拳用兵器对着他，这才因为惧怕而听从。鬻拳说："我以兵器使君王感到惧怕，没有比这更大的罪过了。"于是自己断了双足，楚国人让他担任大阍一职，称之为太伯，并让他的后人世袭这个官职。时人君子说："鬻拳可以称作爱君了，因为谏阻国君而自己对自己施刑，受刑后仍然不忘记使国君归于正道。"

僖公二十年(前六四〇)

随以汉东诸侯叛楚。冬，楚鬬穀於菟〔1〕帅师伐随，取成而还。君子曰："随之见伐，不量力也。量力而动，其过鲜矣〔2〕。善败由己，而由人乎哉！《诗》曰〔3〕：'岂不夙夜〔4〕？谓行多露〔5〕。'"

【注释】

〔1〕穀音 gǔ，於音 wū，菟音 tú。鬬穀於菟，楚大夫，字子文。

〔2〕鲜音 xiǎn，寡少也。

〔3〕见《诗·召南·行露篇》。

〔4〕夙音 sù，早也。

〔5〕行，路也。两句谓：岂不愿意早晨和夜晚来呢？因为路上露水多呀。

【译文】

随国率领汉水以东的诸侯背叛楚国。冬季，楚国的鬬穀於菟率军讨伐随国，讲和后回国。时人君子说："随国之所以被征伐，是因为不自量力。如果衡量自己的力量然后行动，祸害就会少得多。成败在于自己，难道还能在于别人！《诗》说：'难道不想早晚都赶路？实在因为路上太多朝露。'"

【讲评】

据《诗·商颂·殷武》的记载，商高宗武丁曾经出兵深入荆楚，捕获大批俘虏；关于楚的记载，可以追溯到殷商的后期。周成王封文武以来功臣之后，熊绎封于楚，居丹阳(今湖北秭归县)。西周时期，楚人不断扩展。东周初期，楚愈益强大。前七〇四年，楚君熊通自号武王。前七一〇年，蔡侯、郑伯会于邓，因为楚的跃进，已经构成对于中原诸国的威胁。这一年与会的郑伯是郑庄公，也可看到郑庄公开始感到领导国家的责任。楚的势力在汉水以西，在她跃进的当中，必须先行搞清和汉水东边姬姓诸国——尤其是和随国——的关系。从前七〇六年楚侵随，到前六四〇年随人叛楚，我们看到楚人发展途中所遭逢的困难。前七〇一年，郧人结合了随、绞、州、蓼四国，对楚作战，从河南的南部，到湖北的南部，构成了一道联合战线，楚人必须突破这一条战线才能开辟前进的道路。本篇指出楚人发展的经过。随以汉东诸侯叛楚一节，称随为叛，立场站在楚国一面，很可看出作者运用楚国原有的史料。篇中写邓曼、屈瑕，都有很生动的刻划，尤其在描绘鬻拳的一节，看出他是如何为了国家的前途，忘去个人的利害，这正是他的爱国精神的表现。

齐桓霸业

庄公十三年(前六八一)

十三年春，会于北杏[1]，以平宋乱[2]，遂人不至[3]。夏，齐人灭遂而戍之[4]。

【注释】

〔1〕北杏，齐地，在今山东东阿县北。齐桓公及宋人、陈人、蔡人、邾人会于北杏，见《春秋》。

〔2〕鲁庄公十二年(前六八二)宋万弑其君闵公，故齐桓公往平之。

〔3〕遂，国名，今山东宁阳县西北。

〔4〕戍，遣兵守之也。

【译文】

十三年春季，在北杏会盟，是为了平定宋国的内乱，遂国人没有来。夏季，齐国人攻灭了遂国并派兵戍守其国。

庄公十四年(前六八〇)

十四年春，诸侯伐宋，齐请师于周。夏，单伯[1]会之，取成于宋而还。

【注释】

〔1〕单音 shàn。单伯，周大夫。

【译文】

十四年春季，诸侯攻打宋国，齐国向周朝请兵。夏季，单伯率兵同诸侯会合，在和宋国讲和后班师回朝。

冬，会于鄄[1]，宋服故也。

【注释】

〔1〕鄄音 juàn，卫地，在今山东濮县。单伯会齐侯、宋公、卫侯、郑伯于鄄，见《春秋》。

【译文】

冬季，在鄄地举行会盟，这是因为宋国顺服的缘故。

闵公元年(前六六一)

狄人伐邢[1]，管敬仲[2]言于齐侯曰："戎狄豺狼，不可厌也；诸夏[3]亲暱，不可弃[4]也；宴安酖毒[5]，不可怀也。《诗》[6]云：'岂不怀归，畏此简书。[7]''简书'，同恶相恤之谓也[8]。请救邢以从简书。"齐人救邢。

【注释】

〔1〕邢，姬姓国，在今河北邢台县。

〔2〕管敬仲即管仲。

〔3〕诸夏指当时夏族诸国家。

〔4〕 弃同弃。

〔5〕 酖同鸩，音 zhèn，毒鸟名，以其羽毛沥酒，饮之立死。宴安酖毒，宴安与毒酒相同，可以致人于死。

〔6〕 见《诗·小雅·出车篇》。

〔7〕 两句谓岂不怀念归家呢？可是害怕这竹简上所写的盟约呵。

〔8〕 言利害相同，就应该彼此关怀。

【译文】

狄人进攻邢国，管仲对齐桓公说："戎狄都像豺狼，是不会满足的；诸夏各国互相亲近，是不能抛弃的；宴饮安逸就像毒酒一样，是不能怀恋的。《诗》说：'难道不曾怀有归国之心，可是害怕这竹简上所写的盟约啊。''简书'，说明就是同仇敌忾而彼此关怀的意思。恳请遵从简书而救援邢国。"齐国最终救援了邢国。

闵公二年(前六六〇)

冬十二月，狄人伐卫。卫懿公好鹤，鹤有乘轩者[1]，将战，国人受甲者皆曰："使鹤，鹤实有禄位，余焉能战！"公与石祁子玦[2]，与宁庄子矢[3]，使守，曰："以此赞国[4]，择利而为之。"与夫人绣衣，曰："听于二子。"渠孔御戎[5]，子伯为右[6]，黄夷前驱，孔婴齐殿[7]。及狄人战于荧泽[8]，卫师败绩，遂灭卫。卫侯不去其旗，是以甚败。狄人囚史华龙滑与礼孔[9]以逐卫人，二人曰："我大史也[10]，实掌其祭，不先，国不可得也。"乃先之。至，则告守曰[11]："不可待也。"夜与国人出。狄入卫，遂从之，又败诸河[12]。

【注释】

〔1〕轩，贵人之车。

〔2〕石祁子，卫大夫。玦音 jué，半环状之玉佩也。玦与决同音，以示决断。

〔3〕宁庄子，卫大夫。矢以示御难。

〔4〕赞，助也。

〔5〕御戎，御戎车也。

〔6〕为右，为车右也，武士之职。

〔7〕殿，后卫也。

〔8〕荧亦作荥，荥泽，地名，今河南荥泽县。

〔9〕华龙滑、礼孔二人皆卫史官。

〔10〕大史读太史，古代史官兼掌祭祀，故曰“实掌其祭”。

〔11〕守，石祁子、宁庄子也。

〔12〕河，黄河也。

【译文】

冬季十二月，狄人进攻卫国。卫懿公喜好鹤，他的鹤有乘坐车子的，快要开战时，卫国被授予甲胄的国人都说：“让鹤去作战吧，鹤实际享有官禄官位，我们哪能打仗！”卫懿公赐给石祁子玦，赐给宁庄子弓箭，命其防御，说：“用这个来帮助国家，选择有利的事情去做。”赐给夫人绣衣，说：“听他们两个人的。”渠孔为卫懿公驾驭抵御戎人的战车，子伯担当车右，黄夷担当先头部队，孔婴齐殿后。和狄人在荧泽作战，卫国军队大败，于是卫国灭亡。卫懿公不肯去掉他的旗帜，所以这样惨败。狄人俘虏了史官华龙滑和礼孔并带着二人追赶卫人，二人说：“我们是卫国的太史，实际上掌握着国家的祭祀之权，不先放我们回去，你们是不会得到国都的。”于是狄人放他们先回去。两位史官到了国都后，就告诉守军说：“不能抵御了。”趁夜和国人出逃。狄人进入卫国国都，然后就追赶卫人，又在黄河边上击败了卫人。

初，惠公〔1〕之即位也少，齐人使昭伯烝于宣姜〔2〕，不可。强之〔3〕，生齐子、戴公、文公、宋桓夫人、许穆夫人[4]。文公为卫之多患也，先适齐。及败，宋桓公逆诸河[5]，宵济[6]。卫之遗民七百有三十人，益之以共、滕[7]之民为五千人，立戴公以庐于曹[8]。许穆夫人赋《载驰》[9]。齐侯使公子无亏帅车三百乘、甲士三千人以戍曹，归公乘马[10]，祭服五称[11]，牛、羊、豕、鸡、狗皆三百，与门材[12]；归夫人鱼轩[13]、重锦三十两[14]。

【注释】

〔1〕懿公之父曰惠公。

〔2〕惠公之父曰宣公，母曰宣姜。宣公娶于齐，故夫人曰宣姜。昭伯，宣公之庶子也。以下淫上曰烝。宣姜新寡，齐人使昭伯与宣姜为不正常之男女关系。

〔3〕强，上声，勉强也。

〔4〕卫女嫁宋桓公者曰宋桓夫人，嫁许穆公者曰许穆夫人。

〔5〕逆，迎也。

〔6〕宵济，夜渡也，畏狄人，故夜渡。

〔7〕共、滕，皆卫邑。

〔8〕庐音 lú，居于野外也。曹又作漕，卫邑。

〔9〕《载驰》，《诗·卫风》篇名。

〔10〕归，去声，赠也。四马曰乘马。

〔11〕称，套也。

〔12〕门材，门户之木料也。

〔13〕轩以鱼皮为饰曰鱼轩。

〔14〕重锦，锦之善者。两，匹也。

【译文】

起初，卫惠公即位时年龄很小，齐国让昭伯与宣姜成亲，昭伯不同意。强迫他同意后，生下了齐子、戴公、文公、宋桓夫人、许穆夫人。文公因为卫国祸患太多，在与狄人交战前就去了齐国。等到卫国打了败仗，宋桓公在黄河边迎接卫国败兵，趁夜渡过了黄河。卫国的遗民有七百三十人，再加上共、滕两邑的民众共五千人，在曹邑的野外拥立戴公。许穆夫人赋了《载驰》一诗。齐桓公派公子无亏率领战车三百乘、披甲的战士三千人戍守曹邑，赠与戴公驾车的马匹，五套祭服，牛、羊、猪、鸡、狗都是三百，还有制造城门的木材；赠与夫人用鱼皮装饰的车、上好的锦三十匹。

僖之元年〔1〕，齐桓公迁邢于夷仪〔2〕；二年，封卫于楚丘〔3〕。邢迁如归，卫国忘亡。

【注释】

〔1〕僖公元年（前六五九），二年（前六五八），事虽在后，先记于此。

〔2〕夷仪，今河北邢台县西。

〔3〕楚丘，今河南滑县东。

【译文】

僖公的元年，齐桓公把邢国迁徙到夷仪；第二年，把卫国封在楚丘。邢国在迁徙后就像回归故家一样，卫国在重得封地后忘记了亡国之痛。

僖公元年（前六五九）

秋，楚人伐郑，郑即齐故也〔1〕。盟于荦〔2〕，谋救郑也。

【注释】

〔1〕即，接近也，因为郑与齐亲密。

〔2〕荦，宋地，今河南淮阳县西北。齐侯、宋公、鲁侯、郑伯、曹

伯、邾人盟于荦，见《春秋》。

【译文】

秋季，楚国人进攻郑国，是因为郑国与齐国亲密的缘故。诸侯在荦地会盟，商讨救援郑国的事。

僖公二年（前六五八）

秋，盟于贯〔1〕，服江〔2〕、黄也。

【注释】

〔1〕贯，宋地，今山东曹县南。齐侯、宋公、江人、黄人盟于贯，见《春秋》。

〔2〕江，国名，在今河南息县西南。

【译文】

秋季，在贯地会盟，使江、黄二国归附于齐。

冬，楚人伐郑，鬬章囚郑聃伯〔1〕。

【注释】

〔1〕鬬章，楚大夫。聃伯，郑大夫。

【译文】

冬季，楚国人进攻郑国，鬬章囚禁了郑聃伯。

僖公三年（前六五七）

秋，会于阳谷〔1〕，谋伐楚也。

【注释】

〔1〕阳谷，齐地，今山东阳谷县。齐侯、宋公、江人、黄人会于阳谷，见《春秋》。

【译文】

秋季，在阳谷会盟，商讨进攻楚国的事。

楚人伐郑，郑伯欲成，孔叔[1]不可，曰："齐方勤我[2]，弃德不祥。"

【注释】

〔1〕孔叔，郑大夫。

〔2〕勤我，助我也。

【译文】

楚国人进攻郑国，郑文公想和楚国讲和，孔叔不同意，说："齐国刚刚帮助过我国，丢弃他们的恩德而与楚国讲和是没有好结果的。"

齐侯与蔡姬乘舟于囿[1]，荡公[2]，公惧，变色，禁之不可。公怒，归之，未绝之也，蔡人嫁之。

【注释】

〔1〕蔡姬，齐侯夫人。囿，苑也。

〔2〕荡，摇也。

【译文】

齐桓公与蔡姬在园子里泛舟，蔡姬故意摇动船使齐桓公摇来荡去，齐桓公感到害怕，脸色都变了，叫她停止又不听。齐桓公发怒，把蔡姬送归蔡国，但并没有断绝婚姻关系，蔡国人就把蔡姬嫁给了别的国家。

僖公四年(前六五六)

四年春，齐侯以诸侯之师侵蔡[1]，蔡溃，遂伐楚。楚子使与师言曰：“君处北海，寡人处南海，唯是风马牛不相及也[2]。不虞君之涉吾地也，何故?”管仲对曰：“昔召康公命我先君大公[3]曰：‘五侯九伯[4]，女[5]实征之，以夹辅周室。’赐我先君履[6]，东至于海，西至于河，南至于穆陵[7]，北至于无棣[8]。尔贡包茅[9]不入，王祭不共[10]，无以缩酒[11]，寡人是征[12]；昭王南征而不复[13]，寡人是问。”对曰：“贡之不入，寡君之罪也，敢不共给?昭王之不复，君其问诸水滨。”师进，次于陉[14]。

【注释】

〔1〕齐侯、宋公、鲁侯、陈侯、卫侯、郑伯、许男、曹伯侵蔡，见《春秋》。

〔2〕风，走失也，言如走失之马牛各不相及也。

〔3〕召康公，召公奭也。大公读太公，齐太公吕望也。

〔4〕五、九皆虚数，言其多也。

〔5〕女与汝通。

〔6〕履指所践履之界，足迹所至之范围也。

〔7〕穆陵，今山东临朐县南一百里大岘山，上有穆陵关。

〔8〕无棣，今山东无棣县北。

〔9〕包，束也。茅，菁茅也。旧时楚人所贡。

〔10〕共与供通。

〔11〕缩，渗也。祭时持酒沃包茅，酒渗而下，以象神之饮酒，曰

缩酒。

〔12〕征，求也。

〔13〕周昭王南征，渡汉水，船坏溺死。在前一〇〇二年。

〔14〕次，止也。陉，音 xíng，楚地，在今河南郾城县。

【译文】

四年春季，齐桓公率领各诸侯的联军入侵蔡国，蔡国溃败，于是进攻楚国。楚成王的使者到军中说："您在北海，寡人在南海，这就像走失的马和牛一样各不相及。没料到您会踏足我的国土，这是什么缘故呢？"管仲回答说："以前召康公命令我国先君太公说：'天下诸侯，你都可以征伐他们，以便辅佐周王室。'赏赐给我国先君足迹所至的范围，东到大海，西到黄河，南到穆陵，北到无棣。你们该进贡的包茅没有进贡，使得天子祭祀时无法供奉，不能进行缩酒请神，这是寡人要向你们征询的；周昭王南征没有回来，这是寡人要向你们责问的。"楚国使者回答说："贡品没有进贡，是我国君王的罪过，我们怎么敢不进贡？周昭王没有回去，您可以到水边问询。"联军进军，驻扎在陉地。

夏，楚子使屈完〔1〕如师，师退，次于召陵〔2〕。齐侯陈诸侯之师，与屈完乘而观之。齐侯曰："岂不穀是为〔3〕，先君之好〔4〕是继，与不穀同好，如何？"对曰："君惠徼〔5〕福于敝邑之社稷，辱收寡君，寡君之愿也。"齐侯曰："以此众战，谁能御之？以此攻城，何城不克？"对曰："君若以德绥诸侯〔6〕，谁敢不服？君若以力，楚国方城以为城〔7〕，汉水以为池，虽众，无所用之！"屈完及诸侯盟。

【注释】

〔1〕屈完，楚大夫。

〔2〕召陵，楚地，今河南郾城县东三十五里。

〔3〕为，去声。不穀，不善，人君之谦称也。岂不穀是为，倒装句，岂是为不穀也。

〔4〕好，去声，爱好也。

〔5〕徼音 yāo，求也。

〔6〕绥，安也。

〔7〕方城，山名，今河南叶县南。

【译文】

夏季，楚成王派屈完到诸侯军中，诸侯军后退，驻扎在召陵。齐桓公让诸侯的军队列成战阵，与屈完一起乘坐兵车检阅。齐桓公说："我们出兵难道是为了我一个人吗？为的是继承先君们的爱好，与我这不穀继承同一爱好，怎么样？"屈完回答说："您能为我国社稷求福，肯降格接纳我国国君，这正是我国国君的愿望。"齐桓公说："以这样的大军作战，谁能抵御？以这样的大军攻城，哪个城池不能攻克？"屈完回答说："您如果用德操来安抚诸侯，谁敢不顺服？您如果用武力，楚国以方城山作为城墙，汉水作为护城河，您的军队虽然人数众多，将没有什么用处！"屈完和诸侯举行了会盟。

僖公五年(前六五五)

会于首止〔1〕，会王大子郑〔2〕，谋宁周也〔3〕。

【注释】

〔1〕首止，卫地，今河南睢县东南。齐侯、宋公、鲁侯、陈侯、卫侯、郑伯、许男、曹伯会王世子于首止，见《春秋》。

〔2〕齐桓公尊崇周室，会太子郑，定其位也。

〔3〕周惠王将废太子郑而立王子带，齐桓公反对废嫡立庶，故率诸侯予太子以支持而安定周室也。

【译文】

诸侯在首止会盟，会见周惠王的废太子郑，商讨安定周室的事情。

秋，诸侯盟。王使周公召郑伯曰[1]："吾抚女以从楚[2]，辅之以晋，可以少安。"郑伯喜于王命而惧其不朝于齐也，故逃归不盟。孔叔[3]止之曰："国君不可以轻，轻则失亲，失亲，患必至。病而乞盟，所丧[4]多矣，君必悔之。"弗听，逃其师而归。

【注释】

〔1〕周公，周卿士。郑伯，郑文公。

〔2〕惠王为王子带事怨齐桓公，准备联合楚、晋、郑诸国，和齐对立。

〔3〕孔叔，郑大夫。

〔4〕丧，失也。

【译文】

秋季，诸侯会盟。周惠王派周公召见郑文公说："我安抚你去顺从楚国，让晋国来辅助你们，这就可以稍稍安定了。"郑文公因为周惠王的命令觉得欣喜而又惧怕他没有朝见齐国，所以想逃回郑国而不参加会盟。孔叔劝阻他说："国君是不能够轻率从事的，轻率就会失去原本亲近的国家，失去了原本亲近的国家，祸患一定会到来。国家在困难时乞求盟约，所失去的就会很多，君王一定会为此后悔。"郑文公没有听从，离开他的军队潜逃回国。

僖公六年(前六五四)

夏，诸侯伐郑，以其逃首止之盟故也。围新密[1]，郑所以不时城也[2]。

【注释】

〔1〕新密，郑地，今河南密县。

〔2〕不时，不在农闲之时也。城，动词，筑城也。

【译文】

夏季，诸侯进攻郑国，是因为郑国国君在首止会盟时潜逃回国。包围了新密，这城是郑国在不当筑城时所筑的。

僖公七年(前六五三)

秋，盟于宁母[1]，谋郑故也。管仲言于齐侯曰："臣闻之：招携以礼[2]，怀远以德，德礼不易[3]，无人不怀。"齐侯修礼于诸侯，诸侯官受方物[4]。郑伯使太子华听命于会，言于齐侯曰："泄氏、孔氏、子人氏三族[5]，实违君命。君若去之以为成，我以郑为内臣[6]，君亦无所不利焉。"齐侯将许之。管仲曰："君以礼与信属诸侯，而以奸终之[7]，无乃不可乎！子父不奸之谓礼[8]，守命共时之谓信[9]，违此二者，奸莫大焉。"公曰："诸侯有讨于郑，未捷。今苟有衅[10]，从之，不亦可乎？"对曰："君若绥之以德，加之以训辞，而帅诸侯以讨郑，郑将覆亡之不暇，岂敢不惧？若总其罪人以临之[11]，郑有辞矣，何惧？且夫合诸侯以崇德也，会而列奸[12]，何以示后嗣？夫诸侯之会，其德刑礼义，无国不记，记奸之位，君盟替矣[13]，作而不记，非盛德也。君其勿许，郑必受盟。夫子华既为大子而求介于大国[14]，以弱其国，亦必不免。郑有叔詹、堵叔、师叔[15]，三良为政，未可间也[16]。”齐侯辞焉，子华由是得罪于郑。

【注释】

〔1〕宁母，齐地，今山东鱼台县东。
〔2〕携，离也。言对于心怀离异之国招之以礼也。
〔3〕易，轻视也。
〔4〕诸侯之官受命于齐，出其方所当贡之物也。
〔5〕洩氏、孔氏、子人氏三族皆郑大夫。
〔6〕内臣，国内之臣也。
〔7〕奸，私也。
〔8〕奸与干通，犯也。
〔9〕共，顺也。
〔10〕衅，隙也，空子也。
〔11〕总，领也，率也。临，伐也。
〔12〕列奸，由奸私之人列席，指太子华。
〔13〕替，废也。
〔14〕介，助也。
〔15〕叔詹、堵叔、师叔，皆郑大夫。
〔16〕间，动词，乘间也，钻空子也。

【译文】

秋季，在宁母会盟，商讨进攻郑国的事情。管仲对齐桓公说：“臣听说：对于怀有离心的国家招之以礼，使疏远的国家归心用德，不轻视德和礼，没有人会不归附。”齐桓公就以礼来对待诸侯，诸侯的各个官员献上应当贡献的物品。郑文公派太子华到会听取命令，对齐桓公说：“洩氏、孔氏、子人氏三族，确实违背了您的命令。您如果除掉他们而和敝国讲和，我国作为您的内臣，这对您也没有什么不利。”齐桓公准备同意。管仲说：“君王用礼和信会合诸侯，而用私意来结束，恐怕不行吧！儿子和父亲不相违犯叫做礼，见机行事完成君命叫做信。违背这两点，就没有比这更大的邪恶了。”齐桓公说：“诸侯曾经进攻郑国，没有得胜。现在幸而有机可乘，利用这个机会，不也是可以的吗？”管仲回答说：“君王如果用德来安抚，加上教训之辞，然后率领诸侯讨伐郑国，郑国挽救危亡还来不及，怎么敢不害怕？如果率领着他的罪人以兵进攻郑国，郑国就有理了，还害怕什么？再说会合诸侯是为了崇尚德行，在会盟时让奸邪之人列席，拿什么来训示后代？诸侯的会盟，他们的德行、刑罚、礼仪、道义，没有一个国家不加以记载，如果记载了让邪恶的人居于君位，君王的盟约就要废弃了，事情做了而不能见于记载，这就不是崇高的道德。君王还是不要同意，郑国必定会接受盟约。子华已经做了太子还求助于大国，来削弱他的国家，也一定不能免于祸患。郑国有叔詹、堵叔、师叔，三个贤明的人执政，还不能去钻它的空子。”齐桓公于是辞谢，子华因此而获罪于郑国。

僖公八年(前六五二)

八年春，盟于洮〔1〕，谋王室也〔2〕。郑伯乞盟，请服也。襄王定位而后发丧。

【注释】

〔1〕洮，曹地，今山东濮县南。王人、齐侯、宋公、鲁侯、卫侯、许男、曹伯、陈世子款盟于洮，见《春秋》。

〔2〕七年惠王死，太子郑未立，至是齐桓公合诸侯，立太子郑，是为襄王。

【译文】

八年春季，诸侯在洮地会盟，商谈安定周王室的事情。郑文公乞求参加会盟，是表示顺服。周襄王君位安定后才发丧。

僖公九年(前六五一)

夏，会于葵丘〔1〕，寻盟〔2〕，且修好，礼也。王使宰孔赐齐侯胙〔3〕，曰："天子有事于文、武〔4〕，使孔赐伯舅胙〔5〕。"齐侯将下拜，孔曰："且有后命。天子使孔曰：'以伯舅耋老〔6〕，加劳〔7〕，赐一级，无下拜。'"对曰："天威不违颜咫尺〔8〕，小白余〔9〕，敢贪天子之命：'无下拜！'恐陨越于下〔10〕，以遗天子羞〔11〕。敢不下拜？"下，拜，登，受。〔12〕

【注释】

〔1〕葵丘，宋地，今河南考城县东三十里。宰周公、齐侯、宋子、鲁侯、卫侯、郑伯、许男、曹伯会于葵丘，见《春秋》。

〔2〕寻，重也。重，阳平声。

〔3〕王，襄王也。宰孔即周公，官为宰，名孔，周卿士。胙音 zuò，祭肉也。胙肉以赐同姓之国，今赐齐，为异礼。

〔4〕有事，有祭事。文、武指文王、武王。

〔5〕天子称异姓诸侯曰伯舅。

〔6〕七十曰耋，音 dié。

〔7〕言重加慰劳也。

〔8〕天子之威与颜面相去，不及咫尺也。八寸曰咫，音 zhǐ。

〔9〕齐桓公名小白。

〔10〕陨音 yǔn。陨越，颠坠也。

〔11〕遗音 wèi，给也。以遗天子羞，以羞耻之事给天子也。

〔12〕下、拜、登、受，四字皆动词，下阶，拜谢，登堂，受胙也。

【译文】

夏季，在葵丘会盟，重温过去的同盟，并且继续发展友好关系，这是合于礼的。周襄王派宰孔赐给齐桓公祭肉，说："天子对文王、武王两位先君有祭祀之事，所以派宰孔来赐给伯舅祭肉。"齐桓公准备下阶跪拜，宰孔说："下面还有王命。天子派遣宰孔时说：'因为伯舅年纪大了，你要重加慰劳，赐进一级，无须下阶跪拜。'"齐桓公回答说："天子的威严离微臣的颜面不到咫尺距离，小白我，怎么敢妄自领受天子的命令：'无须下阶跪拜！’我惟恐从诸侯之位上摔落下去，使天子蒙羞。怎么敢不下阶跪拜？”于是齐桓公下阶，跪拜，然后登堂，领受所赐的祭肉。

秋，齐侯盟诸侯于葵丘，曰：“凡我同盟之人，既盟之后，言归于好〔1〕。”宰孔先归，遇晋侯〔2〕曰：“可无会也。齐侯不务德而勤远略，故北伐山戎〔3〕，南伐楚，西为此会也。东略之不知〔4〕，西则否矣。其在乱乎！君务靖乱〔5〕，无勤于行。”晋侯乃还。

【注释】

〔1〕言，发语词。言归于好，以和好为归宿也。
〔2〕晋侯即晋献公，自晋来会，中途相遇。
〔3〕山戎即北戎，齐桓伐戎，事在鲁庄公三十一年(前六六三)。
〔4〕略，疆界也。东略之不知，言经营东方疆界之事，不能预知也。
〔5〕靖，安定也。

【译文】

秋季，齐桓公在葵丘和各路诸侯会盟，说：“凡是我们一起缔结盟约的人，订立盟约之后，就要以和好为归宿。”宰孔先行回国，途中遇到晋献公说：“您可以不要赴会。齐桓公不致力于修德而频频征伐远方，所以向北进攻山戎，向南进攻楚国，向西就举行这样一次会盟。是否向东征伐还不知道，向西是不可能的。晋国的忧患在于内乱吧！您应该致力于安定内乱，不要急于赴会。”晋献公于是回国。

【讲评】

齐桓公的出现(前六八五——前六四三，在位四十三年)，是春秋间的一件大事。北方的山戎和狄人，不断地向南进攻，楚人在稳定了江、汉之间以后，随即向北侵略。郑庄公的时候，曾经一度取得华夏诸国的领导权，但是庄公死后，郑国因为内乱，国力衰颓，没有抵抗南北双方进攻的实力。这正是儒家所说的“南夷与北狄交，中国不绝若线”的时代。北方的敌人灭邢、灭卫，南方的敌人侵蔡、侵许、侵郑，这就迫得华夏诸国采取联合一致、抗拒外侮的路线。桓公以前，齐国在襄公的手里，已经灭纪、伐卫、伐郑、伐鲁，国势开始向外扩展。桓公即位，任用管仲，齐国有山有海，管仲设盐官煮盐，设铁官制农具，又铸货币，调剂物价贵贱。在发展的经济基础上，齐国具备了领导国家的资格。管仲提出团结诸夏、抵抗戎狄的呼声，这不是偶然的。所谓诸夏，当然是指的接受了华夏文化的诸国，所以不仅姬姓、姜姓诸国参加了这个集团，同时还有宋、陈等国。在这个保卫华夏文化的口号下，团结了当时可能团结的国家，向北打败了山戎，向南也控制了进犯的楚国，使它暂时不能北进。齐桓公和管仲的功业，是获得春秋时代人民的歌颂的。孔子说：“微管仲，吾其被发左衽矣!”正代表了那时华夏人民的意见。本篇所记齐桓公、管仲的形象，使我们对于他们获得应有的认识。

宋襄图霸

僖公八年(前六五二)

宋公〔1〕疾，大子兹父〔2〕固请曰：“目夷长且仁〔3〕，君其立之。”公命子鱼，子鱼辞曰：“能以国让，仁孰大焉？臣不及也，且又不顺！”遂走而退。

【注释】

〔1〕宋公，宋桓公。

〔2〕兹父后立为襄公。

〔3〕目夷，兹父庶兄，即子鱼。

【译文】

宋桓公病了，太子兹父再三请求说：“目夷比我年纪大而且仁爱，君王应该立他为国君。”宋桓公命令子鱼为国君，子鱼推辞说：“能把国家辞让出来，有谁比兹父更仁爱呢？臣比不上他，而且又不能名正言顺！”于是快步退了出去。

僖公九年(前六五一)

九年春，宋桓公卒。未葬而襄公会诸侯，故曰子〔1〕。凡在丧：王曰小童，公侯曰子。

【注释】

〔1〕本年《春秋》:“夏，公会宰周公、齐侯、宋子、卫侯、郑伯、许男、曹伯于葵丘。”此释《春秋》称“宋子”之故。

【译文】

九年春季，宋桓公去世。在还没有安葬桓公的情况下，宋襄公就参加了诸侯在葵丘举行的会盟，所以《春秋》将他称作子。凡是在丧事期间：王称作小童，公侯称作子。

宋襄公即位，以公子目夷为仁，使为左师〔1〕以听政，于是宋治。故鱼氏〔2〕世为左师。

【注释】

〔1〕左师，宋官名；宋有四乡，分为左右，左师领左二乡，右师领右二乡。

〔2〕鱼氏，子鱼之后为鱼氏。

【译文】

宋襄公即位，认为公子目夷仁爱，让他担任左师一职治理国政，宋国因此大治。所以鱼氏世代担任左师一职。

僖公十六年(前六四四)

十六年春，陨石于宋五，陨星也。六鹢〔1〕退飞过宋都，风也。周内史叔兴聘〔2〕于宋，宋襄公问焉，曰:“是何祥也〔3〕? 吉凶焉在?”对曰:“今兹鲁多大丧，明年齐有乱，君将得诸侯而不终〔4〕。”退而告人曰:“君失问，是阴阳之事〔5〕，非吉凶所生也，吉凶由人〔6〕。吾不敢逆君故也[7]。”

【注释】

〔1〕鹢音 yì，色白，形如鹭，高飞遇风而退。

〔2〕内史，周官名。聘，访问也。

〔3〕祥，征兆也。

〔4〕不终，无结果也。

〔5〕阴阳之事，自然界之事也。

〔6〕吉凶由人，吉凶是人的行为的结果也。

〔7〕逆，违也。

【译文】

十六年春季，天上掉下五颗石头在宋国，这些是陨落的星星。六只鹢后退着飞过宋国国都，是由于风的缘故。周朝的内史叔兴在宋国访问，宋襄公问这两件事，说："是什么征兆呢？吉凶在于哪里？"叔兴回答说："今年鲁国将有大的丧事，明年齐国会有大乱，君王将得以领袖诸侯但却不会保持到最后。"叔兴告退后对别人说："国君问得不恰当，这是自然界的事情，不是导致吉凶的原因，吉凶是人的行为的结果。我这样回答是由于不敢违背国君命令的缘故。"

僖公十七年（前六四三）

齐侯之夫人三：王姬、徐嬴、蔡姬，皆无子。齐侯好内[1]，多内宠[2]，内嬖如夫人者六人：长卫姬生武孟，少卫姬生惠公，郑姬生孝公，葛嬴生昭公，密姬生懿公，宋华子生公子雍。公与管仲属[3]孝公于宋襄公以为大子，雍巫有宠于卫共姬[4]，因寺人貂以荐羞[5]于公，亦有宠，公许之，立武孟。管仲卒，五公子皆求立。冬十月乙亥[6]，齐桓公卒，易牙入与寺人貂因内宠[7]以杀群吏，而立公子无亏，孝公奔宋。十二月乙亥，赴[8]，辛巳，夜殡[9]。

【注释】

〔1〕好内，好女色也。

〔2〕宠、嬖皆爱也。内宠，所爱之在内者。

〔3〕属音 zhǔ，托付也。

〔4〕雍与饔通，饔人，主治膳食之人也。饔人名巫者曰雍巫。卫共姬即长卫姬。

〔5〕寺人，内监也，名貂。羞，饮食也。

〔6〕乙亥为十月八日。

〔7〕易牙即雍巫。内宠，所爱之在内者，不专指女子。

〔8〕乙亥为十二月九日。赴，告也。

〔9〕辛巳为十二月十五日。殡音 bìn，送丧至停柩之地也。

【译文】

齐桓公有三位夫人：王姬、徐嬴、蔡姬，都没有生下子嗣。齐桓公喜欢女色，在内宫宠爱的人不少，宫内受宠的女人待遇像三位夫人的有六个人：长卫姬生了武孟，少卫姬生了惠公，郑姬生了孝公，葛嬴生了昭公，密姬生了懿公，宋华子生了公子雍。齐桓公和管仲把孝公托付给宋襄公并且立他为太子，雍巫得宠于卫共姬，由于寺人貂的关系把美味饮食进献给齐桓公，也得到了宠幸，齐桓公答应了他们，立武孟为太子。管仲去世，五位公子都争求被立为太子。冬季十月乙亥，齐桓公去世，易牙进宫伙同寺人貂依靠内宠们的力量诛杀群臣，而后立了公子无亏为国君，孝公奔逃到宋国。十二月乙亥，才发出讣告，辛巳，才将齐桓公尸体在夜间入殓。

僖公十八年(前六四二)

十八年春，宋襄公以诸侯伐齐。三月，齐人杀无亏。

【译文】

十八年春季，宋襄公率领诸侯进攻齐国。三月，齐国人杀了无亏。

郑伯[1]始朝于楚，楚子赐之金[2]，既而悔之，与之盟曰："无以铸兵。"

【注释】

〔1〕郑伯，郑文公。

〔2〕楚子，楚成王。金，金属，或曰铁也。

【译文】

郑文公开始到楚国朝见，楚成王赐给他金属，不久又后悔，与他盟誓说："不能用它来铸造兵器。"

齐人将立孝公，不胜；四公子之徒，遂与宋人战。夏五月，宋败齐师于甗[1]，立孝公而还。

【注释】

〔1〕甗音 yǎn，齐地。

【译文】

齐国人准备立孝公为国君，无法实现；四公子的党徒，于是和宋国人开战。夏季五月，宋国军队在甗地击败齐国军队，立孝公为国君然后回国。

僖公十九年(前六四一)

宋人执滕宣公[1]。

【注释】

〔1〕滕，姬姓国，在今山东滕县西南十五里。

【译文】

宋国人俘虏了滕宣公。

夏，宋公使邾文公用鄫子于次睢之社[1]，欲以属东夷。司马[2]子鱼曰："古者六畜不相为用[3]，小事不用大牲，而况敢用人乎？祭祀以为人也，民，神之主也，用人，其谁飨之[4]？齐桓公存三亡国[5]以属诸侯，义士犹曰薄德；今一会而虐二国之君[6]，又用诸淫昏之鬼[7]，将以求霸，不亦难乎？得死为幸。"

【注释】

〔1〕邾，曹姓国，今山东邹县东南二十六里有邾城。鄫，姒姓国，故城在今山东峄县东八十里。睢音 suī，水名，出河南虞城县，东流经江苏安徽北部，入洪泽湖。次睢即睢次，睢水之滨也。社，祭神之所。用，取之以祭也。

〔2〕司马，官名，主军政。

〔3〕不相为用，不相互为用，例如不杀马以祭马神也。

〔4〕飨与享通。

〔5〕卫为狄人所灭，齐桓公封卫，其余二亡国不详。

〔6〕二国之君，滕宣公及鄫子。

〔7〕淫，滥也。淫昏之鬼，指次睢社神也。

【译文】

夏季，宋襄公让邾文公杀死鄫子并用他来祭祀次睢的社神，想以此使东夷归附。司马子鱼说："古时候六种畜牲不能相互用来祭祀，小的祭祀不杀大的牲口，何况敢于用人作牺牲呢？祭祀是为了人，人民，是神的主人，杀人祭祀，有什么神来享用？齐桓公恢复了三个被灭亡的国家来使诸侯归附，义士还说他德行微薄；现在一次会盟要残害两个国家的国君，又用来祭祀昏乱天度的鬼神，要凭这个来求取霸业，不也是很难吗？能得以善终就算幸运了。”

宋人围曹，讨不服也。子鱼言于宋公曰：“文王闻崇[1]德乱而伐之，军三旬[2]而不降，退修教而复伐之，因垒而降[3]。《诗》曰[4]：‘刑于寡妻[5]，至于兄弟，以御于家邦[6]。’今君德无乃犹有所阙而以伐人，若之何？盍姑内省德乎？无阙而后动。”

【注释】

〔1〕崇，古国名，在今陕西鄠县东五里。

〔2〕旬，十日也。

〔3〕因垒，仍用前次所筑之壁垒。

〔4〕见《诗·大雅·思齐篇》。

〔5〕刑，法也；寡妻，嫡妻也。刑于寡妻，为嫡妻所效法也。

〔6〕御，治也。

【译文】

宋国军队包围了曹国，为了讨伐曹国的不顺服。子鱼对宋襄公说：“文王听到崇国德行昏乱而去攻打，打了三十天崇国都没有投降，退兵回国后修明教化再去攻打，文王还是驻扎在过去所筑的营垒里，崇国就投降了。《诗》说：‘在嫡妻面前作出示范，进而对待兄弟们也是如此，以此来治理一家一国。’现在君王的德行恐怕还有所欠缺而以此来攻打曹国，能把它怎么办呢？何不姑且自己反省一下德行？等到没有欠缺了再采取行动。”

僖公二十年（前六四〇）

宋襄公欲合诸侯，臧文仲闻之[1]曰：“以欲从人[2]，则可；以人从欲，鲜济[3]。"

【注释】

〔1〕臧文仲，鲁大夫。

〔2〕言屈己之欲，从众之善也。

〔3〕鲜济，少有成事也。

【译文】

宋襄公准备会合诸侯，臧文仲听闻后说："压抑自己的私欲来顺从众人，是可以的；压抑众人来顺从自己的私欲，绝少有能够成功的。"

僖公二十一年(前六三九)

二十一年春，宋人为鹿上[1]之盟，以求诸侯于楚，楚人许之。公子目夷曰："小国争盟，祸也。宋其亡乎！幸而后败。"

【注释】

〔1〕鹿上，今安徽阜阳县南。本年《春秋》："宋人、齐人、楚人盟于鹿上。"

【译文】

二十一年春季，宋国人举行鹿上之盟，要求早先归附楚国的诸侯顺从宋国，楚国人同意了。公子目夷说："小国争盟主之位，将会是祸患。宋国将要灭亡了吧！败亡得晚一点已经是万幸了。"

秋，诸侯会宋公于盂[1]。子鱼曰："祸其在此乎！君欲已甚，其何以堪之！”于是楚执宋公以伐宋。冬，会于薄[2]以释之。子鱼曰：“祸犹未也，未足以惩君[3]。”

【注释】

〔1〕盂，今河南睢县。

〔2〕薄，今河南商丘县北。

〔3〕惩，治也。

【译文】

秋季，诸侯在盂地参加宋国主持的会盟。子鱼说：“祸患就在这里吧！君王的欲望太过分了，那怎么受得了！”于是楚国抓住了宋襄公来进攻宋国。冬季，在薄地会盟时才放了他。子鱼说：“祸患还没有结束，对君王的惩治还没有足够。”

僖公二十二年(前六三八)

三月，郑伯如楚[1]。夏，宋公伐郑。子鱼曰：“所谓祸在此矣。”

【注释】

〔1〕郑伯，郑文公。如，往也。

【译文】

三月，郑文公到楚国。夏季，宋襄公进攻郑国。子鱼说：“我所说过的祸患就在这里了。”

楚人伐宋以救郑。宋公将战。大司马固谏曰[1]：

“天之弃商久矣[2]，君将兴之，弗可赦也已。”弗听。冬十一月己巳朔，宋公及楚人战于泓。[3]宋人既成列，楚人未既济[4]。司马曰[5]：“彼众我寡，及其未既济也，请击之。”公曰：“不可。”既济而未成列，又以告，公曰：“未可。”既陈而后击之，宋师败绩。公伤股，门官歼焉[6]。国人皆咎公。公曰：“君子不重伤[7]，不禽二毛[8]。古之为军也，不以阻隘也[9]。寡人虽亡国之余[10]，不鼓不成列[11]。”子鱼曰：“君未知战。勍敌之人[12]，隘而不列，天赞我也，阻而鼓之，不亦可乎？犹有惧焉！且今之勍者，皆吾敌也，虽及胡耇[13]，获则取之，何有于二毛！明耻教战，求杀敌也，伤未及死，如何勿重？若爱重伤，则如勿伤[14]！爱其二毛，则如服焉[15]！三军以利用也，金鼓以声气也，利而用之，阻隘可也；声盛致志，鼓儳可也[16]。”

【注释】

〔1〕大司马即司马子鱼。固谏，坚决谏阻也。

〔2〕宋为商之后，弃商即弃宋也。

〔3〕己巳为十一月一日。旧历每月一日为朔。泓，水名，在今河南柘城县。

〔4〕既，尽也。

〔5〕司马，子鱼也。

〔6〕门官，守卫之官，出征则在君左右。歼音 jiān，杀尽也。

〔7〕重，平声。重伤，既伤之后，再伤之也。

〔8〕禽与擒通。二毛，发斑白者。

〔9〕阻，迫也；隘，狭也。不以阻隘，言不迫人于险也。

〔10〕亡国之余，言为商纣之后。

〔11〕鼓，鸣鼓也。不鼓不成列，敌人未排队时，不鸣鼓以攻之也。

〔12〕勍音 qíng，强也。

〔13〕耇音 gǒu。胡耇，老寿也。
〔14〕则如勿伤，则不如勿伤之也。
〔15〕则如服焉，则不如早服从之也。
〔16〕儳音 chán，不整齐也。鼓儳，见敌不整而击鼓进攻也。

【译文】

楚国进攻宋国以解救郑国。宋襄公准备与楚国开战。大司马坚决谏阻说："上天离弃我们商族已经很久了，君王想要振兴商族，那是上天不会赦免的。"宋襄公没有听从。冬季十一月己巳朔，宋襄公和楚国军队在泓水边交战。宋国军队已经列成战阵，楚国军队还没有完全渡过泓水。司马说："他们兵数众多而我军兵数较少，趁他们没有完全渡河的时候，恳请君王下令攻击他们。"宋襄公说："不可以。"楚军完成渡河但还没有列好战阵，子鱼又提议攻击，宋襄公说："还不可以。"等楚国列阵完毕后才发动攻击，宋军大败。宋襄公伤了大腿，跟随他的门官们全部战死。宋国国人都将此归咎于宋襄公。宋襄公说："君子不两次伤害同一个敌人，不俘虏鬓发斑白的老人。自古以来统帅军队，不把人逼迫在险要的地方再攻击他们。寡人虽然是已经亡国的商族后代，也不会在敌人还未列好战阵时击鼓发动攻击。"子鱼说："君王还没有懂得打仗的道理。强大的敌人，居于险要的地方并且没有列好战阵，这是上天在帮助我国，趁他们被阻隔而击鼓攻击，不也是可以的吗？尚且还是害怕不能获胜呢！而且现在的这些强者，都是我国的敌人，虽然是老人，能够俘虏就抓回来，何必管他是不是两鬓斑白！使战士明白战败是耻辱再让他们打仗，是为了求得更多地杀敌，敌人受伤却没有死，为什么不能再次杀伤？如果可怜他们而不去再次杀伤，还不如一开始就不要杀伤他们！可怜敌阵中两鬓斑白的老人，那还不如直接归服他们！三军是凭借有利地位作战的，鸣金击鼓目的就是以声音来鼓舞士气，抓住有利的时机就要使用，在险要的地方攻击是可以的；盛大的鼓声是为了鼓舞斗志，见到兵阵不整齐的敌人击鼓进攻也是完全可以的。"

僖公二十三年(前六三七)

夏五月，宋襄公卒，伤于泓故也。

【译文】

夏季五月，宋襄公去世，是由于泓之战所受的伤。

【讲评】

齐桓公死时，晋、秦两个强大的国家还没有出现，这就促成宋襄公争取领导北方的地位。宋是一个二等国家，经济基础薄弱，襄公主观地幻想恢复先代的光荣，其结果必然会导向失败。鹿上之会，他想楚人帮他召集当时的小国，恰恰被楚人玩弄于股掌之上。最后的一战，他还提出许多迂腐的主张，以致于一败涂地。宋襄公的霸业，止是一个泡影。《左传》叙述宋襄公和司马子鱼的对话，直画出幻想和现实的对比。

晋文建霸

僖公二十三年(前六三七)

晋公子重耳〔1〕之及于难也，晋人伐诸蒲城〔2〕，蒲城人欲战，重耳不可，曰："保君父之命而享其生禄〔3〕，于是乎得人；有人而校〔4〕，罪莫大焉，吾其奔也。"遂奔狄，从者狐偃、赵衰〔5〕、颠颉、魏武子、司空季子。

【注释】

〔1〕公子重耳即晋文公，献公之子。献公使其子申生守曲沃，重耳守蒲，夷吾守屈；献公后娶骊姬，信其谗，杀申生，又使人伐重耳、夷吾。伐重耳事在僖公五年(前六五五)。

〔2〕蒲城，今山西蒲县。

〔3〕保，保恃也；生禄，养生之禄也。

〔4〕校音较，抗争也。

〔5〕衰音 cuī。

【译文】

晋国公子重耳遇难的时候，晋献公的军队到蒲城攻打他，蒲城人想要迎战，重耳不同意，说："依靠君父的命令而享受到养生的俸禄，因而得到人民的拥护；拥有了人民的拥护而抗争国君，没有比这更大的罪过了，我还是逃走吧。"于是奔逃到狄人的地方，跟从他的人有狐偃、赵衰、颠颉、魏武子、司空季子。

狄人伐廧咎如[1]，获其二女：叔隗、季隗[2]，纳诸公子。公子取季隗，生伯儵[3]、叔刘；以叔隗妻赵衰，生盾。将适齐，谓季隗曰："待我二十五年，不来而后嫁。"对曰："我二十五年矣，又如是而嫁，则就木焉[4]，请待子。"处狄十二年而行。

【注释】

〔1〕廧音 qiáng，咎音 gāo。廧咎如，赤狄之别种，隗姓。

〔2〕隗音 wěi。

〔3〕儵音 shū。

〔4〕就木，老死而就棺木也。

【译文】

狄人进攻廧咎如，从那里俘获了两个女子：叔隗、季隗，把他们献给了公子重耳。公子重耳娶了季隗，生下了伯儵、叔刘；把叔隗嫁给赵衰为妻，生了盾。重耳准备去齐国，对季隗说："等我二十五年，我不回来的话你就改嫁吧。"季隗回答说："我已经二十五岁了，像这样改嫁的话，就已经要进棺材了，请让我等您。"重耳在狄人的地方住了十二年而后离开。

过卫，卫文公不礼焉。出于五鹿[1]，乞食于野人，野人与之块[2]。公子怒，欲鞭之。子犯曰[3]："天赐也。"稽首[4]，受而载之。

【注释】

〔1〕五鹿，今河北濮阳县南。

〔2〕块，土块也。

〔3〕子犯即狐偃。

〔4〕稽首，叩头至地也。

【译文】

重耳途经卫国，卫文公没有对他以礼相待。经过五鹿时，重耳向一个乡下人乞食，那个乡下人只给了他一个土块。公子重耳发怒，想要鞭笞他。子犯说："这是上天赐予的啊。"于是重耳叩头至地，接受了这土块并把它装上车子。

及齐，齐桓公妻之〔1〕，有马二十乘〔2〕。公子安之，从者以为不可。将行，谋于桑下。蚕妾〔3〕在其上，以告姜氏〔4〕，姜氏杀之，而谓公子曰："子有四方之志，其闻之者吾杀之矣。"公子曰："无之。"姜曰："行也！怀与安，实败名。〔5〕"公子不可。姜与子犯谋，醉而遣之。醒，以戈逐子犯〔6〕。

【注释】

〔1〕妻之，以齐女配之也。
〔2〕四匹为乘。
〔3〕蚕妾，养蚕之女奴。
〔4〕姜氏，即齐桓公为公子重耳所娶之人。
〔5〕怀其所爱，安其所居，足以败坏功名。
〔6〕醒，公子重耳醒也。

【译文】

到了齐国，齐桓公给重耳娶了个齐国女子，有马匹二十乘。公子重耳安定于齐国的生活，随从的人却觉得不能这样。随从们准备离开，在桑树下商议。此时一个养蚕的女奴正好躲在桑树上，她把听到的话告诉姜氏，姜氏杀了她，然后对公子重耳说："您有远大的志向，那个偷听到的人我已经杀了。"公子重耳说："没有这回事。"姜氏说："走吧！怀恋妻子和耽于安乐，实在足以败坏功名。"公子重耳不同意。姜氏和子犯密谋，趁重耳醉酒时把他送出齐国。酒醒后，重耳气得拿着戈追赶子犯。

及曹，曹共公闻其骈胁[1]，欲观其裸，浴，薄[2]而观之。僖负羁[3]之妻曰："吾观晋公子之从者，皆足以相[4]国；若以相，夫子必反其国[5]；反其国，必得志于诸侯。得志于诸侯而诛[6]无礼，曹其首也。子盍蚤自贰焉[7]？"乃馈盘飧[8]，寘璧焉[9]。公子受飧反璧。

【注释】

〔1〕骈音 pián，相连也。胁音 xié，身躯两侧，自腋下至肋骨尽处也。

〔2〕薄与迫通，逼近也。

〔3〕僖负羁，曹大夫。羁音 jī。

〔4〕相，动词，协助也。

〔5〕言一定能归其本国也。

〔6〕诛，讨伐也。

〔7〕蚤与早通。自贰，不同于众也。

〔8〕飧音 sūn，晚食也。

〔9〕璧，平圆形而中间有孔之玉器。

【译文】

到了曹国，曹共公听说重耳肋骨连成一块，想要看他的裸体来证实一下，于是在重耳洗澡时，偷偷地靠近他看。僖负羁的妻子说："我看晋国公子的那些随从，都足以协助治理国家；如果让他们来协助，那位晋国公子一定能回到本国为君；回国以后，一定能在诸侯中称霸。称霸诸侯以后就会讨伐对他无礼的国家，曹国那时就首当其冲了。您为什么不早点把自己和这样的人划清界限呢？"于是僖负羁赠送给重耳一盘食物，中间藏着块玉璧。公子重耳接受了食物归还了玉璧。

及宋，宋襄公赠之以马二十乘。

【译文】

到了宋国，宋襄公赠送他马匹二十乘。

及郑，郑文公亦不礼焉。叔詹谏曰："臣闻天之所启[1]，人弗及也。晋公子有三焉，天其或者将建诸[2]，君其礼焉。男女同姓，其生不蕃[3]，晋公子，姬出也，而至于今，一也。离外之患[4]，而天不靖晋国，殆将启之，二也。有三士[5]足以上人而从之，三也。晋郑同侪[6]，其过子弟[7]，固将礼焉，况天之所启乎？"弗听。

【注释】

〔1〕启，开也。
〔2〕诸，之也。
〔3〕蕃，盛也。
〔4〕离，遭也。
〔5〕三士，未详。
〔6〕侪，等也。
〔7〕其过子弟，其子弟之经过者。

【译文】

到了郑国，郑文公也没有对他以礼相待。叔詹劝谏说："臣听闻上天所帮助的人，别人是赶不上的。这位晋国公子有三个优越条件，上天或许准备立他为君，君王还是礼遇他吧。男女如果同姓，他们的后代就不会繁盛，晋国的公子，父母都是姬姓，但是却活到今天，这是一。经受逃亡在外的祸患，而上天并没有使晋国安定，大概是要帮助他了，这是二。有三个人足以位居他人之上而愿意跟从他，这是三。晋国和郑国是同等的国家，他们国家的公子经过我国，固然应当加以礼遇，何况是上天所要帮助的人呢？"郑文公没有听从。

及楚，楚子[1]飨之，曰："公子若反晋国，则何以报不穀?"对曰："子女玉帛，则君有之；羽毛齿革，则君地生焉，其波[2]及晋国者，君之余也。其何以报君?"曰："虽然，何以报我?"对曰："若以君之灵[3]，得反晋国，晋、楚治兵，遇于中原，其辟君三舍[4]；若不获命[5]，其左执鞭弭[6]，右属櫜鞬[7]，以与君周旋[8]。"子玉[9]请杀之。楚子曰："晋公子广而俭，文而有礼；其从者肃而宽，忠而能力。晋侯无亲[10]，外内恶之。吾闻姬姓，唐叔之后其后衰者也[11]，其将由晋公子乎！天将兴之，谁能废之?违天必有大咎[12]。"乃送诸秦。

【注释】

〔1〕楚子，楚成王。

〔2〕波与播通，散也。

〔3〕灵，威灵也。以君之灵，托君之福也。

〔4〕三十里为一舍。

〔5〕不获命，不获罢兵之命。

〔6〕弭音 mǐ，弓也。

〔7〕属音 zhǔ，着也。櫜音 gāo，箭袋也；鞬音 jiān，弓袋也。

〔8〕周旋，追逐也。

〔9〕子玉，名得臣，楚大夫。

〔10〕晋侯指晋惠公，忌刻而无亲近之臣。

〔11〕唐叔，晋始封之君。唐叔之后，于姬姓诸国之中，最后始衰，盖当时有此说。

〔12〕咎，祸也。

【译文】

到了楚国，楚成王设飨礼招待重耳，说："公子如果得以回到晋国，那么将用什么来报答我？”重耳回答说：“男女仆从、美玉、布帛，君王已经拥有了；鸟羽、皮毛、象牙、犀皮，君王的领土上就有出产，得以散布到我们晋国的这些东西，只是君王的剩余物而已。那么我能用什么来报答君王呢？”楚成王说：“虽说如此，究竟你拿什么来报答我呢？”重耳回答说：“如果托君王的福，得以重新回到晋国，晋国、楚国如若交战，在中原相遇的话，我将为您后退三舍的距离；如若还没有获得罢兵的命令，那么就左手握持着鞭子和弓，右边挂着箭袋和弓袋，来和君王较量一番。”子玉恳请楚成王杀了重耳。楚成王说：“这位晋国公子志向远大而生活俭约，文辞华美而合乎礼仪；他的随从们严肃端庄而性情宽仁，忠心耿耿而能担重任。晋惠公没有亲近的臣子，国内国外人人厌恶。我听闻姬姓，唐叔的后代将是最后衰亡的，大概就是因为晋国的公子重耳可以重振晋国吧！上天将要使他振兴，有谁能够使他衰败呢？违抗天命一定会大祸临头。”于是把重耳送到秦国。

秦伯纳女五人〔1〕，怀嬴〔2〕与焉。奉匜沃盥〔3〕，既而挥之〔4〕，怒曰〔5〕：“秦、晋匹〔6〕也，何以卑我！”公子惧，降服而囚〔7〕。他日，公享之。子犯曰：“吾不如衰之文〔8〕也，请使衰从。”公子赋《河水》〔9〕，公赋《六月》〔10〕。赵衰曰：“重耳拜赐。”公子降拜稽首，公降一级而辞焉。〔11〕衰曰：“君称所以佐天子者命重耳，重耳敢不拜？”

【注释】

〔1〕秦伯，秦穆公，以五女配公子重耳也。

〔2〕怀嬴，穆公女。晋惠公之子圉为质于秦，穆公以女为其妻，圉归晋，其后即位，为怀公，故称怀嬴。怀嬴留秦，穆公复以配重耳。

〔3〕奉与捧通。匜音 yí，注水器。沃音 wò，浇水也。盥音 guàn，洗手也。

〔4〕洗毕而挥之使去，不敬之态也。

〔5〕怀嬴怒，省去主辞。

〔6〕匹，同等也。

〔7〕去上服自拘囚以谢罪也。

〔8〕衰即赵衰。文，有文辞也。

〔9〕赋诗，命乐工奏《诗》中篇目，以达意所欲言也。《河水篇》已亡，不知所指。或谓即《诗·小雅·沔水篇》，起句："沔彼流水，朝宗于海。"沔，水流满也。意指水流既满，终归于海，犹重耳周流各国，终归于秦。

〔10〕《六月》，《诗·小雅》篇名，述周宣王时，尹吉甫佐天子出征猃狁事。

〔11〕自阶下降一级，辞重耳稽首之礼。

【译文】

秦穆公送给重耳五个女子，怀嬴也在其中。怀嬴手捧盛水的器皿浇水让重耳洗手，重耳洗完挥手让她走开，怀嬴发怒说："秦国、晋国是同等的，你凭什么看不起我！"公子重耳惧怕，脱去上衣拘囚自己来谢罪。有一天，秦穆公设宴招待重耳。子犯说："我不如赵衰有文采，请您让赵衰跟从。"公子重耳在宴会上赋了《河水》这首诗，秦穆公赋了《六月》这首诗。赵衰说："重耳拜谢君王的恩赐。"公子重耳下阶叩头跪拜，秦穆公走下一级台阶辞谢。赵衰说："君王以辅佐天子的事迹来命令重耳，重耳怎么敢不叩拜？"

僖公二十四年(前六三六)

二十四年春王正月，秦伯纳之〔1〕。不书，不告入也。及河，子犯以璧授公子曰〔2〕："臣负羁绁〔3〕，从君巡于天下，臣之罪甚多矣。臣犹知之，而况君乎？请由此亡〔4〕。"公子曰："所不与舅氏〔5〕同心者，有如白水[6]。”投其璧于河[7]。济河，围令狐[8]，入桑泉[9]，取臼衰[10]。二月甲午，晋师军于庐柳。[11]秦伯使公子絷如晋师[12]，师退，军于郇[13]。辛丑[14]，狐偃及秦晋之大夫盟于郇。壬寅[15]，公子入于晋师，丙午，入于曲沃，[16]丁未，朝于武宫，[17]戊申，使杀怀公于高梁。[18]不书，亦不告也。

【注释】

〔1〕僖公二十三年，晋惠公死，子怀公立。秦穆公纳公子重耳，以与怀公争国。

〔2〕以璧授公子，辞行之礼也。

〔3〕羁音 jī，马络头也。绁音 xiè，系马之缰也。

〔4〕亡，去也。

〔5〕舅氏指子犯。

〔6〕以河水为证。

〔7〕投璧于河，盟于河水之礼也。

〔8〕令狐，晋地，今山西猗氏县西。

〔9〕桑泉，晋地，今山西临晋县东北。

〔10〕臼衰，晋地，今山西解县西北二十五里。

〔11〕甲午为二月四日。庐柳，晋地，今山西猗氏县西北。

〔12〕公子絷，秦大夫。晋师，晋怀公之师也。秦穆公纳公子重耳于晋，怀公之师出动防秦，公子絷勾结晋师，使其出卖怀公也。

〔13〕郇，晋地，今山西猗氏县西南。

〔14〕辛丑为二月十一日。

〔15〕壬寅为二月十二日。

〔16〕丙午为二月十六日。曲沃，晋地，今山西闻喜县东，晋宗庙所在。

〔17〕丁未为二月十七日。武宫，公子重耳祖父武公之庙。

〔18〕戊申为二月十八日。高梁，晋地，今山西临汾县东北。

【译文】

二十四年春季周历的正月，秦穆公把重耳护送回晋国争夺王位。《春秋》没有记载，是因为晋国没有向鲁国报告这件事。到黄河边时，子犯把玉璧还给公子重耳说："臣背着马络头和马缰绳，跟随君王巡游天下，臣的罪过很多。臣都还记得，何况是君王呢？恳请让我从此离开。"公子重耳说："如若不和舅氏同心，有河水为证。"接着把玉璧投掷在黄河里。渡过黄河，围攻令狐，进入桑泉，攻下臼衰。二月甲午，晋怀公的军队驻扎在庐柳。秦穆公派公子絷到晋怀公军中，晋军后退，驻扎在郇地。辛丑，狐偃和秦国晋国的大夫在郇地订立盟约。壬寅，公子重耳到了晋国军队中，丙午，进入了曲沃，丁未，在晋武公的祖庙里朝见群臣，戊申，派人到高梁杀了怀公。这些事《春秋》也没有记载，也是因为郑国没有向鲁国报告的缘故。

冬，王使来告难〔1〕，曰："不穀不德，得罪于母弟〔2〕之宠子带，鄙在郑地氾〔3〕，敢告叔父〔4〕。"臧文仲〔5〕对曰："天子蒙尘〔6〕于外，敢不奔问官守〔7〕？"王使简师父〔8〕告于晋，使左鄢父〔9〕告于秦。天子无出，书曰："天子出居于郑〔10〕。"辟母弟之难也。天子凶服降名〔11〕，礼也。

【注释】

〔1〕王，周襄王也。来，来鲁也。襄王为弟王子带所攻，出居于郑，故告难。

〔2〕弟字误，应作母氏。

〔3〕鄙，野处也。氾音 fán，郑地，今河南襄城县南一里。

〔4〕天子称同姓诸侯为叔父。

〔5〕臧文仲，鲁大夫。

〔6〕天子出奔，称为蒙尘。

〔7〕官守，周室之官属，即王之群臣也。

〔8〕〔9〕皆周大夫。

〔10〕见《春秋》。

〔11〕降名，自称不穀也。

【译文】

冬季，周襄王的使者到鲁国来报告所发生的祸难，说："不穀缺乏德行，得罪了母后宠爱的弟弟王子带，现在僻处在郑国的氾地，谨敢将这件事报告叔父。"臧文仲回答说："天子在外蒙受尘土，怎敢不去问候左右群臣？"周襄王派简师父到晋国告难，派左鄢父到秦国告难。天子无所谓出国，《春秋》上说："天子离开成周居住在郑国。"说的就是躲避同母的弟弟所造成的祸难这件事。天子身着素服并且自称"不穀"，这是合乎礼的。

僖公二十五年（前六三五）

秦伯师于河上，将纳王。狐偃言于晋侯曰[1]："求诸侯莫如勤王[2]，诸侯信之，且大义也。继文[3]之业，而信宣[4]于诸侯，今为可矣。"使卜偃卜之[5]。曰："吉。遇黄帝战于阪泉之兆[6]。"公曰："吾不堪也[7]。"对曰："周礼未改[8]，今之王，古之帝也。"公曰："筮之[9]。"筮之，遇大有䷍之睽䷥[10]，曰："吉。遇公用享于天子之卦也。战克而王飨[11]，吉孰大焉。且是卦也，天为泽以当日[12]，天子降心以逆[13]公，不亦可乎？大有去睽而复[14]，亦其所也。"晋侯辞秦师而下[15]。三月甲辰，次于阳樊[16]，右师围温[17]，左师逆王。

【注释】

〔1〕晋侯即公子重耳，立为晋侯，称文公。

〔2〕勤王，为王服务，即纳王也。

〔3〕文指晋文侯，晋之祖先，有立周平王之功。

〔4〕宣，布也。

〔5〕卜偃，卜筮之官，名偃。以龟骨占卦曰卜。

〔6〕阪泉，地名，在河北涿鹿县东。黄帝与炎帝战于阪泉之野。卜卦所得曰兆。

〔7〕晋为诸侯，不能当天子之兆。

〔8〕周礼未改，言今之周王当此兆也。

〔9〕以蓍草占卦曰筮。

〔10〕之，变也。由乾下☰离上☲之大有卦变为兑下☱离上☲之睽卦也。

〔11〕克，胜也。飨，享也。

〔12〕乾☰为天，兑☱为泽，乾变为兑而上当离☲，离为日，故曰天为泽而当日。天指天子，泽为恩泽，日指君主，故下文言天子降心以逆公。

〔13〕逆，迎也。

〔14〕即舍睽卦勿论，复论大有，其兆为乾下离上，天子在下，亦有天子降心之象。

〔15〕辞秦师而独下也。

〔16〕阳樊，周地，今河南济源县。

〔17〕温，周地，今河南温县西南。

【译文】

秦穆公把军队驻扎在黄河边上，准备护送周襄王回朝。狐偃对晋文公说：“求得诸侯的拥护没有像为天子服务更有效了，既可以得到诸侯信任，而且合于大义。继承了先君文侯的功业，同时信用得以宣扬在诸侯之中，现在是时候这样做了。”让卜偃占卜。卜偃说：“大吉。得到黄帝在阪泉作战的兆。”晋文公说：“我当不起这样的兆啊。”卜偃回答说：“周的礼制没有更改，现在的周襄王，就是古代的帝。”晋文公说：“占筮。”又占筮，得到大有卦䷍变成睽卦䷥，卜偃说：“吉利。得到‘公受到天子设享礼招待’这个卦。战争胜利以后天子设享礼招待，还有比这更大的吉吗。而且这一卦，天变成水泽来承受太阳的照耀，象征天子自己降格来迎接您，不也是可以吗？而且舍睽卦勿论而再看大有卦，说的也是这个意思。”晋文公辞退秦国军队顺流而下。三月甲辰，驻扎在阳樊，右军包围了温地，左军则迎接周襄王。

夏四月丁巳，王入于王城，〔1〕取大叔〔2〕于温，杀之于隰城〔3〕。戊午〔4〕，晋侯朝王，王飨醴〔5〕，命之宥〔6〕。请隧〔7〕，弗许，曰：“王章也〔8〕。未有代德而有二王，亦叔父之所恶也〔9〕。”与之阳樊、温、原、欑茅之田〔10〕，晋于是始起南阳〔11〕。阳樊不服，围之，苍葛呼曰〔12〕：“德以柔〔13〕中国，刑以威四夷，宜吾不敢服也。此谁非王之亲姻，其俘之也！”乃出其民。

【注释】

〔1〕丁巳为四月四日。王城，周都城，今河南洛阳县西北。

〔2〕大叔即王子带。

〔3〕隰音 xí。隰城，周地，今河南武陟县西南十五里。

〔4〕戊午为四月五日。

〔5〕醴音 lǐ，甜酒也，酿之，一宿而成。

〔6〕宥与侑通，酬酢也，与王酬酢，以示异礼。

〔7〕隧音 suì，地下道，王之葬礼所用。

〔8〕章，制度也。

〔9〕恶音 wù。

〔10〕原，周地，今河南济源县西北。欑音 cuán。欑茅，周地，今河南修武县西北二十里。

〔11〕南阳，指太行山之南。

〔12〕苍葛，阳樊人。

〔13〕柔，服也。

【译文】

夏季四月丁巳，周襄王进入王城，在温地抓获了王子带，在隰城杀了他。戊午，晋文公入朝觐见周襄王，周襄王以醴来招待他，并命令他与自己相酬酢。晋文公请求死后能用隧葬，周襄王没有准许，说："这是王室的制度。现在还没有谁取代周室而出现两个天子，这也应该是叔父你所厌恶的吧。"赐给晋文公阳樊、温、原、欑茅这些土地，晋国到这个时候才开辟了太行山以南的疆土。阳樊没有归服，于是晋军包围了这个城池，苍葛大声呼喊说："德操是用来安抚中原国家的，刑罚是用来威慑四夷的，你们竟围攻这里，也难怪我们不敢降服了。这里有谁不是周天子的亲戚，你们难道能俘虏他们吗！"晋军于是放百姓出城。

秋，秦、晋伐鄀〔1〕。楚鬭克、屈御寇以申、息之师戍商密〔2〕。秦人过析隈〔3〕，入而系舆人〔4〕以围商密，昏而傅〔5〕焉，宵，坎〔6〕血加书伪与子仪、子边盟者。商密人惧曰："秦取析矣，戍人反矣！"乃降秦师。秦师囚申公子仪、息公子边以归。楚令尹子玉追秦师，弗及，遂围陈，纳顿子于顿〔7〕。

【注释】

〔1〕鄀，秦、楚界上小国，今河南淅川县西有丹水故城，古鄀国也。

〔2〕鬭克即公子仪，守申，今河南南阳县北二十里。屈御寇即公子边，守息，今河南息县西南。商密，鄀地，今河南淅川县西。

〔3〕析，今河南内乡县西北。隈音 wēi，隐蔽之处也。

〔4〕系，缚也。舆人，群众也。

〔5〕傅，附也，包围也。

〔6〕宵，夜也。坎，掘地以埋也。

〔7〕顿，姬姓国，今河南项城县北五十里有南顿故城。

【译文】

秋季，秦国、晋国进攻鄀国。楚国的鬭克、屈御寇率领申地、息地的军队戍守在商密。秦军秘密经过析地，进入析地并绑着自己的士兵假装俘虏来围攻商密，黄昏时分包围了商密，夜里，掘地歃血并把盟书放在上面来假装和公子仪、公子边盟誓的样子。商密人恐惧地说："秦国攻占了析地，原本应该戍守的人反叛了！"于是投降了秦军。秦军囚禁了守申地的公子仪、守息地的公子边回国。楚国的令尹子玉追击秦军，没有追上，于是围攻陈国，并护送顿子回到顿国。

冬，晋侯围原，命三日之粮；原不降，命去之。谍[1]出，曰："原将降矣。"军吏曰："请待之。"公曰："信，国之宝也，民之所庇[2]也。得原失信，何以庇之？所亡滋多！"退一舍而原降。迁原伯贯于冀[3]，赵衰为原大夫，狐溱[4]为温大夫。

【注释】

〔1〕谍音 dié，侦察员也。

〔2〕庇，保障也。

〔3〕原伯贯，周大夫守原者。冀，晋地，今山西河津县东北十五里有冀亭。

〔4〕溱音 zhēn。

【译文】

冬季，晋文公包围了原地，命令携带三天的粮食；三天到了而原国没有投降，于是下令离开。侦察情况的士兵从城里出来，说："原地即将投降。"军吏说："请再等等。"晋文公说："信用，是国家的瑰宝，人民的保障。攻占原地却失去信用，用什么来庇护百姓？所失去的无疑更多！"于是后退了一舍的距离而原地归降。晋文公把原伯贯迁移到冀地，任命赵衰为原地的大夫，狐溱为温地的大夫。

僖公二十六年(前六三四)

宋以其善于晋侯也，叛楚即[1]晋。冬，楚令尹子玉、司马子西帅师伐宋，围缗[2]。公[3]以楚师伐齐，取穀[4]。凡师能左右之，曰“以”。置桓公子雍于穀，易牙奉之以为鲁援，楚申公叔侯[5]戍之。

【注释】

〔1〕即，亲近也。

〔2〕缗，宋地。

〔3〕公，鲁僖公也。

〔4〕穀，齐地，今山东东阿县治。

〔5〕楚大夫守申者曰申公，名叔侯。

【译文】

宋国因为他们曾对晋侯表示友善，所以背叛楚国而亲近晋国。冬季，楚国的令尹子玉、司马子西率军进攻宋国，包围了缗地。鲁僖公率领楚国军队攻打齐国，攻占了穀地。凡是率领别国军队而能够随意指挥，就叫做“以”。把齐桓公的儿子雍安置在穀地，让易牙侍奉他作为鲁国的后援，楚申公叔侯在那里戍守。

僖公二十七年(前六三三)

楚子将围宋，使子文治兵于睽[1]，终朝而毕[2]，不戮[3]一人。子玉复治兵于蒍[4]，终日而毕，鞭七人，贯三人耳[5]。国老[6]皆贺子文，子文饮之酒。蒍贾尚幼，后至，不贺。子文问之，对曰："不知所贺。子之传政于子玉，曰'以靖国也'。靖诸内而败诸外，所获几何？子玉之败，子之举也，举以败国，将何贺焉！子玉刚而无礼，不可以治民，过三百乘，其不能以入矣[7]！苟入而贺，何后之有[8]？"

【注释】

〔1〕子文，楚旧令尹，以其位传子玉。治兵，检阅也。睽音 kuí，楚地。

〔2〕终朝而毕，上午完成也。

〔3〕戮，处分也。

〔4〕蒍音 wěi，楚地。

〔5〕贯耳，以箭贯耳也。

〔6〕国老，国中之贵人也。

〔7〕必以此失败不能归国也。

〔8〕何后之有，倒句，有何后也。

【译文】

楚成王准备包围宋国，派子文在睽地检阅军队，上午就得以完成，一个人都没有处分。子玉又在蒍地检阅军队，一天得以结束，鞭笞了七个人，用箭穿了三个人的耳朵。国中的贵人们都祝贺子文，子文招待他们饮酒。蒍贾年纪还小，后到，没有祝贺。子文问他原因，蒍贾回答说："我不知道应当祝贺些什么。您把政权传给子玉，说'为了安定国家'。安定于内而失败于外，能得到多少呢？子玉的对外作战失败，是由于您的推举，推举而使国家遭受失败，有什么可以祝贺的！子玉刚愎自用而又无礼，不能让他治理人民，率领的兵车超过三百乘，恐怕就失败而不能归国了！如果他能回来我再祝贺，有什么晚呢？"

冬，楚子及诸侯围宋[1]，宋公孙固如晋告急。先轸[2]曰："报施救患，取威定霸，于是乎在矣。"狐偃曰："楚始得曹而新昏于卫，若伐曹、卫，楚必救之，则齐、宋免矣。"于是乎蒐于被庐[3]，作三军[4]，谋元帅。赵衰曰："郤縠[5]可。臣亟[6]闻其言矣，说[7]礼乐而敦《诗》、《书》；《诗》、《书》，义之府也；礼乐，德之则也；德义，利之本也。《夏书》曰[8]：'赋纳以言[9]，明试以功，车服以庸[10]。'君其试之。"乃使郤縠将中军，郤溱佐之；使狐偃将上军，让于狐毛而佐之[11]；命赵衰为卿[12]，让于栾枝、先轸，使栾枝将下军，先轸佐之。荀林父御戎，魏犨为右。

【注释】

〔1〕是年，楚人、陈侯、蔡侯、郑伯、许男围宋，鲁侯亦来会，见《春秋》。

〔2〕轸音 zhěn。先轸，晋大夫。

〔3〕蒐音 sōu，猎也。被庐，晋地。

〔4〕晋旧为二军，是年作三军：中军、上军、下军。中军有将有佐，上下军亦各有将佐，是为六卿。中军将为元帅。

〔5〕郤音 xì。縠音 hú。

〔6〕亟，屡也。

〔7〕说与悦通。

〔8〕见《虞书·益稷篇》。

〔9〕赋，取也。言取纳其言以观其志。

〔10〕庸，功也。赐之车服以酬其功也。

〔11〕狐偃让狐毛，故以狐毛为上军将，狐偃为上军佐也。

〔12〕中军上军将佐已定，命赵衰为卿，命为下军将佐也。

【译文】

冬季，楚成王和诸侯包围宋国，宋国的公孙固到晋国报告紧急情况。先轸说："报答施舍和救援患难，取得威望和成就霸业，就在这里了。”狐偃说：“楚国刚刚得到曹国又新近和卫国结为婚姻之国，如果攻打曹国、卫国，楚国必定救援，那么齐国和宋国就可以解除威胁了。”晋国因此而在被庐举行大蒐礼，建立三军，商讨元帅的人选。赵衰说：“郤縠可以胜任。臣屡次听到他的话，喜爱礼乐而崇尚《诗》、《书》；《诗》、《书》，是道义的府库；礼乐，是德行的准则；德行与礼义，是利益的基础。《夏书》说：‘广泛听取意见，通过具体事件予以检验，用车马衣服作为功劳的赏赐。’君王不妨试一下。”于是派郤縠率领中军，郤溱辅佐他；派狐偃率领上军，狐偃把帅位让给狐毛而自己辅佐他；任命赵衰为卿，赵衰让位给栾枝、先轸，派栾枝率领下军，先轸辅佐他。荀林父驾御战车，魏犨作为车右。

晋侯始入而教其民，二年欲用之。子犯曰：“民未知义，未安其居。”于是乎出定襄王，入务利民，民怀生矣〔1〕。将用之，子犯曰：“民未知信，未宣其用。”于是乎伐原以示之信，民易资者不求丰焉〔2〕，明征其辞〔3〕。公曰：“可矣乎？”子犯曰：“民未知礼，未生其共〔4〕。”于是乎大蒐以示之礼，作执秩〔5〕以正其官。民听不惑而后用之。出穀戍〔6〕，释宋围，一战而霸，文之教也。

【注释】

〔1〕怀，安也。怀生，安于生存也。

〔2〕易资，交换货物也。丰，满也。不求丰，不求过当之利润也。

〔3〕明征其辞，倒句，其言辞明白而可征信也。

〔4〕言少长恭敬之心尚未生也。

〔5〕执秩，执行秩序之官，今之监察官也。下文官字，工也，事也。以正其官，以正其事也。

〔6〕楚申公叔侯原屯兵于穀，明年，楚子使申叔撤去。

【译文】

晋文公刚一回国就教化百姓，过了两年就准备使用他们。子犯说：“百姓还不知道道义，还没有能各安其位。”晋文公就出外去安定周襄王的君位，回国后致力于做对百姓有利的事，百姓就各安于他们的生活了。又准备使用他们，子犯说：“百姓还不知道信用，还没有明白信用的作用。”晋文公就攻打原地来让百姓明白什么是信用，百姓做买卖不求过当的利润，言辞明白而可信。晋文公说：“可以了吗？”子犯说：“百姓还不知道礼仪，还没有产生恭敬之心。”由此举行大蒐礼来让百姓看到礼仪，设立执行秩序的官职来规定官员的职责。等到百姓看到事情就能明辨是非然后才使用他们。赶走楚国在穀地的驻军，解除楚国对宋国的包围，一次战争就称霸诸侯，这都是文公的教化的结果。

僖公二十八年(前六三二)

二十八年春，晋侯将伐曹，假道于卫，卫人弗许。还，自南河济，侵曹。伐卫，正月戊申〔1〕，取五鹿。二月，晋郤縠卒。原轸〔2〕将中军，胥臣〔3〕佐下军，上德也。晋侯齐侯盟于敛盂〔4〕，卫侯〔5〕请盟，晋人弗许。卫侯欲与楚〔6〕，国人不欲，故出其君以说于晋〔7〕，卫侯出居于襄牛〔8〕。公子买戍卫〔9〕，楚人救卫，不克，公惧于晋，杀子丛以说焉。谓楚人曰：“不卒戍也〔10〕。”

【注释】

〔1〕戊申为正月十一日。

〔2〕原轸，先轸也。

〔3〕胥臣，司空季子也。

〔4〕齐侯，齐昭公也。敛盂，卫地，今河北濮阳县东南。

〔5〕卫侯，卫成公也。

〔6〕卫侯不得与盟，故仍欲亲楚。

〔7〕卫人逐出卫成公来讨好晋国。

〔8〕襄牛，卫地。

〔9〕公子买即子丛，鲁大夫，率师戍卫者。

〔10〕是时晋楚主力尚未接触，鲁取两面主义，故杀公子买向晋讨好，同时又告楚人，以其不能完成任务，故杀之。

【译文】

二十八年春季，晋文公准备攻打曹国，向卫国借路，卫国没有同意。于是回来，从南河渡过黄河，侵入曹国。攻打卫国，正月戊申，攻占了五鹿。二月，晋国的郤縠去世。由原轸率领中军，胥臣辅佐下军，这是为了崇尚德行。晋文公和齐昭公在敛盂会盟，卫成公请求参加盟约，晋国人不同意。卫成公想亲附楚国，国内的人们不愿意，所以赶走了他们的国君来讨好晋国，卫成公离开国都居住在襄牛。公子买戍守在卫国，楚国人救援卫国，没有获胜，鲁僖公害怕晋国，杀了公子买来讨好晋国。而对楚国人谎称说："他戍守没到期就回来了，所以就杀了他。"

晋侯围曹，门焉〔1〕，多死。曹人尸诸城上〔2〕，晋侯患之，听舆人〔3〕之谋曰："称舍于墓〔4〕。"师迁焉，曹人凶惧〔5〕，为其所得者棺而出之。因其凶也而攻之，三月丙午〔6〕入曹，数〔7〕之，以其不用僖负羁而乘轩者三百人也，且曰："献状〔8〕。"令无入僖负羁之宫〔9〕而免其族，报施也。魏犨、颠颉怒曰："劳之不图〔10〕，报于何有！"爇〔11〕僖负羁氏。魏犨伤于胸，公欲杀之而爱其材，使问，且视之，病将杀之〔12〕。魏犨束胸见使者曰："以君之灵，不有宁也〔13〕。"距跃三百〔14〕，曲踊〔15〕三百。乃舍之，杀颠颉以徇〔16〕于师。立舟之侨以为戎右。

【注释】

〔1〕门，攻其城门也。

〔2〕尸，陈也，取死者之尸陈于城上。

〔3〕舆人，群众也。

〔4〕扬言将驻军于曹之墓地。

〔5〕凶，同汹，恐惧之声也。

〔6〕丙午为三月十日。

〔7〕数，去声，列举也。

〔8〕献状，检讨罪状也。

〔9〕宫，所居之房屋也。

〔10〕劳，功也。两句皆倒句。二人以有功未赏，故曰“劳之不图”。

〔11〕爇音 ruò，烧也。

〔12〕假定句。假如伤重，则将杀之。

〔13〕宁，安也。不敢偷安。

〔14〕距跃，超越也。百与陌通，道也，次也。超物越过三次。

〔15〕曲踊，屈膝向上而跳也。

〔16〕徇音 xùn，号令也。

【译文】

晋文公包围了曹国，攻打城门，战死的人很多。曹国军队把晋国兵士的尸体陈列在城上，晋文公很为此担忧，听了兵众的主意而声称：“在曹国人的墓地宿营。”军队转移，曹国人恐惧，把他们所得到的晋军的尸体装进棺材运出来。晋军趁曹军恐惧而攻城，并在三月丙午进入曹国国都，历数曹王的罪状，不任用僖负羁，但是做官乘车的却有三百人，并且说：“检讨罪状吧。”晋文公下令兵士不许进入僖负羁的家并且同时赦免他的族人，这是为了报答从前的恩惠。魏犨、颠颉发怒说：“有功的人却不加以封赏，所谓的报答又在哪里！”于是放火烧了僖负羁的家。魏犨胸部受伤，晋文公想杀了他但又爱惜他的才干，派人去慰问，同时观察病情，如果伤势很重的话就准备杀了他。魏犨捆紧胸膛出见使者说：“托君王的福，我不敢借口生病来偷安。”说着就跨越了很多次障碍物，又向上跳了很多次。晋文公于是就饶恕了他，而杀死颠颉来号令全军。立舟之侨作为车右。

宋人使门尹般[1]如晋师告急。公曰："宋人告急，舍之则绝；告楚不许[2]，我欲战矣，齐、秦未可，若之何？"先轸曰："使宋舍我而赂齐、秦，藉之告楚[3]。我执曹君而分曹、卫之田以赐宋人，楚爱曹、卫，必不许也。喜赂怒顽[4]，能无战乎？"公说，执曹伯，分曹、卫之田以畀宋人。

【注释】

〔1〕门尹般，宋大夫。

〔2〕告楚请解宋人之围而楚不许也。

〔3〕藉音 jiè，因也，托也。托齐、秦以告楚也。

〔4〕齐、秦受宋之赂则喜，见楚之顽固不许则怒也。

【译文】

宋国派门尹般到晋军中报告危急情况。晋文公说："宋国来报告危急情况，不去救他就会断绝了交往；请求楚国解围他们不会同意，我们想与楚国开战，齐国、秦国又不会同意，怎么办？"先轸说："让宋国丢开我国而去给齐国、秦国赠送财礼，托他们两国去请求楚国退兵。我们把曹国国君抓起来而把一部分曹国、卫国的田地赐给宋国，楚国不舍得放弃曹国、卫国，一定不答应齐国和秦国的请求。齐国和秦国喜欢宋国的财礼而对楚国的顽固很生气，能不打仗吗？"晋文公很高兴，抓住了曹共公，把一部分曹国和卫国的田地分给了宋国人。

楚子入居于申，使申叔去穀，使子玉去宋，曰："无从晋师[1]。晋侯在外十九年矣，而果得晋国，险阻艰难，备尝之矣，民之情伪[2]，尽知之矣。天假之年[3]而除其害[4]，天之所置，其可废乎？《军志》[5]曰：'允当则归〔6〕。’又曰：‘知难而退。’又曰：‘有德不可敌。’此三《志》者，晋之谓矣。”子玉使伯棼〔7〕请战，曰：“非敢必有功也，愿以间执谗慝之口〔8〕。”王怒，少与之师，唯西广〔9〕、东宫〔10〕，与若敖之六卒〔11〕实从之。

【注释】

〔1〕无向晋师进逼也。

〔2〕情，实也。情伪，真伪也。

〔3〕据《史记·晋世家》，是年晋文公六十六岁，故曰“天假之年”。假，给与也。

〔4〕除惠公、怀公及其党与之害。

〔5〕《军志》，古代之军事著作，已亡。

〔6〕允，信也，适可而止也。

〔7〕伯棼，鬬伯比之孙。

〔8〕间执，乘机折服也。慝音 tè，恶也。谗慝，谗恶之人，指蒍贾“过三百乘不可以入”之言。

〔9〕楚军制有左广、右广，西广当即为右广。

〔10〕东宫，军队名。

〔11〕若敖，楚之先王，军队以此为名。百人为卒，六卒共六百人。

【译文】

楚成王进入申城并停留下来，让申叔离开穀地，让子玉离开宋国，说：“不要去进逼晋国军队。晋文公出奔在外十九年了，而最终得到了晋国，险阻和艰难，都尝过了，民情的真假，也都知道了。上天给予他年寿，而除去了他的祸害，上天所安排的，难道可以废除吗？《军志》说：‘适可而止。’又说：‘知难而退。’又说：‘有德的人不能匹敌。’这三条记载，是在说晋国吧。”子玉派遣伯棼向成王请战，说：“不敢说一定能建立功勋，愿意趁此堵住那些馋恶小人的口。”楚成王发怒，给他的军队很少，实际上只有西广、东宫和若敖的六卒兵力跟从。

子玉使宛春[1]告于晋师曰："请复卫侯而封曹，臣亦释宋之围。"子犯曰："子玉无礼哉！君取一，臣取二，[2]不可失矣。"先轸曰："子与之。定人之谓礼，楚一言而定三国，我一言而亡之，我则无礼，何以战乎？不许楚言，是弃宋也，救而弃之，谓诸侯何？楚有三施[3]，我有三怨[4]，怨雠已多，将何以战？不如私许复曹、卫以携之[5]，执宛春以怒楚，既战而后图之。"公说，乃拘宛春于卫，且私许复曹、卫。曹、卫告绝于楚。子玉怒，从晋师，晋师退。军吏曰："以君辟臣，辱也，且楚师老[6]矣，何故退？"子犯曰："师直为壮，曲为老，岂在久乎？微楚之惠不及此[7]，退三舍辟之，所以报也。背惠食言[8]，以亢其雠[9]，我曲楚直。其众素饱，不可谓老。我退而楚还，我将何求？若其不还，君退臣犯，曲在彼矣。"退三舍。楚众欲止，子玉不可。

【注释】

〔1〕宛音 wǎn。宛春，楚大夫。

〔2〕君指晋侯，取一指释宋围。臣指楚臣子玉，取二指复卫侯而封曹。

〔3〕〔4〕子玉之提议，于宋、曹、卫有利，故曰三施。不许其请，于宋、曹、卫皆不利，故曰三怨。

〔5〕言私许曹卫复国，使其绝于楚也。

〔6〕老，暮气也。

〔7〕微，无也。

〔8〕食言，不守信也。

〔9〕亢，抵抗也。

【译文】

子玉派宛春到晋军中报告说："请恢复卫侯的君位并且把领土退还曹国，我也解除对宋国的包围。"子犯说："子玉无礼啊！作为君王的我国国君获得的只是解除对宋国的包围一项，身为臣下而要求君王给出的却是复卫封曹两项，不可失掉进攻的机会。"先轸说："您应该答应他的请求。安定别人就叫做礼，楚国人一句话安定三个国家，我们一句话而使它们灭亡，我们这样就是无礼，还拿什么来作战呢？不答应楚国的请求，这是抛弃宋国，救援了又抛弃他，怎么向诸侯们交待？楚国有三项恩惠，我们有三项怨仇，怨仇已经太多了，准备凭什么作战呢？不如私下里答应恢复曹国和卫国而离间他们和楚国的关系，俘获宛春来激怒楚国，等开战后再慢慢谋划。"晋文公听罢很高兴，于是把宛春囚禁在卫国，同时私下里允诺恢复曹国、卫国。曹国、卫国于是就与楚国断绝邦交。子玉发怒，追击晋军，晋军撤退。军吏说："作为国君而躲避臣下，这是耻辱的事，而且楚军已经疲乏不堪，为什么退走？"子犯说："出兵作战有理就气壮，无理就气衰，哪里在于在外边作战时间的长短呢？如果没有楚国的恩惠我们到不了今天，退却三舍的距离来躲避他们，就是作为报答。背弃恩惠而不守信，并以此来抗敌，那么我们就理亏而楚国有理。他们的士气一向饱满，不能认为是疲乏不堪。我们退走而楚军回师，我们还要求什么？如果他们不回师，国君退走而臣下进犯，他们就理亏了。"于是晋军退开了三舍的距离。楚国军众要停下来，子玉不同意。

夏四月戊辰，晋侯、宋公、齐国归父、崔夭、秦小子慭次于城濮。〔1〕楚师背酅而舍〔2〕，晋侯患之。听舆人之诵曰〔3〕："原田每每〔4〕，舍其旧而新是谋。"公疑焉。子犯曰："战也。战而捷，必得诸侯；若其不捷，表里山河〔5〕，必无害也。"公曰："若楚惠何？"栾贞子曰〔6〕："汉阳诸姬〔7〕，楚实尽之。思小惠而忘大耻，不如战也。"晋侯梦与楚子搏〔8〕，楚子伏己而盬其脑〔9〕，是以惧。子犯曰："吉。我得天〔10〕，楚服其罪〔11〕，吾且柔之矣〔12〕。"

【注释】

〔1〕戊辰为四月三日。宋公，宋成公；国归父，齐卿；崔夭，齐大夫；小子慭，秦穆公子，慭音 yìn。城濮，卫地，今山东濮县南有临濮故城，即此。

〔2〕酅，城濮附近之地。舍，止也。

〔3〕诵，歌辞也。

〔4〕每每，肥也。

〔5〕晋南有太行山，其外为河，故曰表里山河。表，外也。

〔6〕栾贞子，栾枝也。

〔7〕汉水东北姬姓诸国也。

〔8〕搏，赤手相斗也。

〔9〕盬音 gǔ，啑也。

〔10〕晋侯向上，故曰得天。

〔11〕楚子向下，故曰服罪。

〔12〕脑汁柔，啑晋侯之脑，故曰柔之。

【译文】

夏季四月戊辰，晋文公、宋成公、齐国的国归父、崔夭、秦国的小子慭驻扎在城濮。楚军背靠酅地扎营，晋文公担心此举。听到士兵的歌辞说："原野田间庄稼肥美，我们应该抛开旧株而修葺新株。"晋文公对此依然犹疑不决。子犯说："出战吧。战而得胜，一定得到诸侯归服；如果不胜，我国外有大河内有高山，一定没有什么祸害。"晋文公说："对楚国曾经的恩惠怎么办?"栾贞子说："汉水以北的姬姓诸国，楚国都把它们吞并完了。想着小恩小惠而忘记大耻大辱，不如出战。"晋文公梦到和楚王搏斗，楚王伏在自己身上吮吸自己的脑浆，因而惧怕。子犯说："这是吉利的征兆。这表示我国得到上天眷顾，楚国伏罪，而且我们已经安抚他们了。"

子玉使鬬勃[1]请战，曰：“请与君之士戏[2]，君冯轼[3]而观之，得臣[4]与寓目焉。”晋侯使栾枝对曰：“寡君闻命矣。楚君之惠，未之敢忘，是以在此[5]。为大夫退，其敢当君乎？既不获命矣，敢烦大夫谓二三子[6]，戒尔车乘，敬尔君事，诘朝[7]将见。”

【注释】

〔1〕鬬勃即子上。

〔2〕戏，角力也。

〔3〕冯与凭通，音 píng，依也。轼，车前横木也。

〔4〕得臣，子玉之名。

〔5〕言受楚君之惠，故退三舍至此也。

〔6〕二三子，指楚之将帅。

〔7〕诘朝，明日早晨也。

【译文】

子玉派鬬勃向晋文公请战，说：“请和君王的斗士作一次角力游戏，君王靠在车前横木上观看，得臣可以陪同君王一起观看。”晋文公派栾枝回答说：“寡人知道你的意思了。楚君的恩惠，我没有敢忘记，所以退避三舍而待在这里。对大夫你我们尚且已经退兵了，难道敢抵挡你们的国君吗？既然没有得到停战的命令，那就烦劳大夫对贵军将帅们说，准备好你们的战车，重视你们的国君所命令的事，明天早上战场相见。”

晋车七百乘，韅靷鞅靽[1]。晋侯登有莘之虚[2]以观师，曰：“少长有礼，其可用也。”遂伐其木以益其兵[3]。己巳，晋师陈于莘北。[4]胥臣以下军之佐当陈、蔡。子玉以若敖之六卒将中军，曰：“今日必无晋矣。”子西将左，子上将右。胥臣蒙马以虎皮，先犯陈、蔡，陈、蔡奔，楚右师溃。狐毛设二旆[5]而退之，栾枝使舆曳柴而伪遁[6]，楚师驰之[7]。原轸、郤溱以中军公族[8]横击之。狐毛、狐偃以上军夹攻子西，楚左师溃。楚师败绩；子玉收其卒而止，故不败[9]。

【注释】

〔1〕马服之甲，在背者曰韅，音 xiǎn；在胸者曰靷，音 yǐn；在腹者曰鞅，音 yāng；在后者曰靽，音 bàn。四者所以形容马甲齐备，以见军容之盛。

〔2〕莘音 shēn。有莘，古国名，今山东曹县有莘城。虚，同墟，其故地所在也。

〔3〕伐木以益攻战之具。

〔4〕己巳为四月四日。莘北即城濮。

〔5〕旆音 pèi，以杂色缀边之大旗也。

〔6〕曳柴起尘，诈为败走。

〔7〕驰之，以兵车追逐也。

〔8〕公族，公所直辖之军。

〔9〕子玉中军未败，但左师、右师皆败，故曰败绩。

【译文】

晋国军队有战车七百乘，装备齐全。晋文公登上有莘国的国都故地检阅军队，说："年少的和年长的都排列有序而合乎礼仪，是可以用来作战的。"就命令砍伐山上的树木以增加武器。己巳这一天，晋军在莘北列阵。胥臣作为下军的辅佐抵挡陈国、蔡国的军队。子玉用若敖的六卒率领中军，说："今天一定灭掉晋国。"子西率领左军，子上率领右军。胥臣把马蒙上老虎皮，先攻陈、蔡两军，陈、蔡两军奔逃，楚军的右翼部队溃散。狐毛竖起两面大旗而后退，栾枝让车子拖着木柴扬起尘土而假装逃走，楚军以兵车追击。原轸、郤溱率领中军中晋文公的直属部队拦腰袭击。狐毛、狐偃率领上军夹攻子西，楚国的左翼部队溃散。楚军大败；子玉及时下令收兵，所以他所率的军队没有败。

晋师三日馆谷[1]，及癸酉[2]而还，甲午，至于衡雍，[3]作王宫于践土[4]。乡役之三月[5]，郑伯[6]如楚，致其师[7]；为楚师既败而惧，使子人九行成于晋[8]。晋栾枝入盟郑伯。五月丙午[9]，晋侯及郑伯盟于衡雍。丁未[10]，献楚俘于王，驷介百乘[11]，徒兵千[12]。郑伯傅王[13]，用平礼也[14]。己酉[15]，王享醴，命晋侯宥[16]。王命尹氏及王子虎、内史叔兴父策命晋侯为侯伯[17]，赐之大辂之服[18]，戎辂之服[19]，彤[20]弓一，彤矢百，玈弓矢千[21]，秬鬯一卣[22]，虎贲[23]三百人。曰："王谓叔父，敬服王命，以绥四国[24]，纠逖王慝[25]。"晋侯三辞，从命，曰："重耳敢再拜稽首，奉扬天子之丕显休命[26]。"受策以出，出入三觐[27]。卫侯闻楚师败，惧，出奔楚，遂适陈，使元咺奉叔武[28]以受盟。癸亥[29]，王子虎盟诸侯于王庭，要言曰[30]："皆奖王室[31]，无相害也。有渝[32]此盟，明神殛[33]之，俾队其师[34]，无克祚国[35]，及其玄孙，无有老幼。"君子谓是盟也信，谓晋于是役也能以德攻。

【注释】

〔1〕馆，馆舍也。言晋师得楚之粮，馆而食之三日。

〔2〕癸酉为四月八日。

〔3〕甲午为四月二十九日。衡雍，郑地，今河南原武县西北五里。

〔4〕襄王闻晋战胜，自往劳之，故作王宫。践土今河南荥泽县。

〔5〕乡役犹言是役也。

〔6〕郑伯，郑文公也。

〔7〕致其师，以其师受楚指挥也。

〔8〕子人九，郑大夫。

〔9〕丙午为五月十一日。
〔10〕丁未为五月十二日。
〔11〕驷介，被甲之马也。
〔12〕徒兵，步卒也。
〔13〕傅王，为王之助手。
〔14〕用平王享晋文侯之礼。
〔15〕己酉为五月十四日。
〔16〕宥与侑通，酬酢也。命侑者所以亲之也。
〔17〕尹氏、王子虎，皆王卿士；内史，掌策命之官。侯伯，诸侯之长也。
〔18〕辂音 lù，车也。
〔19〕戎辂，兵车也。
〔20〕彤音 tóng，赤色。
〔21〕玈音 lú，黑色。玈弓矢千，黑色之弓十、矢千也。
〔22〕秬音 jù，黑黍也。鬯音 chàng，香酒也。卣音 yǒu，盛酒器也。
〔23〕贲音 bēn。虎贲，勇士也。
〔24〕绥音 suí，安抚也。四国，四方也。
〔25〕逖音 tì，与剔通，治也。纠逖王慝，检举于王有害者，加以惩治也。
〔26〕丕，大也。显，明也。休，美也。
〔27〕觐音 jìn，进见也。
〔28〕咺音 xuǎn。元咺，卫大夫；叔武，卫侯弟。
〔29〕癸亥为五月二十八日。
〔30〕要，平声，约也。
〔31〕奖，助也。
〔32〕渝音 yú，变也。
〔33〕殛音 jí，诛也。
〔34〕队与坠通。
〔35〕祚音 zuò，福也，享有也。

【译文】

晋军吃着楚军留下的粮食休整三天，到癸酉这一天起程回国，甲午，到达衡雍，在践土为天子建造了一座王宫。这一战役之前的三个月，郑文公到楚国，派出郑国的军队接受楚国的指挥；因为楚军已经失败而忧惧，派遣子人九和晋国讲和。晋国的栾枝进入郑国和郑文公订立盟约。五月丙午，晋文公和郑文公在衡雍会盟。丁未，把楚国的俘虏献给周襄王，披甲的战马一百乘，步兵一千人。郑文公作为襄王的助手，用的是周平王招待晋文侯的礼仪。己酉，周襄王设宴用甜酒招待晋文公，又让他与自己相酬酢。周襄王命令尹氏和王子虎、内史叔兴父策命晋文公为诸侯之长，赐给他大辂车及相应的礼服，戎辂车以及相应的礼服，还有红色的弓一把，红色的箭一百支，黑色的弓十把和箭一千支，黑黍酿造的香酒一卣，勇士三百人。说："天子对叔父说，你恭敬地服从天子的命令，以安抚四方诸侯，检举对天子有害的人并加以惩治。"晋文公辞谢三次，然后接受命令，说："重耳谨再拜叩头，接受和宣扬天子的光大、美好的命令。"接受了策书就离开成周，前后共三次朝见周王。卫成公听说楚军失败，害怕，逃亡到楚国，又到了陈国，派遣元咺事奉叔武去接受盟约。癸亥，王子虎和诸侯在天子的王庭里盟誓，约定说："全部辅助王室，不要互相伤害。如果有谁违背这个盟约，就要受到神的诛杀，使他军队颠覆，不能得以终生享有国家，直到你的玄孙，不论老小都是如此。"时人君子认为这次结盟是守信用的，认为晋国在这次战役中能够用德行来进攻敌人。

初，楚子玉自为琼弁玉缨[1]，未之服也，先战，梦河神谓己曰："畀余，余赐女孟诸之麋[2]。"弗致也。大心与子西使荣黄[3]谏，弗听。荣季曰："死而利国，犹或为之，况琼玉乎？是粪土也而可以济[4]师，将何爱焉！"弗听。出告二子曰[5]："非神败令尹，令尹其不勤民，实自败也。"既败，王使谓之曰："大夫若入[6]，其若申、息之老[7]何？"子西、孙伯曰："得臣将死，二臣止之曰：'君其将以为戮。'"及连穀而死[8]。晋侯闻之而后喜可知也，曰："莫余毒也已[9]！苏吕臣[10]

实为令尹，奉己而已[11]，不在民矣。”

【注释】

〔1〕琼音 qióng，赤玉也。弁音 biàn，冠也，以鹿子皮为之。琼弁玉缨，垂缨之鹿皮冠，以琼、玉为饰也。

〔2〕孟诸，泽名，在河南商丘县东北。水草之交曰麋，与湄通。赐女孟诸之麋，犹言以宋地赐汝，使子玉获胜也。孟诸在宋境内。

〔3〕大心，子玉之子，即孙伯。荣黄即荣季。

〔4〕济去声，成也。

〔5〕二子指大心、子西。

〔6〕大夫，子玉也。入指归国。

〔7〕子玉率申、息之子弟以出，言其何以见申、息之父老也。

〔8〕连穀，楚地。子玉至连穀，未得赦令，故自杀。

〔9〕余为毒之宾词，莫余毒犹莫毒余，无能害我也。

〔10〕蔿吕臣，楚大夫。

〔11〕奉己，为自己打算也。

【译文】

当初，楚国的子玉自己制作了镶有赤玉、缀有垂缨的鹿皮冠，还没有穿戴，作战之前，梦见黄河河神对他说：“送给我，我赐给你孟诸的水草之地。”子玉没有赠送。大心和子西派荣黄劝谏，子玉不肯听从。荣黄说：“死如果有利于国家，尚且还要去做，何况是美玉呢？如果可以使军队成功这就只不过是粪土罢了，有什么可吝惜的！”子玉仍然不肯听从。荣黄出来告诉两个人说：“不是神明让令尹失败，令尹不以百姓的事情为重，实在是自取失败啊。”子玉战败之后，楚成王的使臣对子玉说：“大夫如果回国，怎么向申地、息地的父老交代呢？”子西、大心说：“得臣本来要自杀的，臣等二人阻止他说：‘国君自然会杀了你的。’”到达连穀后子玉就自杀了。晋文公听说子玉自杀的消息以后喜形于色，说：“没有人再来为害于我了！蔿吕臣做令尹，不过是为自己打算罢了，并不是为了百姓。”

城濮之战，晋中军风于泽〔1〕，亡大旆之左旃〔2〕，祁瞒奸命〔3〕，司马杀之以徇于诸侯，使茅茷〔4〕代之。师还，壬午，济河，舟之侨先归〔5〕，士会摄右〔6〕。秋七月丙申，振旅，〔7〕恺〔8〕以入于晋。献俘授馘〔9〕，饮至大赏〔10〕，征会〔11〕讨贰，杀舟之侨以徇于国，民于是大服。君子谓文公其能刑矣，三罪〔12〕而民服。《诗》〔13〕云："惠〔14〕此中国，以绥四方。"不失赏刑之谓也。

【注释】

〔1〕风于泽，于泽中遇风也。

〔2〕大旆，大旗也，其下有左旃、右旃。旃音 zhān，赤色之帛也。

〔3〕奸与干通。奸命，违命也。

〔4〕茷音 fá。茅茷，晋大夫。

〔5〕先归，不奉命而先归也。

〔6〕摄右，代理舟之侨车右之职。

〔7〕丙申为七月二日。振旅，整队也。

〔8〕恺，乐也。

〔9〕馘音 guó，杀敌割其左耳曰馘。授馘，献所割之左耳也。

〔10〕饮至，归国而后之聚饮大飨也。

〔11〕征会，征召诸侯之会也。

〔12〕三罪指杀颠颉、祁瞒及舟之侨三人。

〔13〕见《诗·大雅·民劳篇》。

〔14〕惠，爱也。

【译文】

在城濮的战役中，晋军的中军在沼泽地遇到大风，丢失了大旗的左旃。祁瞒违背命令，司马把他杀了并通报诸侯，派茅茷代替他。军队回来，在壬午这一天，渡过黄河，舟之侨不听命令擅自先行回国，士会代理车右之职。秋季七月丙申，晋军整队，高唱凯歌进入晋国国都。在太庙献上俘获的东西和杀死敌人所割下的左耳，饮宴犒赏，召集诸侯会盟而攻打有二心的国家，杀了舟之侨并通报全国，百姓因此而大为顺服。时人君子认为晋文公能够严明刑罚，杀了颠颉、祁瞒、舟之侨三个罪人而使百姓顺服。《诗》说："友爱中原国家，安定四方诸侯。"说的就是没有失去公正的赏赐和刑罚。

【讲评】

五霸之中功业最显著的是晋文公，《左传》对于晋文建霸的记载，也是最详尽的。晋国是北方的国家，在齐桓公建霸的时候，晋献公已经向四围扩展，吞并了许多小国，替后来的文公建霸奠定了强大的基础。文公在外十九年，因为秦穆公的帮助，终于打回本国，杀怀公，建立自己的政权。次年，文公出兵，拥立周襄王，打到楚国的边界。在文公获得了政权的第二年，晋国一跃而为霸权的大国，这也不是偶然的。在这段经过中，晋、秦两国联合作战，抑止向北突进的楚人。也就在这段经过中，晋国夺取南阳，壮大了自己，晋的势力逐步地建立，于是造成了晋、楚争霸的形势。城濮之战的前夕，楚人的势力向东北扩展，结合曹、卫、鲁、郑等姬姓的二三等国家，同时又威胁齐、宋两国。和晋站在一边的止有尚在围中之宋、国力衰耗之齐和志存观望之秦；所以实际上造成晋楚两国正面决战的形势。《左传》作者把晋文公的焦虑和群臣的策画完全记下来。孔子说："晋文公谲而不正，齐桓公正而不谲。"《左传》关于齐桓、晋文的记载，是可以证实这一点的。待到城濮一战，楚师败绩，晋文公的霸业得到事实的承认，践土之盟的功业，是高出齐桓公以上的。在记载中，我们同时应当注意到人物的刻画和事业的叙述。除了晋国的人物以外，我们也看到子玉这样一个坚强的人物。他的失败是无可否认的，但是从他治兵的严肃，北进的坚决，都可以看出这样的人物，是非常少有的。他的失败，主要还是由于后备力量的削弱，失败的责任，不能由他一人担负的。"莫余毒也已"，正是一句最中肯的评语，也可看出晋文公才是他的惟一的知己。琼弁玉缨的记载，看到《左传》作者对于超自然的迷信，类似于此的记载，《左传》中不止一次，正见到作者如何受到时代的局限；子玉是一个坚强的人物，他是没有这种迷信的。可是即在迷信神权的荣季，也能喊出“死而利国，犹或为之”；这正见到楚人的高度的爱国主义的精神。子玉的自杀，也可看到他高度的负责精神和爱国精神。从《左传》记载里，我们可以看出这样的精神，正是楚人的特点，当然也就是这一点，结合了楚国的物质基础，使得楚人在春秋时代，始终成为一个强有力的大国。

秦穆霸西戎

僖公三十年(前六三〇)

三十年春，晋人侵郑，以观其可攻与否。狄间晋之有郑虞[1]也，夏，狄侵齐。

【注释】

〔1〕间，伺也。虞，准备也。有郑虞，正在准备对郑作战也。

【译文】

三十年春季，晋国入侵郑国，来试探能否攻打郑国。狄人钻了晋国正准备对郑国作战这个空子，夏季，狄人入侵齐国。

九月甲午[1]，晋侯、秦伯围郑，以其无礼于晋，且贰于楚也[2]。晋军函陵[3]，秦军氾南[4]。佚之狐[5]言于郑伯曰："国危矣，若使烛之武[6]见秦君，师必退。"公从之。辞曰："臣之壮也犹不如人，今老矣，无能为也已。"公曰："吾不能早用子，今急而求子，是寡人之过也；然郑亡，子亦有不利焉。"许之，夜缒[7]而出，见秦伯曰："秦、晋围郑，郑既知亡矣，若亡郑而有益于君，敢以烦执事[8]。越国以鄙远[9]，君知其难也，焉用亡郑以陪邻[10]？邻之厚，君之薄也。[11]若舍郑以为东道主〔12〕，行李〔13〕之往来，共其乏困，君亦无所害。且君尝为晋君赐矣〔14〕，许君焦、瑕〔15〕，朝济而夕设版焉〔16〕，君之所知也。夫晋何厌之有，既东封郑〔17〕，又欲肆〔18〕其西封，若不阙秦〔19〕，将焉取之？阙秦以利晋，唯君图之！”秦伯说，与郑人盟，使杞子、逢孙、杨孙〔20〕戍之乃还。子犯请击之，公曰：“不可。微夫〔21〕人之力不及此。因人之力而敝之〔22〕，不仁；失其所与〔23〕，不知〔24〕；以乱易整〔25〕，不武。吾其还也。”亦去之。

【注释】

〔1〕甲午为九月十三日。

〔2〕指城濮之战以前，郑人与楚亲善事。

〔3〕函陵，郑地，今河南新郑县北十三里。

〔4〕汜南，郑地，今河南中牟县南。

〔5〕〔6〕佚之狐、烛之武，皆郑大夫。

〔7〕缒音 zhuì，悬绳而下也。

〔8〕执事，负责之人。

〔9〕越国以鄙远，言越过晋国，而去以远方之郑为秦之边邑。

〔10〕陪，益也。

〔11〕于邻国之晋有利，于秦有损也。

〔12〕东道主，东方道上之主人也。

〔13〕行李，使人也。

〔14〕尝为晋君援助矣，指秦穆公援助晋惠公返国事。

〔15〕焦、瑕皆晋地，在河之南。惠公承认割地以酬秦。

〔16〕版，筑也，言晋惠公既返国，随即建筑工事，不予秦。

〔17〕封郑为疆界也。

〔18〕肆，逞心也。

〔19〕阙秦，损秦也。

〔20〕三人皆秦大夫。

〔21〕夫为指示区别词，那一个也。

〔22〕敝，破坏也。
〔23〕与，结合也。
〔24〕知与智通。
〔25〕以乱易整，以分裂代替联合也。

【译文】

九月甲午，晋文公、秦穆公包围郑国国都，是因为郑国对晋国无礼，而且此前怀有二心而向着楚国。晋军驻扎在函陵，秦军驻扎在氾南。佚之狐对郑文公说："国家危急了，如若派烛之武去进见秦国国君，秦军必然退走。"郑文公听从了他的献策。烛之武推辞说："臣年壮的时候尚且不如别人，现在老了，已经不能有所作为了。"郑文公说："我没有能及早任用您，现在形势危急才来求助于您，这是寡人的过错；然而郑国如若被灭亡，这对您也不好啊。"烛之武同意了，夜里从城墙上悬绳而下出城，进见秦穆公说："秦国、晋国包围郑国，郑国已经知道自己要灭亡了，如果灭亡郑国而对君王有好处，那是值得烦劳君王的左右随从官员的。越过晋国而以远方的郑国土地作为秦国的边邑，君王一定知道那是很困难的，哪里用得着灭亡郑国来增加邻国的土地？君王的邻国实力加强，就是君王实力的削弱。如果赦免郑国让他继续做东方道上的主人，贵国使者的往来，我国供应他所缺少的一切东西，对君王也没有什么害处。而且君王曾经给晋国国君以恩赐，他答应给君王焦、瑕两地作为报答，但是他们早晨过河回国而晚上就建筑工事，这是君王所知道的。晋国哪有满足的时候，已经在东边向郑国开疆拓土，又要肆意扩大它西边的封土，如若不损害秦国，还能到哪里去取得土地呢？以损害秦国来有利于晋国，还请君王好好考虑！"秦穆公听了很高兴，和郑国人订立盟约，派杞子、逢孙、杨孙在郑国戍守而后回国。子犯请求追击秦军，晋文公说："不可以。如果没有秦国的力量我们不会有今天。依靠过别人的力量反而损害他，是不仁；失掉了他们这个同盟，是不智；用分裂代替联合，是不武。我还是回去吧。"于是也离开了郑国。

僖公三十二年(前六二八)

冬，晋文公卒。庚辰，将殡于曲沃，[1]出绛[2]，柩有声如牛。卜偃使大夫拜，曰："君命大事：'将有西师过轶[3]我，击之必大捷焉。'"杞子自郑使告于秦曰："郑人使我掌其北门之管[4]，若潜师以来，国可得也。"穆公访诸蹇叔。蹇叔曰："劳师以袭远，非所闻也。师劳力竭，远主备之，无乃不可乎？师之所为，郑必知之，勤而无所[5]，必有悖心[6]，且行千里，其谁不知？"公辞焉，召孟明、西乞、白乙，使出师于东门之外。蹇叔哭之曰："孟子[7]，吾见师之出而不见其入也！"公使谓之曰："尔何知。中寿[8]，尔墓之木拱矣[9]。"蹇叔之子与师，哭而送之曰："晋人御师，必于殽[10]。殽有二陵焉：其南陵，夏后皋之墓也[11]；其北陵，文王之所辟风雨也。必死是间，余收尔骨焉。"秦师遂东。

【注释】

〔1〕庚辰为十二月十二日。曲沃，晋别都，今山西闻喜县东。

〔2〕绛，晋都，今山西翼城县东南十五里。

〔3〕轶音 yì，自后过前曰轶。

〔4〕管，钥也。

〔5〕无所，无所得也。

〔6〕悖音 bèi，惑也。

〔7〕孟子即孟明。

〔8〕古称中寿，有百岁、八十岁、七十岁、六十岁，诸说不同，当

在八十以下、六十以上也。

〔9〕两手相合曰拱。此言尔如仅得中寿，墓上树干，已可两手合抱矣。此时蹇叔之年当在八十以外。

〔10〕殽与崤通。殽山在河南洛宁县西北六十里。

〔11〕夏后皋，夏桀之祖父。

【译文】

冬季，晋文公去世。庚辰，准备在曲沃停棺，离开绛城时，棺材里发出像牛叫一样的声音。卜偃让大夫跪拜，说："国君发布军事命令：'将要有西边的军队过境从后袭击我国，如果攻击他们必定大获全胜。'"杞子从郑国派人告诉秦国说："郑国人让我掌管他们北门的钥匙，如果悄悄地派兵而来，可以占领他们的国都。"秦穆公去问蹇叔。蹇叔说："让军队辛苦疲劳地去侵袭相距遥远的国家，我没有听说过这样的事。军队疲劳而力量衰竭，远地的国家有所防备，恐怕不行吧？我们军队的行动，郑国一定知道，辛苦一场而无所得，士兵一定疑惑不安，而且行军一千里，有谁会不知道呢？"秦穆公不接受他的意见，召见孟明、西乞、白乙，让他们从东门外出兵。蹇叔哭着送他们说："孟子，我看到军队出去而看不到回来了！"秦穆公派人对他说："你知道些什么。如果你在中等年寿就死了，你坟墓上生长的树木都已经可以两手合抱了。"蹇叔的儿子在军队里，蹇叔哭着送他说："晋国人抵御我军，必定在殽山。殽山有两座山陵：它的南陵，是夏后皋的坟墓；它的北陵，文王曾在那里避过风雨。你必定将死在这两座山陵之间，我去那里收你的尸骨吧。"秦国军队于是向东进发。

僖公三十三年(前六二七)

三十三年春，秦师过周北门，左右免胄而下〔1〕，超乘者三百乘〔2〕。王孙满〔3〕尚幼，观之，言于王曰："秦师轻而无礼〔4〕，必败。轻则寡谋，无礼则脱〔5〕，入险而脱，又不能谋，能无败乎？”及滑[6]，郑商人弦高将市于周，遇之，以乘韦先牛十二犒师[7]，曰：“寡君闻吾子将步师[8]出于敝邑，敢犒从者，不腆[9]敝邑，为从者之淹[10]，居则具一日之积[11]，行则备一夕之卫。”且使遽告于郑[12]，郑穆公使视客馆，则束载、厉兵、秣马矣[13]。使皇武子辞焉[14]，曰：“吾子淹久于敝邑，惟是脯资饩牵竭矣[15]。为吾子之将行也，郑之有原圃[16]，犹秦之有具囿也[17]，吾子取其麋鹿以间敝邑[18]，若何？”杞子奔齐，逢孙、杨孙奔宋。孟明曰：“郑有备矣，不可冀也，攻之不克，围之不继[19]，吾其还也。”灭滑而还。

【注释】

〔1〕一般性的兵车与主将所乘之车不同，御者居中不下，左右皆下。免胄，免去头上之盔也。

〔2〕超乘，超越兵车也。

〔3〕王孙满，周大夫。

〔4〕轻指超乘而言；无礼指免胄言。过天子之门者当卷甲束兵，今仅免胄，故曰无礼。

〔5〕脱，简易也。

〔6〕滑，姬姓国，今河南偃师县南二十里。

〔7〕乘，四也；韦，熟牛皮也。先以熟牛皮四张，次以牛十二头犒师。

〔8〕步，动词。步师，行军也。

〔9〕腆音 tiǎn，厚也。

〔10〕淹，留也。

〔11〕积音 zì，此处指刍、米、薪、菜而言。

〔12〕遽，使用传车或驿马，迅速告知郑国也。

〔13〕束矢载弓、磨兵刃、喂马，皆杞子、逢孙、杨孙三人所为，以作秦师之内应。

〔14〕皇武子，郑臣。

〔15〕脯，干肉也；资，粮也。饩牵，生存之牛羊豕也。饩音 xì，生腥也；牵指牛羊豕。

〔16〕原圃，郑国畜禽兽之地。

〔17〕具囿，在今陕西华阴县东。具囿或作具圃。

〔18〕间，休息也。

〔19〕继，续也，增援也。

【译文】

三十三年春季，秦国军队经过成周的北门，战车上的车左、车右都脱去头盔跳下车，随即跳上车去以向周王致敬的有三百辆战车的将士。王孙满年纪还小，看到了，对周襄王说：“秦国军队轻佻又无礼，一定失败。轻佻就缺少计谋，无礼就简单而不严谨，进入险地而满不在乎，又没有计谋，能不打败仗吗?”秦军到达滑国，郑国的商人弦高准备到成周做买卖，碰到秦军，先送秦军四张熟牛皮，再送十二头牛犒劳军队，说：“我国国君听说您准备行军经过敝国，谨以此犒赏您的随从，敝国虽然并不富足，但为了您的随从在这里停留，如果住下就预备一天的食物供应，如果离开就在临行前一晚代你们守夜保卫。”弦高同时又派出传车紧急地向郑国报告，郑穆公派人去探看杞子等人的馆舍，发现他们已经装束弓箭、磨利兵刃、喂饱马匹了。派皇武子前去辞别，说：“各位久住在敝国，敝国的干肉、粮食、牲口都竭尽了。因为各位将要离开，郑国有原圃，就如同秦国所有的具囿，请各位自己猎取麋鹿，使我等得以休息，怎么样?”杞子奔逃到齐国，逢孙、杨孙奔逃到宋国。孟明说：“郑国已经有所准备了，不能指望灭亡它了，进攻不会获胜，围攻又得不到增援，我们还是回师吧。”于是在灭亡了滑国后回国。

晋原轸曰[1]：“秦违蹇叔而以贪勤民[2]，天奉[3]我也。奉不可失，敌不可纵，从敌患生，违天不祥，必伐秦师。”栾枝曰：“未报秦施[4]而伐其师，其为死君[5]

乎?”先轸曰:“秦不哀吾丧而伐吾同姓,秦则无礼,何施之为〔6〕?吾闻之:‘一日纵敌,数世之患也。’谋及子孙,可谓死君乎?”遂发命,遽兴姜戎〔7〕,子墨衰绖〔8〕,梁弘御戎,莱驹为右。夏四月辛巳〔9〕,败秦师于殽,获百里孟明视、西乞术、白乙丙以归〔10〕。遂墨以葬文公〔11〕,晋于是始墨〔12〕。

【注释】

〔1〕原轸即先轸。

〔2〕勤,劳也。

〔3〕奉,与也。

〔4〕晋文公返国,得秦之援助,故曰秦施。

〔5〕是时文公已死,子襄公在位。死君指忘去文公与秦之关系,直以为既死之人,不值顾虑也。

〔6〕言秦施不足顾也。

〔7〕姜戎,姜姓之戎,居晋之南。

〔8〕子指襄公,故君未葬,则新君称子。衰音 cuī,麻衣也。绖音 dié,麻带也。衰绖皆丧服,当用白色,今因出征染为墨色。

〔9〕辛巳为四月十四日。

〔10〕三人即孟明、西乞、白乙也。

〔11〕以黑衣送葬。

〔12〕晋人丧服用黑色自此始。

【译文】

晋国的先轸说:“秦国不听蹇叔的谏言而因为贪婪之心使人民劳苦,这是上天在赐与我国。上天的赐与不可以错过,敌人不可以放过,放过敌人就会产生祸害,违背天命是不吉利的,我们一定要攻击秦军。”栾枝说:“没有报答过秦国对我国的恩惠而进攻他们的军队,这样做心目中还有刚刚去世的先君吗?”先轸说:“秦国没有因为我国的大丧表示哀悼反而去进攻我国的同姓国家,这是秦国无礼,还讲什么恩惠?我听说:‘一旦放过敌人,会招致几代人的祸患。’替子孙后代考虑，难道就能说是心目中没有先君吗？”于是发布命令，马上召集姜戎的军队，晋襄公把丧服染成黑色而出征，让梁弘驾驭战车，莱驹担当车右。夏季四月辛巳，在殽山击败秦国军队，俘获了百里孟明视、西乞术、白乙丙而回国。于是就穿着黑色的丧服安葬晋文公，从此以后晋国丧服开始用黑色。

文嬴〔1〕请三帅，曰：“彼实构吾二君〔2〕，寡君〔3〕若得而食之，不厌〔4〕。君何辱讨焉〔5〕？使归就戮于秦，以逞寡君之志，若何？”公许之。先轸朝〔6〕，问秦囚。公曰：“夫人请之，吾舍之矣。”先轸怒曰：“武夫力而拘诸原〔7〕，妇人暂而免诸国，堕军实而长寇雠〔8〕，亡无日矣〔9〕。”不顾而唾。公使阳处父〔10〕追之，及诸河，则在舟中矣。释左骖以公命赠孟明〔11〕。孟明稽首曰：“君之惠，不以累臣衅鼓〔12〕，使归就戮于秦，寡君之以为戮〔13〕，死且不朽。若从君惠而免之，三年将拜君赐〔14〕。”秦伯素服郊次〔15〕，乡师而哭曰〔16〕：“孤违蹇叔以辱二三子，孤之罪也。”不替孟明〔17〕。“孤之过也，大夫何罪？且吾不以一眚〔18〕掩大德。”

【注释】

〔1〕文嬴，秦穆公所纳之女，文公之夫人，襄公之嫡母也。

〔2〕构，挑衅也。二君指晋襄公、秦穆公。

〔3〕寡君指秦穆公。

〔4〕不厌，不以为满足也。

〔5〕何必以讨此三人之罪自辱？

〔6〕朝，朝见也。

〔7〕力，动词，努力也。原，原野也，指战场。

〔8〕隳音 huī，毁也，消耗也。长，上声，助长也。言消耗自己的军力而助长敌人。

〔9〕亡国无须多日也。

〔10〕阳处父，晋大夫。

〔11〕一车四马，最左之马曰左骖，释左骖以君命赠孟明，欲其回至东岸，拜谢受赐，因而执之也。

〔12〕累臣，俘虏也。杀人以血涂鼓曰衅鼓。

〔13〕倒句，寡君以之为戮也。

〔14〕三年以后，将拜谢受赐也。

〔15〕素服，丧服也。郊次，待之于郊也。

〔16〕乡与向通。

〔17〕替，废也。此句记事，下文仍为穆公语。

〔18〕眚音 shěng，过也。

【译文】

文嬴请求释放秦国的三位将领，说："他们挑拨我们两国国君，寡君如果抓到他们，吃他们的肉还不能满足。君王何必以声讨这三人的罪孽而自辱呢？让他们回到秦国受到诛杀，以满足寡君的愿望，怎么样？"晋襄公同意了。先轸朝见晋襄公，问起秦国的囚犯。晋襄公说："夫人请求释放他们，我于是就放了他们。"先轸生气地说："兵士努力在战场上逮住他们，女人突然说几句话就把他们在国内放了，白白消耗自己的军力而助长敌人，晋国快要亡国了吧。"先轸不顾襄公在面前就气得在地上吐唾沫。晋襄公派阳处父追赶三人，追到黄河边上，他们已经在船上了。阳处父解下车左边的骖马以晋襄公的名义赠送给孟明。孟明叩头说："承蒙君王的恩惠，不用被俘虏的臣下来祭鼓，让我们回到秦国去接受诛杀，寡君如果把我们杀了，就算死了也名声不朽。如果遵照君王的恩惠而赦免了我们，三年之后我们将拜谢君王的恩赐。"秦穆公穿着丧服驻扎在郊外等候，对着被释放回来的将士号哭说："我没有听从蹇叔的话以致于使你们几位受到侮辱，这是我的罪过。"不免除孟明的职务。"这是我的过错，你们有何罪过？而且我不会凭一时的过失而掩盖大德。"

文公元年(前六二六)

殽之役，晋人既归秦帅[1]，秦大夫及左右皆言于秦伯曰："是败也，孟明之罪也，必杀之。"秦伯曰："是孤之罪也。周芮良夫之诗[2]曰：'大风有隧[3]，贪人败类[4]。听言则对[5]，诵言如醉[6]。匪用其良[7]，覆俾我悖[8]。'是贪故也，孤之谓矣。孤实贪以祸夫子，夫子何罪？"复使为政。

【注释】

〔1〕归，释秦帅使归也。

〔2〕芮音 ruì。芮伯字良夫，作《桑柔》以刺厉王，见《诗·大雅》。

〔3〕隧，隧道也。

〔4〕类，善类也。

〔5〕听言，顺从之言。闻顺从之言则与之对答。

〔6〕诵言，直言也。闻直言则昏昏如醉，不欲听之。

〔7〕匪与非通。

〔8〕覆，反也；悖，惑乱也。

【译文】

殽地的这次战役，晋国放回了秦国的主将，秦国的大夫和左右侍臣都对秦穆公说："这次战败，是孟明的罪过，一定要杀了他。"秦穆公说："这是我的罪过。周朝芮良夫的诗说：'大风呼呼吹进隧道，贪婪的人绝非善类。听到好话就对答，直言相劝就装醉。不去任用有才能的人，反而说我糊涂惑乱。'这是由于贪婪的缘故，说的就是我啊。我确实因为贪婪而使孟明遭受祸害，孟明有什么罪过呢？"重新让孟明执政。

文公二年(前六二五)

二年春，秦孟明视率师伐晋以报殽之役。二月，晋侯御之。先且居[1]将中军，赵衰佐之，王官无地御戎，狐鞫居[2]为右。甲子，及秦师战于彭衙，[3]秦师败绩，晋人谓秦“拜赐之师”。战于殽也，晋梁弘御戎，莱驹为右。战之明日，晋襄公缚秦囚，使莱驹以戈斩之。囚呼，莱驹失戈，狼瞫[4]取戈以斩囚，禽之以从公乘，遂以为右。箕之役[5]，先轸黜之而立续简伯。狼瞫怒，其友曰：“盍[6]死之?”瞫曰：“吾未获死所。”其友曰：“吾与女为难[7]。”瞫曰：“《周志》[8]有之：‘勇则害上，不登于明堂[9]。’死而不义，非勇也。共用之谓勇[10]。吾以勇求右，无勇而黜，亦其所也[11]。谓上不我知[12]，黜而宜[13]，乃知我矣。子姑待之。”及彭衙既陈[14]，以其属驰秦师[15]，死焉。晋师从之，大败秦师。君子谓狼瞫于是乎君子。《诗》[16]曰：“君子如怒，乱庶遄沮[17]。”又曰[18]：“王赫[19]斯怒，爰整其旅[20]。”怒不作乱而以从师，可谓君子矣。

【注释】

〔1〕先且居，先轸之子。且音 jū。

〔2〕鞫音 jū，狐鞫居即续简伯。

〔3〕甲子为二月八日。彭衙，陕西白水县东北有彭县故城，今为彭衙堡。

〔4〕瞫音 shěn。

〔5〕箕之役，在僖公三十三年(前六二七)，晋与狄作战。
〔6〕盍音 hé，何不也。
〔7〕难，去声。为难，作乱也。
〔8〕《周志》,《周书》也，见《汲冢周书·大匡解》。
〔9〕明堂，祖庙也。
〔10〕以义供国用者，方得为勇。
〔11〕所，应得之事也。
〔12〕谓上不我知，倒句，谓上不知我也。
〔13〕黜而宜，犹言黜而得所也。
〔14〕既陈，既经布阵也。
〔15〕其属，狼瞫之部属也。驰秦师，向秦师疾进也。
〔16〕见《诗·小雅·巧言篇》。
〔17〕遄音 chuán，疾也；沮，止也。
〔18〕见《诗·大雅·皇矣篇》。
〔19〕赫音 hè。赫然，惊动之貌也。
〔20〕爰，乃也；旅，众也。

【译文】

二年春季，秦国的孟明视领兵攻打晋国以报复殽地这次战役。二月，晋襄公率军抵御秦军。先且居率领中军，赵衰辅佐他，王官无地为他驾御战车，狐鞫居担任车右。甲子，和秦军在彭衙作战，秦军大败，晋国人说这是秦国“拜谢恩赐的军队”。又在殽地作战，晋国的梁弘为晋襄公驾御战车，莱驹担任车右。作战的第二天，晋襄公派人捆绑了秦国的俘虏，派莱驹用戈去斩杀他们。俘虏大声叫喊，莱驹把戈掉在地上，狼瞫拿起戈斩杀了俘虏，抓起莱驹追上了晋襄公的战车，晋襄公就让他担任车右。箕地这次战役，先轸罢黜了狼瞫而任命续简伯为车右。狼瞫发怒，他的朋友说：“为什么不去死？”狼瞫说：“我没有找到死的地方。”他的朋友说：“我跟你一起发难。”狼瞫说：“《周志》中有这样的话：‘勇士杀害位在其上的人，死后不能进入祖庙。’死而不合于道义，这不是勇敢。为国家所用叫做勇敢。我凭借勇敢得以担当车右，缺乏勇敢而遭废黜，这也是应得的。如果说上级的官员不了解我，却废黜得当，那也就算是了解我了。您姑且等着吧！”晋军到达彭衙摆开阵势以后，狼瞫率领部下冲进秦军的队伍，战死在秦军阵中。晋军跟着上去，把秦军打得大败。时人君子认为狼瞫这样可以称得上君子了。《诗》说："君子如果发怒，动乱马上阻止。"又说："文王勃然大怒，于是就整顿军队。"发怒而不去作乱反而跟随军队作战，可以说是君子了。

秦伯犹用孟明，孟明增修国政，重施于民〔1〕。赵成子言于诸大夫曰〔2〕："秦师又至，将必辟之。惧而增德，不可当也。《诗》曰〔3〕：'毋念尔祖〔4〕，聿修厥德〔5〕。'孟明念之矣。念德不怠，其可敌乎？"

【注释】

〔1〕对于人民，多加照顾也。

〔2〕赵成子即赵衰。言于晋之诸大夫。

〔3〕见《诗·大雅·文王篇》。

〔4〕《诗》作无念尔祖。无，发语词。

〔5〕聿，发语词，或曰聿，述也。厥，其也。

【译文】

秦穆公还是任用孟明，孟明进一步修明政事，对百姓多加照顾。赵成子对大夫们说："秦军如果再一次前来，一定要避开它。由于畏惧而进一步修明了德行，那是不能抵挡的。《诗》说：'怀念你的祖先，修明你的德行。'孟明明白这个道理了。想到德行而努力不懈，难道可以抵挡吗？"

冬，晋先且居、宋公子成、陈辕选、郑公子归生伐秦，取汪及彭衙而还〔1〕，以报彭衙之役。卿不书〔2〕，为穆公故，尊秦也，谓之崇德。

【注释】

〔1〕汪，秦地。

〔2〕不见《春秋》曰不书。

【译文】

冬季，晋国的先且居、宋国的公子成、陈国的辕选、郑国公子归生一起率军攻打秦国，攻占了汪地和彭衙然后回国，以报复上次彭衙的战役。卿的名字在《春秋》内不加记载，这是因为穆公的缘故，是尊重秦国，这叫做尊崇德行。

文公三年(前六二四)

秦伯伐晋，济河焚舟〔1〕，取王官及郊〔2〕，晋人不出，遂自茅津〔3〕济，封殽尸〔4〕而还。遂霸西戎，用孟明也。君子是以知秦穆公之为君也，举人之周也〔5〕，与人之壹也。孟明之臣也，其不解〔6〕也，能惧思也。子桑〔7〕之忠也，其知人也，能举善也。《诗》〔8〕曰："于以采蘩〔9〕，于沼于沚〔10〕。于以用之，公侯之事〔11〕。"秦穆有焉。"夙夜〔12〕匪解，以事一人〔13〕。"孟明有焉。"诒厥孙谋〔14〕，以燕翼子〔15〕。"子桑有焉。

【注释】

〔1〕焚舟，示士卒以必死也。

〔2〕王官，晋地，今山西闻喜县西十五里。郊，晋地，在王官附近。

〔3〕茅津，渡名，在山西平陆县南二里。

〔4〕封，埋葬殽役阵亡将士而封其墓也。

〔5〕周，周遍也，全面也。

〔6〕解与懈通。

〔7〕子桑即公孙枝，秦大夫，举孟明者。

〔8〕见《诗·召南·采蘩篇》。

〔9〕于以，发语词。蘩，白蒿也，一名艾蒿，多年生草。

〔10〕沼，池也；圆者曰池，曲者曰沼。沚，水中小洲也。

〔11〕公侯之事，指祭事。

〔12〕两句见《诗·大雅·烝民篇》。夙，早也。夙夜匪解，犹言自朝至暮，不敢懈怠也。

〔13〕一人指君主。

〔14〕两句见《诗·大雅·文王·有声篇》。诒厥孙谋，倒句，诒谋厥孙也。诒，遗也。以计画留给子孙也。

〔15〕燕，安也；翼，助也，或曰敬也。

【译文】

秦穆公攻打晋国，渡过黄河而把渡船烧掉，占取了王官和郊地，晋军没有出战，秦军就从茅津渡过黄河，在殽地为阵亡的将士筑墓然后回国。秦穆公就此在西方戎人诸国中称霸，这是由于任用了孟明的缘故。时人君子由此而知道秦穆公作为国君，提拔人才考虑全面，任用人才专一无二。孟明作为臣子，努力不懈，能够心存畏惧而用心思考。子桑的忠诚，在于他知人善任，能够推举贤人。《诗》说："去采艾蒿，在池塘里、在小洲上。去使用它，在公侯的祭祀典礼上。"秦穆公就是这样的。"自朝至暮努力不懈，全心全意事奉一人。"孟明就是这样的。"把谋略留给子孙，以安定和帮助他们。"子桑就是这样的。

文公四年(前六二三)

秋，晋侯伐秦，围刓、新城[1]，以报王官之役。

【注释】

〔1〕刓、新城皆秦地，今陕西澄城县东北二十里有古新城。

【译文】

秋季，晋襄公攻打秦国，包围邧地、新城，以报复在王官的那次战役。

楚人灭江[1]，秦伯为之降服、出次、不举[2]，过数[3]。大夫谏，公曰："同盟灭，虽不能救，敢不矜乎[4]？吾自惧也。"君子曰："《诗》云[5]：'惟彼二国，其政不获[6]。惟此四国，爰究爰度[7]。'其秦穆之谓矣。"

【注释】

〔1〕江，国名，在今河南息县西南。

〔2〕降服，素服也；出次，不居正寝也；不举，不设盛馔也。

〔3〕过数，过于寻常之礼数也。

〔4〕矜音 jīn，哀也。

〔5〕见《诗·大雅·皇矣篇》。

〔6〕不获，不得人心也。

〔7〕爰，乃也。度音 duó，度量也，一曰居也。

【译文】

楚国人灭亡了江国，秦穆公为这件事穿上丧服，出居别室，不设丰盛的肴馔，超过了寻常的礼数。大夫劝谏，秦穆公说："同盟的国家被灭，虽然不能救援，怎么敢不表示哀悼呢？我是自己戒惧呀。"时人君子说："《诗》说：'夏商两个国家，政事不得人心。四方的广大诸侯，于是探究思量。'说的就是秦穆公吧。"

文公五年(前六二二)

初，鄀叛楚即秦，又贰于楚。夏，秦人入鄀。

【译文】

当初，鄀国背叛楚国亲近秦国，后来又亲近楚国。夏季，秦国攻入鄀国国都。

文公六年(前六二一)

秦伯任好[1]卒，以子车氏之三子奄息、仲行、鍼虎为殉[2]。皆秦之良也。国人哀之，为之赋《黄鸟》[3]。君子曰："秦穆之不为盟主也宜哉，死而弃民。先王违世[4]，犹诒之法，而况夺之善人乎？《诗》曰[5]：'人之云亡[6]，邦国殄瘁[7]。'无善人之谓。若之何夺之？古之王者知命之不长，是以并建圣哲，树之风声[8]，分之采物[9]，著之话言，为之律度[10]，陈之艺极[11]，引之表仪[12]，予之法制[13]，告之训典[14]，教之防利[15]，委之常秩[16]，道之礼则[17]，使毋失其土宜。众隶赖之而后即命[18]。圣王同之。今纵无法以遗后嗣，而又收其良以死，难以在上矣。"君子是以知秦之不复东征也。

【注释】

〔1〕秦穆公名任好。

〔2〕子车氏，秦大夫之氏族也。行音 háng，鍼音 qián。殉音 xùn，以人从葬也。

〔3〕见《诗·秦风》。

〔4〕违世，去世也。

〔5〕见《诗·大雅·瞻卬篇》。

〔6〕云，语助词。人之云亡，人之死亡也。

〔7〕殄，尽也；瘁，病也。

〔8〕言树立善良风俗与声教文物也。

〔9〕分，去声。言旌旗衣服均各有分制。

〔10〕律度，规律也。

〔11〕艺极，标准也。

〔12〕表仪，典范也。

〔13〕予，给与也。

〔14〕训典，古代之经典教训也。

〔15〕防利，防害兴利也。

〔16〕常秩，官吏之常职也。

〔17〕道与导通。道之以礼，洪亮吉《春秋左传诂》云：“礼上‘以’字是后人妄加，今据石经删。”则字应属上句，改为“道之礼则”。

〔18〕隶，小臣也，群众也。即命，就命也。

【译文】

秦穆公任好去世，用子车氏的三个儿子奄息、仲行、鍼虎殉葬。这三个人都是秦国的贤人。国都的人哀悼他们，为他们赋了《黄鸟》这首诗。时人君子说：“秦穆公没有当上盟主是应该的，死了以后还对百姓不利。以前的国君离世，还留下了法度，而何况夺走百姓的贤人呢？《诗》说：‘贤人一经死亡，国家完全病困。’这是在说没有贤人。为什么还去夺走贤人呢？古代的君王知道寿命不能长久，因此就广泛选贤任能，给他们树立善良风俗和声教文物，给他们的旌旗和服装各有不同的规格，把善言记录在典册上教导他们，为他们制订法度，对他们公布准则，设立典范来引导他们，给予规章让他们使用，告诉他们古代的经典教训，教育他们防害兴利，委任他们官吏的常职，引导他们使之合于礼仪，让他们不要违背因地制宜的道理。让群臣都信赖他们然后才辞世而去。圣人和先王都是如此行事的。现在即使没有法则留给后代，反而使国中的贤人殉葬而死，这就已经难以继续坐在君王的位子上了。”时人君子因此就知道秦国再也无法向东征伐了。

【讲评】

秦穆公以僖公元年(前六五九)即位，在位三十九年。他曾看到齐桓公、宋襄公、晋文公的霸业，自己也是一位霸主，但是他的霸业的如何建立，是不很清楚的。《左传》说："秦穆之不为盟主也，宜哉！"指出他的霸业不成，但是又说"遂霸西戎"，那么他的霸业究竟成了没有？既然成了，为什么止是"遂霸西戎"？倘若止是"霸西戎"，那么究竟是不是中国的霸主？《左传》都没有交代。马骕在《左传事纬》里指出："中国不可一日无霸也，齐桓既没，晋文未兴，旷八年而无霸矣，无霸而有霸，则秦穆公为之也。"他又具体地指出，"秦穆公奋然有为，再置晋君，城濮一战，文公遂霸，君子曰：晋之霸也，秦穆其有焉，定晋之乱，成文之功，左右霸主，中国再振，齐桓所不能为者，穆能为之，虽谓之霸，亦未尝不可也。"马骕的议论，好像有一些模棱，但是事实上我们不能不承认他确有所见。前七世纪的上半期，北方的晋，西方的秦，都因为内部的发展，成为强大的诸侯。晋献公死后，秦穆公先立晋惠公，以后再立晋文公，所谓"再置晋君"，在中国的西北部，秦已经跃上领导的地位。前六三五，秦晋伐鄀，秦伯将纳王，在秦、晋联合作战的当中，秦人没有放弃领导，但是晋文公凭着雄厚的实力，出定襄王，巧妙地争取主动，城濮一战的结果，不仅是遏止了楚人的北进，同时也奠定了晋国的霸权。胜利的果实落到晋人以后，秦人不能甘心，这才有袭郑之师，有殽之役。就在这一次失败之后，秦人还有与江的同盟和入鄀之役。与江同盟，不见于《春秋经》，这里看到《春秋》记载的疏略。就在楚人灭江这一年（前六二三），穆公因为在东方的失败，把矛头指向西方。《史记·秦本纪》："三十七年（前六二三）秦用由余谋，伐戎王，益国十二，开地千里，遂霸西戎。天子使召公过贺穆公以金鼓。"这一段事迹，在《春秋经》和《左传》里面，都没有留下踪迹。在楚人灭江的时候，穆公说："同盟灭，虽不能救，敢不矜乎？"实际上是因为他的兵力，在西方受到牵制，无力东向。从此以后，秦国的发展方向受到限制；北方诸侯的联盟，因此崩溃；楚人北进的攻势，更难于遏止。春秋末期的儒家，朦胧地反映了当时人民对于北方联盟的要求，所以推崇齐桓公和管仲，同时也把破坏北方联盟的责任搁在秦穆公肩上。僖公三十三年《春秋经》："夏四月辛巳，晋人及姜戎败秦于殽。"《公羊传》说："其谓之秦何？夷狄之也。"《穀梁传》说："不言战而言败，何也？狄秦也。其狄之何也？秦越千里之险，入虚国，进不能守，退败其师徒，乱人子女之教，无男女之别，秦之为狄，自殽之战始也。”《公羊传》、《穀梁传》确实是保存了春秋末期儒家的见地。从殽之战以后，《左传》关于秦的记载，便比较地少了，甚至连穆公灭国十二，周天子贺以金鼓的事实，也必待司马迁在发见《秦记》以后，才能予以记载，这更可看到秦、晋联盟分裂以后，对于文化方面所留下的恶果。这些都是在我们读到《秦穆霸西戎》这一篇所必需注意的。

楚庄霸业

宣公三年(前六〇六)

楚子伐陆浑之戎[1]，遂至于雒[2]，观兵[3]于周疆。定王使王孙满劳楚子[4]，楚子问鼎之大小轻重焉[5]。对曰：“在德不在鼎。昔夏之方有德也，远方图物[6]，贡金九牧[7]，铸鼎象物，百物[8]而为之备，使民知神奸[9]。故民入川泽山林，不逢不若[10]。魑魅罔两[11]，莫能逢之。用能协于上下以承天休[12]。桀[13]有昏德，鼎迁于商，载祀[14]六百。商纣[15]暴虐，鼎迁于周。德之休明[16]，虽小，重也。其奸回[17]昏乱，虽大，轻也。天祚[18]明德，有所底止[19]。成王定鼎于郏鄏[20]，卜世三十，卜年七百，天所命也。周德虽衰，天命未改，鼎之轻重，未可问也。”

【注释】

〔1〕楚子，楚庄王。陆浑之戎，本为允姓戎之别部，在秦、晋西北，二国诱而徙之伊川，后因号为陆浑戎。今河南嵩县东北伏流城北三十余里有陆浑故城。

〔2〕雒水出陕西，经河南入河。

〔3〕观兵，引楚军过境以示威也。

〔4〕定王，周定王。劳，去声，慰劳也。

〔5〕古人以鼎为传国重器，楚王问之，有代周之心。

〔6〕图物，图画山川奇异之物也。

〔7〕贡金九牧，倒句，九牧贡金也。九州诸侯之长曰九牧。金，金属品也。

〔8〕百物，铸鼎所象之物，为数极多也。

〔9〕神奸，神怪之物也。

〔10〕不若，不顺也。

〔11〕魑音 chī，魅音 mèi。魑魅，山川之怪也。罔两，木石之怪也。

〔12〕休，福佑也。

〔13〕桀，夏王朝最后之君主。

〔14〕载祀，年也。

〔15〕纣，商王朝最后之君主。

〔16〕休明，德美而明也。

〔17〕回，违也。

〔18〕祚音 zuò，福也。

〔19〕厎音 zhǐ，定也。厎止，限度也。

〔20〕成王，周之先王。郏音 jiá，鄏音 rǔ。郏鄏，今河南洛阳县西。

【译文】

楚庄王攻打陆浑的戎人，到达雒水，在周朝的疆界引楚军过境以示威。周定王派王孙满慰劳楚庄王，楚庄王向他问起九鼎的大小轻重。王孙满回答说："重要的是德行而不是鼎。从前夏朝正是有德的时候，把远方的山川奇异之物画成图像，让九州的长官进贡金属，把各种事物的图像铸造在九鼎之上，各种事物都得以备载在上面，让百姓了解神物和怪物。所以百姓进入川泽山林，就不会碰上不利于自己的东西。螭魅魍魉，这些鬼怪都不会遇上。因而能够使上下和谐以承受上天的福佑。夏桀德行昏乱，鼎就迁到了商朝，前后六百年。商纣暴虐，鼎又迁到了周朝。德行如果美善而光明，鼎虽然小，分量却重。如果奸邪昏乱，鼎虽然大，分量却轻。上天福佑那些明德的人，是有一定期限的。成王把九鼎固定在郏鄏，占卜的结果是传世三十代，享国七百年，这是上天所决定的。周朝的德行虽然衰微，但天命并没有改变，鼎的轻重，还不可以询问。"

宣公十二年(前五九七)

十二年春，楚子围郑，旬有七日。郑人卜行成，不吉，卜临于大宫[1]，且巷出车[2]，吉。国人大临，守陴[3]者皆哭。楚子退师。郑人修城，进复围之，三月克之[4]，入自皇门[5]，至于逵路[6]。郑伯肉袒牵羊以逆[7]，曰："孤不天[8]，不能事君，使君怀怒以及敝邑，孤之罪也，敢不唯命是听！其俘诸江南以实海滨，亦唯命；其翦[9]以赐诸侯，使臣妾之[10]，亦唯命。若惠顾前好[11]，徼福于厉、宣、桓、武[12]，不泯[13]其社稷，使改事君，夷于九县[14]，君之惠也，孤之愿也，非所敢望也。敢布腹心，君实图之。"左右曰："不可许也，得国无赦。"王曰："其君能下人，必能信用其民矣，庸可几乎[15]？"退三十里而许之平[16]。潘尪[17]入盟，子良出质[18]。

【注释】

〔1〕临，哭也。大宫，郑祖庙。

〔2〕巷出车，准备出迁，不得安居也。

〔3〕陴音 pí，城上短墙也。

〔4〕克之，胜之，破城也。

〔5〕皇门，郑之国门。

〔6〕逵路，即大路也。

〔7〕郑伯，郑襄公。肉袒，赤膊也。肉袒牵羊，自比于奴仆。逆，迎也。

〔8〕不天，不为天所佑。

〔9〕翦与剪同，分也。

〔10〕使臣妾之，使为奴婢也。

〔11〕惠顾，爱顾也。前好指楚、郑二国以前之友好关系。

〔12〕徼音 yāo，求也。周厉王，郑桓公之祖，宣王，桓公之父。桓公，郑开国之君，其子为武公。

〔13〕泯音 mǐn，灭也。

〔14〕夷，等也。楚灭诸国以为县，故郑以此自比也。

〔15〕庸，发语词。几，平声，徼幸也。

〔16〕平，成也，和也。

〔17〕潘尪，楚大夫。尪音 wāng。

〔18〕子良，郑襄公弟。质音 zhì。出质，出国为抵押也。

【译文】

十二年春季，楚庄王包围郑国国都，长达十七天。郑国人为求和的事占卜，不吉利，为在祖庙号哭并把战车陈列在街巷内准备出迁而占卜，吉利。国都的人们在祖庙号哭，守城的将士也都在城墙上大哭。楚庄王退兵。郑国人修筑城墙，楚国又进军再次包围郑国国都，经过三个月而攻克，楚军从皇门进入，到达郑都的大路上。郑襄公赤着膊牵着羊迎接楚庄王，说："我不能为上天所福佑，不能事奉君王，使君王带着怒气来到敝邑，这是我的罪过，岂敢不唯命是听！如若要把我俘虏到长江以南并安置到海边，也听君王吩咐；要把郑地分赐给诸侯，让我作为他们的奴仆，也听君王吩咐。如果承蒙君王顾念从前的友好，求福于周厉王、宣王、郑桓公、武公，而不灭绝我国的社稷，让我国重新事奉君王，将郑国等同于楚国的诸县，这将是君王的恩惠，我的心愿，但又不是我所敢于指望的了。谨敢袒露心里的话，请君王考虑。"左右随从说："不能答应他，已经攻占的国家没有被赦免的说法。"楚庄王说："他们的国君能够屈居他人之下，必然能够取信和使用他的百姓，这个国家恐怕还是有希望的吧？"楚军退兵三十里而允许郑国讲和。潘尪进入郑都结盟，子良到楚国作为质子。

夏六月，晋师救郑。荀林父将中军，先縠〔1〕佐之；士会将上军，郤克佐之；赵朔将下军，栾书佐之。赵括、赵婴齐为中军大夫[2]，巩朔、韩穿为上军大夫，荀首、赵同为下军大夫。韩厥为司马[3]。及河，闻郑既及楚平，桓子[4]欲还，曰："无及于郑而勦[5]民，焉用之？楚归而动，不后。"随武子曰[6]："善。会闻用师，观衅而动。德刑政事典礼不易[7]，不可敌也，不为是征[8]。楚君讨郑，怒其贰而哀其卑，叛而伐之，服而舍之，德刑成矣。伐叛，刑也，柔服，德也，二者立矣。昔岁入陈[9]，今兹入郑，民不罢劳，君无怨讟[10]，政有经矣[11]。荆尸[12]而举，商农工贾不败其业，而卒乘辑睦[13]，事不奸矣[14]。蔿敖为宰[15]，择楚国之令典[16]，军行：右辕，左追蓐[17]，前茅虑无[18]，中权后劲[19]，百官象物而动[20]，军政不戒而备，能用典矣[21]。其君之举也[22]，内姓选于亲[23]，外姓选于旧[24]，举不失德，赏不失劳[25]，老有加惠，旅有施舍[26]，君子小人物有服章[27]，贵有常尊，贱有等威[28]，礼不逆矣。德立刑行，政成事时[29]，典从礼顺，若之何敌之？见可而进，知难而退，军之善政也；兼弱攻昧[30]，武之善经也。子姑整军而经武乎，犹有弱而昧者，何必楚？仲虺[31]有言曰：'取乱侮亡。'兼弱也。《汋》[32]曰：'于铄王师[33]，遵养时晦[34]。'耆昧也[35]。《武》[36]曰：'无竞惟烈[37]。'抚弱耆昧以务烈所[38]，可也。"彘子曰[39]："不可。晋所以霸，师武，臣力也。[40]今失诸侯，不可谓力；有敌而不从，不可谓武。由我失霸，不如死。且成师以出[41]，闻敌彊[42]而退，非夫也[43]；命为军帅而卒以非夫[44]，唯群子能，我弗为也。"以中军佐济[45]。知庄子曰[46]：“此师殆哉[47]。《周易》有之，在师䷆[48]之临䷒[49]，曰：‘师出以律，否臧凶[50]。’执事顺成为臧，逆为否。众散为弱[51]，川壅为泽[52]。有律以如己也[53]，故曰律否臧[54]。且律竭也[55]，盈而以竭，夭且不整[56]，所以凶也。不行谓之临[57]，有帅而不从，‘临’孰甚焉？此之谓矣！果遇必败，彘子尸之[58]。虽免而归，必有大咎[59]。”韩献子谓桓子曰[60]：“彘子以偏师陷，子罪大矣。子为元帅，师不用命，谁之罪也？失属亡师[61]，为罪已重，不如进也。事之不捷，恶有所分[62]，与其专罪，六人同之，不犹愈乎？”师遂济。

【注释】

〔1〕縠音 hú。

〔2〕此次晋军出师，三军将佐以外，始有中军大夫、上军大夫、下军大夫；其官在将佐之下。

〔3〕司马，军中执法官。

〔4〕桓子即荀林父。

〔5〕勦音 jiǎo，劳也。

〔6〕随武子即士会。

〔7〕不易，不变也。是时有保守思想，故以不变为不可敌。

〔8〕不为是征，不以其不可敌而出征也。

〔9〕指上一年楚人破陈事。

〔10〕讟音 dú，怨谤也。君无怨讟，言楚人无怨谤其君者。

〔11〕经，常也。

〔12〕荆尸，楚阵法名，楚武王始为之，言为荆尸以举兵。

〔13〕步兵曰卒，兵车曰乘。辑音 jí，和也。

〔14〕言不相干犯也。

〔15〕芍敖，芍贾子，孙叔敖也。为令尹曰为宰。

〔16〕言择楚国军典之善者而用之也。

〔17〕辕音 yuán，驾车之木，施于舆底轴上，左右各一，外出向前。右辕，言为车右者各挟车辕以备战争中之损坏。蓐音 rù，草薦也。左追蓐，言在车左者追求草蓐以备过宿。

〔18〕前茅，指军中之斥候。虑无，专伺前方敌人有无动向也。

〔19〕中军制定权谋，后方以精劲之兵为后卫也。

〔20〕物，旌旗所画之物也。百官各依所画之旌旗而动。

〔21〕用典，用良善之军事法典也。

〔22〕举，用人也。

〔23〕同姓则选亲族之贤者。

〔24〕异姓则选世家之贤者。

〔25〕赏不失有功劳之人。

〔26〕旅，指自国外来楚之人。施舍，照顾也。

〔27〕君子指贵族，小人指平民。物有服章，言其事物皆有服色章则，尊卑有别也。阶级社会以有别为贵。

〔28〕威，威仪也。等威，言贵贱威仪有等差也。

〔29〕事时，言其所作之事，与时机相应也。

〔30〕衰弱者兼并之，昏昧者攻讨之。

〔31〕仲虺，汤左相，语见《书·仲虺之诰》。

〔32〕《诗·周颂·酌篇》。

〔33〕于，发语词。铄音 shuò，辉煌也。

〔34〕遵养，遵循规律以养精蓄锐也。时晦，伺候时机以待人之昏昧也。

〔35〕耆音 zhǐ，致也。耆昧，致讨于昏昧也。

〔36〕《诗·周颂·武篇》。

〔37〕无竞惟烈，倒句，烈惟无竞也。烈，功业，竞，疆也。功业为无疆也。

〔38〕以务烈所，以追求功业之所在也。

〔39〕彘子即先縠。

〔40〕师武，军队之勇武。臣力，诸臣努力也。

〔41〕成师以出，整队以出也。

〔42〕彊与强通。

〔43〕非夫，非丈夫也。

〔44〕奉命为将帅而以不成为丈夫结束。

〔45〕彘子为中军佐，率其直接部属渡河。

〔46〕知庄子即荀首。

〔47〕殆，危也。

〔48〕《周易》师卦坎下坤上，临卦兑下坤上。之，变也。卜得师卦，变为临卦也。

〔49〕见《易》临卦。

〔50〕否音 pǐ。否臧，不善也。

〔51〕坎☵在占卜中代表群众，兑☱代表柔弱，由坎变兑，称为众散为弱。

〔52〕坎又代表川流，兑又代表沼泽。由坎变兑，称为川壅为泽。

〔53〕言将帅之有军律，欲使部属从己也。

〔54〕众散为弱，川壅为泽，则纪律不善，故曰律否臧。

〔55〕竭，败也。律败，故不善。

〔56〕夭，塞也。

〔57〕临卦代表沼泽，有不行之象。《易》以行为吉，不行为凶，故临卦有凶兆。

〔58〕尸，主也。负责也。

〔59〕咎，凶祸也。

〔60〕韩献子即韩厥。

〔61〕郑本属晋，今属楚，故曰失属；彘子以偏师陷为亡师。

〔62〕全军失败则三军将佐皆有罪，故曰恶有所分。

【译文】

夏季六月，晋国的军队去救郑国。荀林父率领中军，由先縠辅佐；士会率领上军，由郤克辅佐；赵朔率领下军，由栾书辅佐。赵括、赵婴齐担任中军大夫，巩朔、韩穿担任上军大夫，荀首、赵同担任下军大夫。韩厥担任司马。到达黄河，听闻郑国已经和楚国讲和，荀林父想要回去，说："没有赶到郑国却又劳师动众，出兵有什么用？等楚军回去以后我军再进攻郑国，不算太迟。"随武子说："好。我听说用兵之道，观察敌人的间隙而后行动。那个国家保持德行、刑罚、政令、事务、典则、礼仪不变，就是不可抵挡的，不能进攻这样的国家。楚国的军队讨伐郑国，愤恨郑国有二心而又可怜郑国的卑下，郑国背叛就讨伐他，郑国顺服就赦免他，德行、刑罚都完成了。讨伐背叛，这是刑罚，安抚顺服，这是德行，这二者树立起来了。楚国往年攻入陈国，如今攻入郑国，百姓并不感到疲劳，国君没有遭到怨恨，政令就合于常道了。楚军摆成荆尸之阵而后发兵，商贩、农民、工匠、店主都没有因此废了生计，而且步兵车兵关系和睦，事务就互不相犯了。蒍敖做了令尹，选择楚国好的军典，军队出动时：右军的人各挟车辕以备损坏，左军打草作以备宿息之用，前军专门窥伺前方敌人有无动向，中军制定权谋而后军以精兵押阵。各级军官根据象征自己的旌旗的指示而采取行动，军事政务不必等待命令而完备，这就是能够运用典则了。他们国君的用人之道，同姓中就选择亲族的贤人，异姓中选择世家的贤人，选拔不会遗漏有德行的人，赏赐不会遗漏有功劳的人，对老人有所优待，对外来旅客有所照顾，贵族和平民各有规定的服饰，对尊贵的人有一定的礼节以示尊重，对低贱的人有一定的等级以示威严，礼节就没有不顺的了。德行树立而刑罚施行，政事成就而事务合时，典则通行而礼节顺当，怎么能抵挡楚国？看到能够胜利就前进，遇到困难就后退，这是治军的好办法；兼并衰弱而进攻昏昧，这是用兵的好规则。您姑且整顿军队同时筹划武备吧，还有弱小而昏昧的国家，为什么一定要与楚军交战？仲虺曾经说过：'攻占动乱的国家，欺侮可以灭亡的国家。'说的就是兼并衰弱。《诗经·周颂·酌篇》说：'天子的军队多么辉煌，遵循规律以养精蓄锐并乘机把处于昏昧中的国家占取。'说的就是进攻昏昧。《武篇》说：'武王的功业举世无双。'以安抚衰弱进攻昏暗为追求功业之所在，这就可以了。"先縠说："不行。晋国所以能够称霸诸侯，是由于军队勇武、臣下努力。现在失去了诸侯，不能说是努力；有了敌人不去追击，不能说是勇武。由于我们而丢掉霸主的地位，不如去死。而且晋国整顿军队出动，听闻敌人强大就退却，这不是大丈夫所为；任命为军队的统帅，而做出了不是大丈夫所做的事，这只有你们愿意干，我是不会干的。"说完，就带领中军佐所直属的部队渡过黄河。荀首说："彘子这支军队危险了。《周易》上有这样的卦象，从师卦䷆变成临卦䷒，爻辞上说：'出兵要用法令约束，法令不善的话就必然凶险。'法令执行顺当而获得成功就是善，反过来就是不善。由坎卦变为兑卦，大众因离散变为柔弱，流水因壅塞变为沼泽。将帅要有法令以使部属听从自己，所以现在这种局面就叫做法令不善。法令就好像流水已经穷尽，从充足变为穷尽，阻塞而且不整流，这就是凶险的征兆了。由流水变为不能流动的沼泽就叫做临，就好像有统帅而不服从，还有比这更严重的‘临’吗？说的就是彘子的行为了！如若果真和敌人相遇就一定失败，彘子将会是罪魁祸首，即使免于战死而回国，一定有大的凶祸。”韩厥对荀林父说：“先縠率领您手下的偏师失陷，您的罪过就大了。您作为最高统帅，军队不听命令，这是谁的罪过？失去属国而又损失军队，构成的罪过已经太重，不如干脆进军。作战如果不能得胜，失败的罪过也可以令全军将佐共同分担，与其一个人承担罪责，不如六个人共同承担，不是还好一点吗？”于是晋国的军队就渡过了黄河。

楚子北师〔1〕，次于郔〔2〕，沈尹〔3〕将中军，子重将左，子反将右，将饮马于河而归〔4〕。闻晋师既济，王欲还，嬖人〔5〕伍参欲战，令尹孙叔敖弗欲，曰：“昔岁入陈，今兹入郑，不无事矣。战而不捷，参之肉其足食乎？”参曰：“若事之捷，孙叔〔6〕为无谋矣。不捷，参之肉将在晋军〔7〕，可得食乎？”令尹南辕反旆〔8〕。伍参言于王曰：“晋之从政者新〔9〕，未能行令；其佐先縠，刚愎〔10〕不仁，未肯用命〔11〕；其三帅者专行不获〔12〕；听而无上〔13〕，众谁适从〔14〕？此行也，晋师必败；且君而逃臣〔15〕，若社稷何？”王病之〔16〕，告令尹，改乘辕而北之，次于管以待之〔17〕。

【注释】

〔1〕北师，军队北进也。

〔2〕郔，郑地。

〔3〕沈尹，沈地之尹也。沈，楚地，今安徽阜阳县西北一百二十里

有沈丘集。

〔4〕以至黄河为目标，不欲战。

〔5〕嬖音 bì。嬖人，亲近之人。

〔6〕孙叔即孙叔敖。

〔7〕言其将为晋军所获。

〔8〕孙叔敖决定南还。南辕，车辕南向也；反旆，班师也。

〔9〕新，指其执政之经验不足。

〔10〕愎音 bì，狠也。

〔11〕用命，听命也。

〔12〕三帅指三军之帅，各受牵制，不能执行。

〔13〕听其下之自由主张则无上级之领导。

〔14〕適音 dí，专主也。言群众究以谁为主而听从之也。

〔15〕楚子见荀林父来而退避，为君而逃臣。

〔16〕病之，引为痛苦也。

〔17〕管，郑地，今河南郑县。

【译文】

楚庄王率军北上，驻扎在郔地，沈尹率领中军，子重率领左军，子反率领右军，准备在黄河饮马以后就回国。听闻晋国军队已经渡过黄河，楚庄王想要回去，宠臣伍参想要打仗，令尹孙叔敖不想开战，说："往年进入陈国，今年进入郑国，不是没有战争。开战以后却不能得胜，吃了伍参的肉足以抵罪吗？"伍参说："如果作战得胜，孙叔就是没有谋略。不能得胜的话，伍参的肉将会在晋军那里，哪里还能吃得上呢？"令尹班师南还。伍参对楚庄王说："晋国执政的是新人，还不能很好地行使命令；他们的中军辅佐先縠，刚愎不仁，不肯听从命令；他们的三个统帅各受牵制而不能独自执行军令；听任下属的自由主张就没有上级的领导，大军究竟听从谁的命令？这一次，晋军一定失败；而且国君逃避臣下，国家怎么能够承受这样的耻辱？"楚庄王听了不舒服，于是告诉令尹，把战车改而向北，楚军驻扎在管地等待晋军。

晋师在敖、鄗〔1〕之间。郑皇戌〔2〕使如晋师曰："郑之从楚，社稷之故也，未有贰心。楚师骤胜而骄[3]，其师老矣，而不设备，子击之，郑师为承[4]，楚师必败。”彘子曰：“败楚服郑，于此在矣，必许之。”栾武子[5]曰：“楚自克庸[6]以来，其君无日不讨国人而训之[7]，于[8]：‘民生之不易，祸至之无日，戒惧之不可以怠。’在军无日不讨军实而申儆之[9]，于：‘胜之不可保，纣之百克而卒无后[10]。’训之以若敖、蚡冒，筚路蓝缕[11]以启山林。箴之曰[12]：‘民生在勤，勤则不匮[13]。’不可谓骄。先大夫子犯有言曰：‘师直为壮，曲为老。’我则不德而徼[14]怨于楚，我曲楚直，不可谓老。其君之戎[15]，分为二广[16]，广有一卒[17]，卒偏之两[18]。右广初驾[19]，数及日中[20]，左则受之[21]，以至于昏[22]；内官序[23]当其夜，以待不虞[24]，不可谓无备。子良，郑之良也，师叔[25]，楚之崇也[26]，师叔入盟，子良在楚，楚郑亲矣。来劝我战，我克则来[27]，不克遂往，以我卜也[28]。郑不可从。”赵括、赵同曰：“率师以来，唯敌是求，克敌得属[29]，又何俟？必从彘子。”知季曰[30]：“原、屏，咎之徒也[31]。”赵庄子[32]曰：“栾伯善哉[33]！实其言，必长晋国[34]。”

【注释】

〔1〕鄗音 qiāo。敖、鄗，二山名，在河南荥泽县境。

〔2〕皇戌，郑大夫。

〔3〕骤胜，屡胜也。

〔4〕承，继也。

〔5〕栾武子即栾书。

〔6〕庸，国名，在湖北竹山县东南。文公十六年(前六一一)楚人灭庸。

〔7〕讨，治也，求也。

〔8〕于曰双声，此处为曰之借用。

〔9〕军实，军中之装备也。申儆，重申以儆戒之也。

〔10〕纣恃其百战百胜之威，卒为周武王所灭。

〔11〕若敖、蚡冒，皆楚之先君。筚音 bì。筚路，柴车也；蓝缕，敝衣也。

〔12〕箴音 zhēn，诫也。

〔13〕匮音 kuì，穷乏也。

〔14〕儌，求也。

〔15〕戎，兵车也。

〔16〕广，兵车也。左右广各有兵车十五乘。

〔17〕百人为卒。左右广各有步兵百人。

〔18〕百人为卒，五十人为偏，二十五人为两。卒、偏、两皆军队编制之名称，加之字以足句。

〔19〕早晨由右广先行驾车。

〔20〕时间至中午为止。

〔21〕左广接受其任务。

〔22〕昏，黄昏也。

〔23〕内官，亲近之官也。序，值班也。

〔24〕不虞，不测之事也。

〔25〕师叔即潘尪。

〔26〕楚之崇也，为楚人所敬重之意。

〔27〕我胜则郑来。

〔28〕以晋之胜负决定郑之来去。

〔29〕克敌得属，胜楚得郑也。

〔30〕知季即荀首。

〔31〕原即赵同，屏即赵括。咎指先縠。徒，党也。

〔32〕赵庄子即赵朔。

〔33〕栾伯即栾书。

〔34〕实其言，实行其言也。

【译文】

晋国军队驻在敖、鄗两山之间。郑国的皇戌出使到晋军中说：

“郑国听从楚国，是为了保存国家社稷的缘故，对晋国并没有二心。楚军屡次得胜而骄傲，他们的军队气衰了，又不设防御，您攻击他们，郑国的军队作为后继，楚军一定失败。”先縠说：“打败楚军而降服郑国，就在此一举了，一定要答应皇戌的请求。”栾书说：“楚国自从战胜庸国以来，楚国的国君没有一天不在治理国家时教训百姓，说：‘百姓的生计不容易，祸患不知哪天就会到来，戒备警惕不能放松。’在军队里没有一天不在管理军备时告诫军队，说：‘胜利的不能永远保有，纣百战百胜但最终仍然灭亡。’用若敖、蚡冒乘柴车、穿破衣开辟山林的事迹来教训他们。告诫他们说：‘百姓的生计在于勤劳，勤劳就不会匮乏。’这就不能说他们骄傲。先大夫子犯曾经这样说过：‘出兵作战理直就气壮，理亏就气衰。’我们所做的事情不合于道德又和楚国结怨，我们理曲而楚国理直，这就不能说他们气衰。他们国君的战车分为左右二广，每一广有一卒的兵力，每一卒又分两偏。早晨由右广先行驾车，到中午为止，左广就接替它的任务，一直到黄昏时分；左右近臣按次序值夜，以防备发生不测，这就不能说他们没有防备。子良，是郑国的贤人，师叔，是楚国地位崇高的人物，师叔进入郑国结盟，子良作为人质住在楚国，楚国和郑国是亲近的。郑国派人来劝我们作战，我们战胜就来归服，不胜就去依靠楚国，这是用我们代替占卜。郑国的话不能听从。”赵括、赵同说：“领兵而来，就是为了寻找敌人，战胜敌人而得到属国，还等待些什么呢？一定要听从彘子的话。”荀首说：“赵同、赵括，真可谓先縠的同党啊。”赵朔说：“栾书好啊！实行他的话，一定能使晋国长久。”

楚少宰[1]如晋师曰：“寡君少遭闵凶[2]，不能文[3]，闻二先君之出入此行也[4]，将郑是训定，岂敢求罪于晋，二三子无淹[5]久。”随季[6]对曰：“昔平王命我先君文侯曰：‘与郑夹辅周室，毋废王命。’今郑不率[7]，寡君使群臣问诸郑，岂敢辱候人[8]。敢拜君命之辱[9]。”彘子以为谄[10]，使赵括从而更之曰：“行人失辞[11]。寡君使群臣迁大国之迹于郑[12]，曰：‘无辟敌。’群臣无所逃命。”

【注释】

〔1〕少宰，楚官名。

〔2〕闵音 mǐn，忧也。

〔3〕文谓先王之遗文。不能文，不能备知先王之故事也。

〔4〕二先君指楚成王、穆王。出入谓往来于郑。

〔5〕淹，留也。

〔6〕随季即士会。

〔7〕率，遵从也。

〔8〕候人，招待宾客之官。

〔9〕拜，拜受也。

〔10〕谄，谄媚也。

〔11〕行人，传达使命之官。士会应对楚人，故以行人称之。失辞，误对也。

〔12〕迁，徙也。大国指楚。

【译文】

楚国的少宰到晋军中说：“寡君年轻时就遭到忧患，不能备知先王的故事，听闻成王、穆王两位先君来往在这条道路上，就是打算教导和安定郑国，岂敢得罪晋国，您几位不要待得太久了。”士会回答说：“以前周平王命令我们的先君晋文侯说：‘和郑国共同辅佐周王室，不要废弃天子的命令。’现在郑国不遵从天子的命令，寡君派遣下臣们到郑国来质问，岂敢劳动贵国的候人官迎送。谨拜谢君王的命令。”先縠认为这是谄媚，派赵括跟上去更正说：“我国行人官的说法不当。寡君使臣下们使楚国从郑国撤离，说：‘不要躲避敌人。’臣下们不得不执行命令。”

楚子又使求成于晋，晋人许之，盟有日矣。楚许伯御乐伯，摄叔为右[1]，以致晋师[2]。许伯曰：“吾闻致师者，御靡旌摩垒[3]而还。”乐伯曰：“吾闻致师者，左射以菆[4]，代御执辔[5]，御下两马掉鞅[6]而还。”摄叔曰：“吾闻致师者，右入垒折馘[7]，执俘而还。”皆行其所闻而复[8]。晋人逐之，左右角之[9]。乐伯左射马而右射人，角不能进[10]，矢一而已。麋兴于前，射麋丽龟[11]，晋鲍癸当其后[12]，使摄叔奉麋献焉[13]，曰：“以岁之非时[14]，献禽[15]之未至，敢膳诸从者[16]。”鲍癸止之[17]，曰：“其左善射，其右有辞，君子也！”既免[18]。

【注释】

〔1〕三人皆楚人。

〔2〕致师，挑战也。盟未成，仍在作战中。

〔3〕靡音 mǐ，顺势而倒也。摩，近也。

〔4〕非主将之车，故御者许伯居中，而乐伯在左，因自称为左。菆音 zōu，矢之善者。

〔5〕下文御下车有事，故代御执辔。辔音 pèi，马缰也。

〔6〕两，饰也，掉，正也。御下车饰马正鞅以示闲暇。

〔7〕折馘，断耳也。

〔8〕复，返也。

〔9〕角，从两旁夹攻也。

〔10〕左右不能进也。

〔11〕麋音 mí，与鹿同类而较大。丽，著也。龟，麋背隆起处。

〔12〕鲍癸，晋人，率车逐三人。

〔13〕乐伯使摄叔奉麋以献鲍癸。

〔14〕非时，时令不合。

〔15〕禽，兼指禽兽。

〔16〕敢以供从者之膳食。

〔17〕止之，不复逐也。

〔18〕言致师之三人尽免而归也。

【译文】

楚庄王又派使者向晋国求和，晋国人答应了，约定了结盟的日期。楚国的许伯替乐伯驾御战车，摄叔担任车右，向晋军单车挑战。许伯说："我听说单车挑战的人，战车疾驰使旌旗倾倒，迫近敌营然后回来。"乐伯说："我听说单车挑战，车左用利箭射敌，代替御者执掌马缰，驾车人下车，装饰马匹并整理好马脖子上的皮带，然后回来。"摄叔说："我听说单车挑战，车右进入敌营杀死敌人割取左耳，带着俘虏然后回来。"这三个人都按照自己所听闻的完成了任务而后回来。晋国人追赶他们，兵众从两面夹攻。乐伯左边射马，右边射人，使左右的晋军不能前进，最后只剩下一支箭。有麋鹿出现在前面，乐伯射麋鹿正中背部隆起处，晋国的鲍癸正在后面，乐伯让摄叔把麋鹿献给他，说："由于现在还不到时令，应当奉献的禽兽还没有来，谨把它奉献给您的随从作为膳食。"鲍癸使部下停止不再追赶，说："他们的车左善于射箭，车右善于辞令，都是君子啊！"因此这三人都免于被俘。

晋魏锜求公族〔1〕，未得而怒，欲败晋师〔2〕，请致师，弗许，请使，许之。遂往，请战而还。楚潘党逐之，及荥泽，见六麋，射一麋以顾献曰〔3〕："子有军事，兽人无乃不给于鲜〔4〕，敢献于从者。"叔党命去之〔5〕。赵旃求卿未得，且怒于失楚之致师者，请挑战，弗许；请召盟，许之。与魏锜皆命而往〔6〕。郤献子〔7〕曰："二憾〔8〕往矣，弗备必败。"彘子曰："郑人劝战，弗敢从也；楚人求成，弗能好也。师无成命〔9〕，多备何为！"士季〔10〕曰："备之善。若二子怒楚，楚人乘我，丧师无日矣。不如备之。楚之无恶〔11〕，除备而盟，何损于好？若以恶来，有备不败。且虽诸侯相见，军备不彻[12]，警也[13]。”彘子不可。士季使巩朔、韩穿，帅七覆于敖前[14]，故上军不败；赵婴齐使其徒先具舟[15]于河，故败而先济。

【注释】

〔1〕锜音 qí。公族，公族大夫也，晋官名。

〔2〕欲败晋师，欲见晋师之失败。

〔3〕顾献，向后以献也。

〔4〕兽人，供给田猎所获之官。鲜，新杀之动物也。

〔5〕叔党即潘党。命去之，止追众也。

〔6〕皆受命而往也。

〔7〕郤献子即郤克。

〔8〕二憾指魏锜、赵旃，二人皆有求而未得，故称二憾。

〔9〕成命，主见也。

〔10〕士季即士会。

〔11〕楚人如无恶意。

〔12〕彻，去也。

〔13〕警，警戒也。

〔14〕帅，率领也。覆，伏兵也。敖前，敖山之前。

〔15〕徒，众也。具，备也。

【译文】

晋国的魏锜请求做公族大夫，没有达成目的因而发怒，想要使晋军失败，请求单车挑战，没有得到允许，请求出使，得到了允许。于是就到楚军中，请战以后回国。楚国的潘党追赶他，到达荥泽，魏锜看到六只麋鹿，就射死一只并回车向后献给潘党说：“您有军务在身，打猎的人恐怕不能供给新鲜的猎物，谨以此奉献给您的随从人员。”潘党下令停止追赶魏锜。赵旃请求做卿没有达成目的，而且对于放走楚国前来单车挑战的人很生气，就请求前去挑战，没有得到允许；请求召请楚国人前来结盟，得到了允许。和魏锜都接受命令而前去楚军中。郤克说：“这两个心怀不满的人去了，不加防备的话必然导致失败。”先縠说：“郑国人劝我们作战，不敢听从；楚国人求和，又不能实行友好。带兵没有主见，多加防备有什么用！”士会说：“还是防备他们为好。如果这两位激怒了楚国，楚国人乘机掩袭，我们马上就会丧失军队。不如防备他们。楚国人如果没有恶意，撤除戒备而结盟，哪里会损害友好？如果带着恶意而来，有了防备就不会失败。而且即使是诸侯相见，军队的守备也不会撤去，这就是警惕。”先縠不同意。士会派遣巩朔、韩穿，率领七队人马在敖山之前设伏兵，所以上军得以不败；赵婴齐派遣他的部下先在黄河准备了船只，所以战败以后就先渡过河去了。

潘党既逐魏锜，赵旃夜至于楚军〔1〕，席〔2〕于军门之外，使其徒入之。楚子为乘广三十乘，分为左右；右广鸡鸣而驾，日中而说〔3〕，左则受之，日入而说。许偃御右广，养由基为右；彭名御左广，屈荡为右〔4〕。乙卯〔5〕，王乘左广以逐赵旃，赵旃弃车而走林，屈荡搏〔6〕之，得其甲裳〔7〕。晋人惧二子之怒楚师也〔8〕，使軘车〔9〕逆之。潘党望其尘，使骋〔10〕而告曰：“晋师至矣。”楚人亦惧王之入晋军也，遂出陈〔11〕。孙叔曰：“进之。宁我薄〔12〕人，无人薄我。《诗》云〔13〕：‘元戎〔14〕十乘，以先启行。’先人也〔15〕。《军志》曰：‘先人有夺人之心〔16〕。’薄之也。”遂疾进师，车驰卒奔，乘晋军。桓子不知所为，鼓于军中曰〔17〕：“先济者有赏。”中军、下军争舟，舟中之指可掬也〔18〕。晋师右移〔19〕，上军未动。工尹齐将右拒〔20〕卒以逐下军。楚子使唐狡与蔡鸠居告唐惠侯曰〔21〕：“不穀不德而贪，以遇大敌，不穀之罪也；然楚不克，君之羞也，敢藉君灵以济[22]楚师。”使潘党率游阙四十乘从唐侯以为左拒[23]，以从上军。驹伯[24]曰：“待诸乎[25]？”随季曰：“楚师方壮，若萃于我[26]，吾师必尽，不如收而去之。分谤生民[27]，不亦可乎？”殿其卒而退[28]，不败。

【注释】

〔1〕魏锜、赵旃不同行，故赵旃后至。

〔2〕席，布席而坐也。

〔3〕说音 shuì，舍也。

〔4〕许偃、养由基、彭名、屈荡皆楚人。右广、左广分班轮值，故各有御者及车右。

〔5〕乙卯为六月十四日。

〔6〕搏音 bó，击也。

〔7〕裳，下衣也。

〔8〕怒楚师，激动楚师也。

〔9〕軘音 tún。軘车，兵车之一种。

〔10〕骋音 chěng，直驰也。

〔11〕陈与阵通。

〔12〕薄与迫通。

〔13〕见《诗·小雅·六月篇》。

〔14〕元，大也；戎，兵车也。

〔15〕先，动词。先人，居人之先也。

〔16〕居人之先，争取主动，则可以打击敌军之士气也。

〔17〕在军中击鼓传令也。

〔18〕掬音 jū，两手相捧也。旧说言二军争舟时，为刀所斫断之指，其数盈掬也。

〔19〕黄河在西北，欲渡河，故右移。

〔20〕工尹齐，楚大夫名齐，官为工尹者。右拒，阵名。

〔21〕唐狡、蔡鸠居皆楚大夫。唐，小国属楚，今湖北随县西北九十里有唐县镇。惠侯，唐君也。

〔22〕藉，依也。灵，威信也。济，成也。

〔23〕游阙，游车，阙车，皆兵车也。

〔24〕驹伯即郤克。

〔25〕待，御也。
〔26〕萃与聚通。
〔27〕退军以分诸人之谤，不战以全士卒之生。
〔28〕殿，后卫也，以其所属为上军之后卫。

【译文】

潘党追击了魏锜后，赵旃在夜里到达楚军中，铺开席子坐在军门的外面，派他的部下先进军门。楚庄王的战车一广三十乘，共分为左右两广；右广在早晨鸡叫的时候驾车，太阳到了中天才休息，左广就接替右广，到太阳落山才休息。许偃驾御右广的指挥车，养由基担任车右；彭名驾御左广的指挥车，屈荡担任车右。乙卯，楚庄王乘坐左广的指挥车追赶赵旃，赵旃丢掉车子跑进树林里，屈荡和他搏斗，获得了他的铠甲和下衣。晋国人害怕这两个人激怒楚军，让軘车前来接他们。潘党远望飞起来的尘土，派战车直驰报告说："晋国的军队来了。"楚国人也害怕楚庄王陷入晋军中，就出兵列阵迎战。孙叔敖说："进军。宁可我们迫近敌人，不要让敌人迫近我们。《诗》说：'大型战车十辆，冲在前面开道。'这是说要抢在敌人的前面。《军志》说：'抢在敌人前面可以打击敌人的士气。'这是说要主动迫近敌人。"于是就迅速地进军，战车奔驰、士卒奔跑，掩袭晋军。荀林父不知所措，在军中击鼓传令说："先渡河的人有赏。"于是中军、下军互相争夺船只，先上船的人用刀砍断后来者攀着船舷的手指，船上砍断的指头多得可以用手捧起来。晋军向右转移，上军没有开动。工尹齐率领右方阵的兵士追逐晋国的下军。楚庄王派唐狡和蔡鸠居告知唐惠侯说："我缺乏德行而又贪功，又遭遇强大的敌人，这是我的罪过；然而楚国如果不能得胜，这也是君王的羞耻，谨借重君王的福佑以帮助楚军成功。"派遣潘党率领游车、阙车四十乘跟随唐侯作为左方阵，以迎战晋国的上军。郤克说："抵御他们吗?"士会说："楚军的士气正旺盛，如果集中兵力对付我们的上军，我们的军队必然被消灭，不如收兵撤离。分担战败的指责而保全士兵的生命，不也是可以的吗?"就以所属作为上军的后殿而退兵，因此没有被打败。

王见右广，将从之乘，屈荡尸[1]之，曰："君以此始，亦必以终。"自是楚之乘广先左。

【注释】

〔1〕尸，宋本作户，止也。

【译文】

楚庄王见到右广，准备乘坐，屈荡阻止他说："君王乘坐左广开始作战，也一定要乘坐它结束战争。"从此楚王乘广改以左广为先。

晋人或以广队[1]，不能进，楚人惎之脱扃[2]；少进，马还[3]，又惎之拔旆投衡[4]，乃出。顾曰[5]："吾不如大国之数奔也[6]。"

【注释】

〔1〕广，兵车；广队，以兵车为队也。

〔2〕惎音 jì，教也。扃音 jiǒng，车前横木，所以防止车上兵器之下落者。楚人教之脱扃以进。

〔3〕还与旋通，马盘旋不前也。

〔4〕旆，大旗也。旆阻风，故马旋。楚人教之拔旆以投衡上，车乃得出。衡，辕端横木也。

〔5〕晋人顾楚人。

〔6〕大国指楚。

【译文】

晋国人用兵车组成队列，不能前进，楚国人教他们抽出车前横木以前进；没走多远，马盘旋不能前进，楚国人又教他们拔掉大旗，扔掉车辕头上的横木，这样才逃了出去。晋军回过头来说："我们可不像贵国的人一样有多次逃跑的经验。"

赵旃以其良马二济其兄与叔父[1]，以他马反，遇敌不能去，弃车而走林。逢大夫与其二子乘[2]，谓其二子无顾[3]，顾曰[4]："赵傻在后[5]。"怒之，使下[6]，指木曰："尸女于是[7]。"授赵旃绥[8]以免。明日，以表尸之[9]，皆重获[10]在木下。

【注释】

〔1〕使其兄与叔父得脱也。

〔2〕逢音 páng。逢大夫，晋大夫之姓逢者。乘，乘车也。

〔3〕告以不得顾后，佯为不知赵旃者。

〔4〕二子顾后。

〔5〕傻与叟通，音 sǒu，老人也。

〔6〕使下，使下车以让赵旃。

〔7〕尸，陈也。尸女于是，言收汝等之尸于此也。

〔8〕绥，皮带，所以援之登车者。

〔9〕表，标记也。言以所指之木为标记，而求其尸之所在也。

〔10〕获，被杀也。重获，兄弟累尸而死。

【译文】

赵旃用他的两匹好马帮助他的哥哥和叔父逃脱，而用其他的马驾车回来，碰上敌人不能逃脱，就丢弃车子跑到树林里。逢大夫和他两个儿子坐在车上，告诉他两个儿子不要回头看，儿子们回头看了说："赵老头在后边。"逢大夫发怒，让他们下车，指着树木说："我在这里收你们的尸首。"逢大夫就把马匹上的皮带交给了赵旃，赵旃登上战车得以逃脱。第二天，按照标记前去收尸，在树下找到两个叠压着的尸体。

楚熊负羁囚知䓨[1]，知庄子以其族反之[2]，厨武子[3]御，下军之士多从之[4]。每射，抽矢菆，纳诸厨子之房[5]。厨子怒曰："非子之求而蒲之爱[6]！董泽之蒲可胜既乎[7]？”知季曰：“不以人子，吾子其可得乎？吾不可以苟射故也。”射连尹襄老[8]，获之[9]，遂载其尸；射公子縠臣[10]，囚之，以二者还。

【注释】

〔1〕熊负羁，楚大夫。知罃，知庄子之子。罃音 yīng。

〔2〕族，家兵也。反之，返车作战也。

〔3〕厨武子即厨子，又即魏锜。

〔4〕知庄子为下军大夫故也。

〔5〕房，藏箭之所也。

〔6〕蒲，杨柳，可以为箭。

〔7〕董泽，泽名，在山西闻喜县东北四十里。既，尽也。

〔8〕连尹，官名。襄老，楚大夫。

〔9〕获之，射死而获之也。

〔10〕公子縠臣，楚王子。

【译文】

楚国的熊负羁囚禁了知罃，荀首率领他的家兵回来战斗，魏锜驾御战车，下军的士兵大多跟着回来。荀首每次发射，如若抽出利箭，就放在魏锜的箭袋里。魏锜发怒说：“不去寻找儿子反而吝惜蒲柳做的箭！董泽出产的蒲柳难道用得完吗？”荀首说：“不得到别人的儿子，我的儿子难道可以得到吗？所以利箭我是不能随便射出去的。”荀首射中了担任连尹的襄老，得到他的尸首，就用战车装上；射中公子縠臣，把他囚禁起来，带了这两个人回去。

及昏，楚师军于邲[1]，晋之余师不能军[2]，宵济[3]，亦终夜有声。

【注释】

〔1〕邲，郑地，今河南郑县东。

〔2〕不能军，不能整队也。

〔3〕宵济，夜渡也。

【译文】

到黄昏时，楚军驻扎在邲地，晋国剩余的士兵已经溃不成军，趁夜里渡河，喧吵了一整夜。

丙辰，楚重至于邲，[1]遂次于衡雍[2]。潘党曰："君盍筑武军而收晋尸以为京观[3]？臣闻克敌必示子孙以无忘武功。"楚子曰："非尔所知也。夫文，止戈为武[4]。武王克商，作《颂》曰[5]：'载戢干戈[6]，载櫜[7]弓矢，我求懿德[8]，肆于时夏[9]，允王保之[10]。'又作《武》[11]，其卒章曰：'耆定尔功[12]。'其三曰[13]：'铺时绎思[14]，我徂[15]维求定。'其六曰[16]：'绥万邦[17]，屡丰年[18]。'夫武，禁暴戢兵，保大定功，安民和众丰财者也，故使子孙无忘其章[19]。今我使二国暴骨[20]，暴矣；观兵以威[21]诸侯，兵不戢矣；暴而不戢，安能保大？犹有晋在，焉得定功？所违民欲犹多，民何安焉？无德而强[22]争诸侯，何以和众？利人之几[23]，而安人之乱，以为己荣，何以丰财？武有七德，我无一焉，何以示子孙？其为先君宫[24]，告成事而已，武非吾功也。古者明王伐不敬，取其鲸鲵而封[25]之，以为大戮，于是乎有京观以惩淫慝[26]，今罪无所[27]，而民皆尽忠以死君命[28]，又何以为京观乎？"祀于河，作先君宫，告成事而还。

【注释】

〔1〕丙辰为六月十五日。重，辎重也。

〔2〕衡雍，郑地，今河南原武县西北五里。

〔3〕盍音 hé，何不也。武军，军营也。京，大也，观，馆也；积尸封土其上以为大馆。

〔4〕文，文字构造也。武字为戈在止上，故曰止戈为武。

〔5〕见《诗·周颂·时迈篇》。

〔6〕载，发语词。戢音 jí，藏也。干，盾也。戈，古兵器，形似戟而横刃。

〔7〕櫜音 gāo，藏也。

〔8〕懿音 yì，美也。

〔9〕肆音 sì，陈也。时夏犹是夏，这个中国也。

〔10〕允，信也。

〔11〕见《诗·周颂·武篇》。

〔12〕言武王诛纣，致成其功也。

〔13〕见《诗·周颂·赉篇》。

〔14〕〔15〕铺，今《诗》作敷。铺、敷，皆陈布也。时，是也。绎音 yì，寻绎也。思，语辞。徂音 cú，往也。言武王能布政陈教，使百姓归往以求安定也。

〔16〕见《诗·周颂·桓篇》。所引之《诗》，今分见《周颂》之《武》、《赉》、《桓》三篇。此言《武篇》之卒章、三章及六章者，前人以为楚国乐歌之次第，与《诗》篇不同；但亦可认为春秋时代《诗》之次第，与后代所见者不同。

〔17〕绥，安定也。

〔18〕屡丰年，屡获丰年也。

〔19〕章，诗歌之篇章也。

〔20〕暴骨之暴音 pù，晒也。

〔21〕威，威胁也。

〔22〕强，上声，勉强也。

〔23〕儿，危也。

〔24〕宫，宗庙也。

〔25〕雄曰鲸，雌曰鲵，大鱼也，以喻恶人，杀而以土盖之曰封。鲵音 ní。

〔26〕惩音 chéng，处罚也。慝音 tè，邪恶也。

〔27〕罪无所，不知罪之所在也。

〔28〕言晋人皆尽忠为君效死也。

【译文】

丙辰，楚军的辎重到达邲地，于是军队就驻扎在衡雍。潘党说：“君王何不建筑起军营并收集晋国人的尸首建立一个京观？臣听说战胜了敌人一定要给子孙后代看以表示不忘记武功。”楚庄王说：“这不是你所知道的。在文字构造上，止戈二字合起来是个武字。武王战胜商朝，作《周颂》说：‘收拾干戈，包藏弓箭，我追求那美德，遍施于这中原大地，成就王业而保有天下。’又作《武》篇，它的最后一章说：‘得以巩固你的功业。’《周颂》的第三章说：‘布陈先王的美德而加以发扬，我前去征讨只是为了求得百姓的安定。’它的第六章说：‘安定万邦，常有丰年。’武功，是用来禁止强暴、消弭兵争，保持强大、巩固功业，安定百姓、调和民众、丰富财物的，所以要让子孙不要忘记《诗》中的篇章。现在我让两国士兵暴尸荒野，这就是所谓强暴；显耀武力以使诸侯畏惧，兵争不能消弭了；强暴而不消弭兵争，哪里能够保持强大？还有晋国存在，如何能够巩固功业？所违背百姓的愿望还很多，百姓如何能够安定？没有德行而勉强和诸侯相争，用什么调和民众？乘人之危作为自己的利益，趁人之乱作为自己的安定，以此作为自己的光荣事迹，如何能丰富财物？武功具有七种美德，我一项也没有，用什么来训示子孙后代？还是为楚国的先君修建宗庙，把成功的事祭告先君罢了，用武不是我所追求的功业。古代圣明的君王征伐对上不恭敬的国家，抓住它的罪魁祸首杀掉埋葬，作为一次大的杀戮，这样才有了建造京观以惩戒邪恶一说，现在并不能明确指出晋国的罪责在哪里，晋国的士卒都尽忠为执行国君的命令而死，又怎么能建造京观来惩戒呢？”说完就在黄河边上举行祭祀，修建了先君的神庙，报告了战争的胜利然后回国。

秋，晋师归，桓子请死〔1〕，晋侯〔2〕欲许之。士贞子谏曰：“不可。城濮之役，晋师三日谷，文公犹有忧色。左右曰：‘有喜而忧，如〔3〕有忧而喜乎？’公曰：‘得臣犹在，忧未歇也。困兽[4]犹斗，况国相[5]乎?’及楚杀子玉，公喜而后可知也，曰：‘莫余毒也已。’是晋再克而楚再败也，楚是以再世不竞[6]。今天或者大警[7]晋也，而又杀林父以重楚胜[8]，其无乃久不竞乎！林父之事君也，进思尽忠，退思补过，社稷之卫也，若之何杀之？夫其败也，如日月之食焉，何损于明?”晋侯使复其位。

【注释】

〔1〕请死，请死罪也。

〔2〕晋侯，晋景公。

〔3〕或如也。

〔4〕困兽，被围困之兽也。

〔5〕以杖导人曰相。国相，主导国家之事者，如楚之令尹子玉，晋之中军帅荀林父皆是。

〔6〕不竞，不能竞争也。楚成王、穆王皆处劣势，不能与晋竞争。

〔7〕警，诫也。

〔8〕重，平声。重楚胜，犹增加楚之胜利也。

【译文】

秋季，晋国军队回国，荀林父请求处自己以死罪，晋景公打算答应他。士贞子劝谏说：“不可以。城濮那一次战役，晋军三天吃着楚军留下的粮食，文公还面带忧色。左右的人说：‘有了喜事而忧愁，如果有了忧事反倒喜悦吗?’文公说：‘得臣还在，忧愁还不能算完结。被困的野兽还要争斗一下，何况是堂堂国相呢?’等到楚国杀了得臣，文公便喜形于色，说：‘没有人再来为害于我了。’这是晋国的再次胜利也是楚国的再次失败，楚国因此两代国君都不能与晋国竞争。现在上天或许是要大大地惩诫晋国，又杀死荀林父以增加楚国的胜利，这恐怕会使晋国好久还不能强盛吧！荀林父事奉国君，进则想着竭尽忠诚，退则想着弥补过错，是捍卫国家社稷的人，像这样的人怎么能杀他？他的失败，就如同日蚀月蚀，哪里会损害日月的光明呢？”晋景公就命令荀林父官复原职。

秋，赤狄[1]伐晋，及清[2]，先縠召之也。

【注释】

〔1〕赤狄，狄之一种。

〔2〕清，今山西稷山县东南。

【译文】

秋季，赤狄进攻晋国，到达清地，这是先縠把他们召来的。

宣公十三年(前五九六)

冬，晋人讨邲之败与清之师，归罪于先縠而杀之，尽灭其族。君子曰：“恶之来也[1]，己则取之[2]，其先縠之谓乎！”

【注释】

〔1〕恶，刑戮也。

〔2〕犹言咎由自取。

【译文】

冬季，晋国人追究郯地失败和清地战争的责任，归罪于先縠而杀死了他，把他的族人也全部杀掉了。时人君子说：“刑戮的来到，那是他咎由自取，说的就是先縠吧！”

成公三年(前五八八)

晋人归楚公子縠臣与连尹襄老之尸于楚以求知罃，于是[1]荀首佐中军矣，故楚人许之。王[2]送知罃曰：“子其怨我乎？”对曰：“二国治戎[3]，臣不才，不胜其任，以为俘馘[4]，执事不以衅鼓[5]，使归即戮[6]，君之惠也。臣实不才，又谁敢怨？”王曰：“然则，德我乎[7]？”对曰：“二国图其社稷而求纾其民[8]，各惩其忿以相宥也[9]，两释累囚以成其好，二国有好，臣不与及[10]，其谁敢德？”王曰：“子归何以报我？”对曰：“臣不任[11]受怨，君亦不任受德，无怨无德，不知所报。”王曰：“虽然，必告不穀。”对曰：“以君之灵，累臣得归骨于晋，寡君之以为戮[12]，死且不朽。若从君之惠而免之，以赐君之外臣首[13]，首其请于寡君而以戮于宗[14]，亦死且不朽。若不获命而使嗣宗职[15]，次及于事而帅偏师以修封疆[16]，虽遇执事[17]，其弗敢违，其竭力致死，无有二心，以尽臣礼，所以报也。”王曰：“晋未可与争。”重为之礼而归之[18]。

【注释】

〔1〕于是，当此时也。

〔2〕王，楚共王，庄王之子，是年为共王三年。

〔3〕戎，兵事也。治戎，作战也。

〔4〕俘馘，俘虏也。馘音 guó。

〔5〕执事指负政事之责者。衅鼓，以血涂鼓，当时有杀俘虏而以其血涂鼓者。衅音 xìn。

〔6〕即，就也。即戮，受杀戮也。
〔7〕德，动词。德我，感我之德也。
〔8〕纾音 shū，缓也。纾其民，使其民之生活缓和也。
〔9〕惩，止也。宥，谅解也。
〔10〕二国之事，不为个人着想，故曰臣不与及。
〔11〕任，负担也。
〔12〕寡君之以为戮，倒句，寡君以之为戮也。
〔13〕首指荀首，知䓨之父。荀首为晋臣，故称为楚君之外臣。
〔14〕宗，世族之庙也。
〔15〕使嗣宗职，使承袭祖宗之职也。
〔16〕以修封疆，以担任边境之事也。
〔17〕执事指楚之将帅。
〔18〕重，厚也。

【译文】

晋国人把楚国的公子縠臣和连尹襄老的尸首归还给楚国，以此要求换回知䓨，当时荀首已经是中军的辅佐，所以楚国人答应了。楚共王送别知䓨说："您恐怕怨恨我吧？"知䓨回答说："两国的君王交战，下臣缺乏才能，不能胜任所担当的职务，所以就做了俘虏，君王的执政之臣没有用我的血来祭鼓，而让我回国去接受杀戮，这是君王的恩惠啊。下臣实在缺乏才能，又敢怨恨谁呢？"楚共王说："那么，感激我的恩德吗？"知䓨回答说："两国为自己的国家打算，希望让百姓生活缓和，各自抑止自己的愤怒以求得相互的谅解，两边都释放被俘的囚犯以结成友好，两国友好的大事，不曾顾及下臣区区一人，下臣又敢感激谁的恩德呢？"楚共王说："您回去将用什么报答我呢？"知䓨回答说："下臣既然不怨恨，君王也不值得感激，没有怨恨又没有恩德，就不知道该报答什么了。"楚共王说："尽管这样，也一定把您的想法告诉我。"知䓨回答说："承蒙君王的福佑，被囚的下臣能够带着这把骨头回到晋国，寡君如果加以诛戮，死而不朽。如果遵从君王的恩惠而赦免下臣，把下臣赐还给您的外臣荀首，荀首向寡君请求而把下臣杀戮在自己的宗庙中，也是死而不朽。如果得不到诛戮的命令而让下臣继承祖宗的职守，依次承担晋国的政事而又率领偏师以保卫边疆，即使碰到君王的将帅，我也不敢违背职责而回避，要竭尽全力以至于死，没有二心，以尽到作为臣子的职责，这就是所报答于君王的。”楚共王说：“是不可以和晋国相争的。”于是就对知罃重加礼遇而放他回晋国去。

【讲评】

《左传》桓公二年（前七一〇）记蔡侯、郑伯会于邓，这是北方诸侯感到南来的威胁的第一次记载。这年是楚武王三十一年。楚武王（前七四〇——前六九〇）、文王（前六八九——前六七五）、成王（前六七一——前六二六）、穆王（前六二五——前六一四）四君不断地向北推进，中间虽然曾经因为齐桓、晋文的出现，受到些微的挫折，其实没有显著的影响。城濮之战（前六三二）以后，虽然晋人有“楚是以再世不竞”的夸耀，可是前六二七楚子上和晋阳处父夹泜而军，战事迫在眉睫；前六一八穆王北征，郑、陈两国屈服，次年，宋国也屈服了，楚的势力，一直推进到黄河边上，那么所谓“再世不竞”，其实不尽可信。到前五九七邲之战以后，楚国的霸权是确定建立了。楚国首先统一了南方，生产有了新的发展，冶铸的工业，也处在先进的地位（见《左传》僖公十八年），这一切都造成楚人强大的社会基础。所以在北方诸侯联合作战的时候，还能抑制楚人北进的势力，待到晋人独力作战，便没有胜利的把握。邲之战的前夕，荀林父、士会的迟疑不进，正反映了他们对于具体情况的一些认识。可是当时不但是北方诸侯不能统一，甚至连晋军将帅的步骤也不能一致。先縠要以偏师作战，赵同、赵括、赵旃、魏锜也要作战，荀林父无从指挥，陷于进既不能、退又不可的境地，这就使晋国的一支前所未有的强大队伍，在楚军的面前瓦解了。《左传》这一篇记载把当时的实际情况完全写出，我们在两军接触以前，可以清楚地看到晋军已处于必败的地位，这正是作者的本领所在。在战事的当中，我们看到楚乐伯的“射麋丽龟”、晋赵旃的“弃车而走林”和荀首的“每射抽矢菆”这一类琐屑的记载，可是也就从这些小事当中，看到楚人的从容不迫，和晋人的只知在私人关系上面纠缠。尤其是在作战以前，晋军将帅的一段争吵，更暴露了晋人内部的弱点。

晋景争霸

宣公十三年(前五九六)

十三年春，齐师伐莒[1]，莒恃晋而不事齐故也。

【注释】

〔1〕莒，嬴姓国，在今山东莒县。

【译文】

十三年春季，齐国军队进攻莒国，是由于莒国依仗晋国而不事奉齐国的缘故。

宣公十七年(前五九二)

十七年春，晋侯使郤克征会于齐[1]，齐顷公帷[2]妇人使观之。郤子登，妇人笑于房[3]。献子怒，出而誓曰：“所不此报[4]，无能涉河。”献子先归，使栾京庐待命于齐曰[5]：“不得齐事，无复命矣[6]。”郤子至，请伐齐，晋侯弗许；请以其私属[7]，又弗许。齐侯使高固、晏弱、蔡朝、南郭偃会[8]，及敛盂，高固逃归。夏，会于断道[9]，讨贰也[10]，盟于卷楚[11]，辞齐人[12]。晋人执晏弱于野王[13]，执蔡朝于原，执南郭偃于温。苗贲皇[14]使见晏桓子，归，言于晋侯曰："夫晏子何罪？昔者诸侯事吾先君[15]，皆如不逮[16]。举言[17]，群臣不信，诸侯皆有贰志。齐君恐不得礼[18]，故不出，而使四子来。左右或沮之曰[19]：'君不出，必执吾使。'故高子及敛盂而逃。夫三子者曰：'若绝君好[20]，宁归死焉！'为是犯难[21]而来。吾若善逆彼，以怀[22]来者；吾又执之，以信齐沮[23]，吾不既过矣乎？过而不改，而又久之以成其悔，何利之有焉？使反者得辞而害来者[24]，以惧诸侯，将焉用之？"晋人缓之[25]，逸[26]。

【注释】

〔1〕晋侯，晋景公。征会，招齐侯赴会也。郤克即郤献子。

〔2〕帷，动词。帷妇人，使妇人居于帷中也。

〔3〕郤克跛一足，故笑之。

〔4〕所不此报，倒句，所不报此也。

〔5〕栾京庐，晋人，随郤克赴齐者。

〔6〕复命，回国报告也。

〔7〕私属，私人之部下也。

〔8〕高固，齐卿，余三人皆齐大夫。

〔9〕断道，晋地，今山西沁县西之断梁城。晋侯、卫侯、鲁侯、曹伯、邾子同盟于断道，见《春秋》。

〔10〕讨贰，讨怀贰心不服者。

〔11〕卷楚即断道。

〔12〕辞齐人，拒绝晏弱等三人使不与盟也。

〔13〕执，拘留也。野王，今河南沁阳县治。

〔14〕苗贲皇，楚人，逃晋为晋大夫。贲音 fén。

〔15〕先君指晋先君。

〔16〕逮音 dài，及也。言其急于前来，皆如不及也。

〔17〕举言指今之君主所言。

〔18〕恐不得礼，恐不见礼待。

〔19〕沮音jǔ，止也。

〔20〕君好指晋、齐二君之友好关系。

〔21〕难，去声。犯难，违反见沮之言也。

〔22〕怀，招怀也。

〔23〕使齐人沮止之言得到证实也。

〔24〕反者指高固，来者指晏弱等三人。使高固振振有辞而使晏弱等三人受害。

〔25〕晋人缓之，晋人故意放松监视也。

〔26〕逸，逃也。晏弱等三人逃去也。

【译文】

十七年春季，晋景公派郤克到齐国召齐顷公出席会盟，齐顷公用帷幔藏起妇人并让她们偷看。郤克登上台阶，妇人在帷幔内讥笑郤克跛足。郤克愤怒，出来后发誓说："如果不能报这个仇，就不再向东渡过黄河。"郤克先行回国，派栾京庐在齐国待命说："没能完成到齐国来的使命，你就不要回国复命了。"郤克回到晋国后，请求进攻齐国，晋景公不同意；请求让他的私人部队出征，又没有得到允许。齐顷公派遣高固、晏弱、蔡朝、南郭偃参加会盟。到达敛盂，高固逃了回来。夏季，在断道会盟，这是为了讨伐有二心的国家，后来又在断道会盟，拒绝齐国人参加。晋国人在野王抓获了晏弱，在原地抓获了蔡朝，在温地抓获了南郭偃。苗贲皇出使路过见到晏弱，回去后，对晋景公说："晏弱有什么罪？从前诸侯事奉我们的先君，都急得像赶不上的样子。而现在的各国国君都说，是因为晋国臣子们不讲信用，所以诸侯都有二心。齐国的国君恐怕不能得到礼遇，所以不出行，而派这四个人前来。齐顷公左右的随从有人阻止他说：'君王不出行，我国的使者一定会被抓。'所以高固到达敛盂就逃走了。这三个人说：'如果因为我们而断绝了两国国君的友好，宁可回国被处死！'因此他们不顾齐顷公左右随从谏阻的言论前来。我们应该好好迎接他们，以招怀前来的使者；但是我们偏偏逮捕了他们，以证明齐顷公左右随从的谏阻是对的，我们不是已经做错了吗？做错了而不加以改正，而又久久没有释放以造成他们的后悔，这有什么好处呢？让回去的人有了逃走的理由而伤害前来的人，并让诸侯惧怕，这有什么用?”于是晋国人故意放松了看管，齐国的三名使者就逃走了。

范武子将老〔1〕，召文子曰〔2〕：“燮乎，吾闻之，喜怒以类者鲜〔3〕，易者实多〔4〕。《诗》曰〔5〕：‘君子如怒，乱庶遄沮〔6〕；君子如祉〔7〕，乱庶遄已〔8〕。’君子之喜怒以已乱也，弗已者必益之〔9〕。郤子或者欲已乱于齐乎，不然〔10〕，余惧其益之也〔11〕。余将老，使郤子逞其志〔12〕，庶有豸乎〔13〕！尔从二三子〔14〕，唯敬。”乃请老，郤献子为政〔15〕。

【注释】

〔1〕范武子即士会，晋中军将，决意称老告退曰将老。

〔2〕范文子即士燮，士会之子。

〔3〕喜怒合理，曰喜怒以类。鲜，少也。

〔4〕易，变易也，即喜怒不以类。

〔5〕见《诗·小雅·巧言篇》。

〔6〕庶，幸也；遄，速也；沮，止也。

〔7〕祉，福也，即喜也。

〔8〕已，止也。

〔9〕弗已者必益之，如不能止乱，则使其更乱也。

〔10〕不然，否则也。

〔11〕余惧其更使之乱也。

〔12〕士会告退，郤克依次推升，则可以快其心志也。

〔13〕豸音 zhì，解也。

〔14〕时有世卿制，士会为晋卿中军将，既退则其子士燮为晋卿，但不必为中军将也。

〔15〕郤克继为中军将。为政，主持国政也。

【译文】

范武子决意告老还乡，把儿子范文子喊过来说：“燮儿啊，我听说，喜怒合于礼法的是很少的，和它相反的倒是很多。《诗》说：‘君子如果发怒，祸乱可以很快被阻止；君子如果喜悦，祸乱可以很快停歇。’君子的喜怒是用来阻止祸乱的，如果不能止乱就一定会增加祸乱。郤子或者是想要在齐国阻止祸乱吧，如果不是这样，我怕他会增加祸乱。我决意告老还乡了，让郤子能够得偿所愿，祸乱或许可以解除吧！你跟随几位军将，唯有恭敬从事。”于是就请求告老，郤克主持国政。

成公二年(前五八九)

二年春，齐侯伐我北鄙〔1〕，围龙〔2〕。顷公之嬖人卢蒲就魁门焉〔3〕，龙人囚之。齐侯曰：“勿杀，吾与而盟，无入而封〔4〕。”弗听〔5〕，杀而膊〔6〕诸城上。齐侯亲鼓，士陵城〔7〕，三日取龙，遂南侵，及巢丘〔8〕。

【注释】

〔1〕六字为《春秋》原文。《春秋》作者为鲁人，自称为我。北鄙，鲁国北部之地也。

〔2〕龙，鲁地，今山东泰安县西南。

〔3〕门，攻其城门也。

〔4〕言不将军队进入尔国境也。

〔5〕龙人弗听。

〔6〕膊音 bó，曝也。

〔7〕陵城，登城也。

〔8〕巢丘，鲁地。

【译文】

二年春季，齐顷公进攻我国北部边境，包围龙地。齐顷公的宠臣卢蒲就魁攻打城门，龙地的人把他逮住囚禁。齐顷公说：“不要杀他，我和你们盟誓，不进入你们的国境之内。”龙地的人没有听从，杀死了他并暴尸在城墙上。齐顷公亲自击鼓，兵士登上城墙，三天就攻占了龙地，于是就向南入侵，到达巢丘。

卫侯使孙良夫、石稷、宁相、向禽将[1]，侵齐，与齐师遇。石子[2]欲还，孙子[3]曰："不可，以师伐人，遇其师而还，将谓君何[4]？若知不能，则如无出[5]，今既遇矣，不如战也。夏有……[6]。"石成子曰："师败矣，子不少须[7]，众惧尽[8]。子丧师徒，何以复命？"皆不对。又曰："子，国卿也，陨子[9]，辱矣。子以众退，我此乃止[10]，且告'车来甚众'[11]。"齐师乃止，次于鞫居[12]。新筑人仲叔于奚[13]救孙桓子，桓子是以免。既[14]，卫人赏之以邑。辞[15]，请曲县繁缨以朝[16]，许之。仲尼闻之曰："惜也，不如多与之邑。唯器与名[17]，不可以假人，君之所司也。名以出信，信以守器，器以藏礼[18]，礼以行义[19]，义以生利[20]，利以平民[21]，政之大节也。若以假人，与人政也。政亡则国家从之，弗可止也已。"

【注释】

〔1〕孙良夫等四人皆卫臣。卫穆公使此四人为将。

〔2〕石子即石成子，石稷。

〔3〕孙子即孙桓子，孙良夫。

〔4〕将谓君何，言将无以对答卫君也。

〔5〕则如无出，省不字，则不如无出也。

〔6〕原有阙文。

〔7〕须，待也。

〔8〕众惧尽，全军有毁灭之危也。

〔9〕陨音 yǔn，言为敌所俘获也。

〔10〕我此乃止，倒句，我乃止于此也。

〔11〕且以前来增援之兵车甚众告之敌人，使其畏惧。

〔12〕鞫音 jū。鞫居，卫地。

〔13〕新筑，卫地，今河北大名县故魏县南有新筑城。仲叔于奚，守新筑大夫。

〔14〕既，事毕也。

〔15〕仲叔于奚辞邑不受也。

〔16〕县与悬通。古时天子之乐，四面皆悬钟磬之属，称为宫县；诸侯去其南面，三面皆悬钟磬之属，称为轩县，又曰曲县。繁音 fán，马大带也。缨，马颈革也。繁缨以朝，诸侯之礼。

〔17〕器指车服，名指称号。

〔18〕藏，包含也，车服所以包含礼仪。

〔19〕礼仪所以执行事之所宜。义，事之所宜也。

〔20〕事之所宜，所以滋生福利。

〔21〕福利所以安民。

【译文】

卫穆公派孙良夫、石稷、宁相、向禽率兵，入侵齐国，和齐军相遇。石稷想要回去，孙良夫说："不可以，用军队攻打别人，遇上敌人就回去，将以什么对答国君呢？如果知道不能作战，就不如不出兵，现在既然和敌军相遇，不如打一仗。夏有……。"石稷说："军队战败了，您如果不稍稍等待顶住敌军，恐怕会全军覆灭。您丧失了军队，如何回报君命？"大家都不回答。石稷又说："您，是国家的卿，您为敌人所俘获，就是一种耻辱了。您带着大家撤退，我就留在这里，同时通告敌军'援军到来的战车很多'。"齐国的军队于是就停止前进，驻扎在鞫居。新筑大夫仲叔于奚救了孙良夫，孙良夫因此得免于难。事后，卫国人把城邑封赏给仲叔于奚。仲叔于奚辞谢不受，而请求得到诸侯所用的曲县和用繁缨装饰的马匹来朝见，卫君允许了。孔子听说这件事，说："可惜啊，还不如多给他城邑。惟有车服和名号，不能假借给别人，这是国君所掌握的。名号用来赋予威信，威信用来保有器物，器物用来体现礼仪，礼仪用来把握行事是否合乎时宜，行事合乎时宜就能产生福利，福利用来安抚百姓，这是政权中的大节。如果把车服、名号假借给别人，这就是把政权给了别人。失去政权，国家也就跟着失去，这是不能阻止的。”

孙桓子还于新筑，不入[1]，遂如晋乞师[2]。臧宣叔[3]亦如晋乞师，皆主郤献子[4]。晋侯许之七百乘。郤子[5]曰：“此城濮之赋也[6]，有先君之明与先大夫之肃[7]，故捷。克于先大夫，无能为役[8]，请八百乘。”许之。郤克将中军，士燮将上军，栾书将下军，韩厥为司马，以救鲁、卫。臧宣叔逆晋师[9]，且道之[10]。季文子[11]率师会之。及卫地，韩献子将斩人，郤献子驰，将救之，至，则既斩之矣，郤子使速以徇[12]，告其仆曰：“吾以分谤也[13]。”

【注释】

〔1〕不入，不入其境也。

〔2〕如，往也；乞师，请兵也。

〔3〕臧宣叔，鲁大夫。

〔4〕皆以郤克为主，皆由郤克引进也。

〔5〕郤子即郤克。

〔6〕赋，定额也。

〔7〕先君指晋文公，先大夫指先轸等也。肃，敏捷也。

〔8〕无能为役，不足为其仆役，才能远逊也。

〔9〕逆，迎也。

〔10〕道与导通。

〔11〕季文子，鲁卿。

〔12〕徇音 xùn，号令也。

〔13〕分谤，分担责任也。

【译文】

孙良夫回到新筑，不进入城内，就跑到晋国请求出兵。臧宣叔也到晋国请求出兵，两人都由郤克引荐晋景公。晋景公答应派出战车七百乘。郤克说："这是当年城濮之战的战车数，当时有先君的明察和先大夫的敏捷，所以得胜。郤克和先大夫相比，还不足以做他们的仆役，请发八百乘战车。"晋景公答应了。郤克率领中军，士燮率领上军，栾书率领下军，韩厥担任司马，以救援鲁国和卫国。臧宣叔迎接晋军，同时作为向导开路。季文子率领军队和他们会合。到达卫国境内，韩厥要杀人，郤克驾车疾驰赶去，打算救下那个人，等赶到时，已经杀了，郤克派人马上把尸体在军中示众，并告诉他的御者说："我这样做是为了分担责任。"

师从齐师于莘〔1〕。六月壬申，师至于靡笄之下。〔2〕齐侯使请战，曰："子以君师，辱于敝邑，不腆敝赋〔3〕，诘朝〔4〕请见。"对曰："晋与鲁、卫，兄弟也，来告曰〔5〕：'大国朝夕释憾于敝邑之地〔6〕。'寡君不忍，使群臣请于大国〔7〕，无令舆师淹〔8〕于君地。能进不能退，君无所〔9〕辱命。"齐侯曰："大夫之许，寡人之愿也。若其不许，亦将见也。"齐高固入晋师，桀〔10〕石以投人，禽之而乘其车〔11〕，系桑本〔12〕焉以徇齐垒，曰："欲勇者贾余馀勇〔13〕。"

【注释】

〔1〕师，晋及其同盟国鲁、卫之师也。莘，齐地。

〔2〕壬申为六月十七日。笄音 jī。靡笄，山名，即历山，在山东济南城南。

〔3〕腆音 tiǎn，厚也。赋指齐之军额，谦称齐军额薄弱。

〔4〕诘朝，次日清晨也。

〔5〕来告，鲁、卫来告。

〔6〕释憾，泄忿也。敝邑，鲁、卫自称。

〔7〕请于大国，向齐国请求也。

〔8〕舆师，军众也。淹，留也。

〔9〕无所，无须。

〔10〕桀，举也。

〔11〕禽之，俘其人也。既俘其人，又夺其车，舍自有之车而乘敌人之车也。

〔12〕桑本，桑树之干也。

〔13〕贾音 gǔ，买也，言已有馀勇可卖也。

【译文】

晋、鲁、卫联军在莘地追上齐军。六月壬申，军队到达靡笄山下。齐顷公派人请战，说："您带领国君的军队，蒙您不弃光临敝邑，尽管敝国的军额并不强大，也请在明天早晨相见决战。"郤克回答说："晋国和鲁、卫两国，是兄弟国家，他们前来告诉我们说：'大国不分早晚都在敝邑的土地上泄忿。'寡君于心不忍，派下臣们前来向大国请求，同时又不让我军久留贵国。我们只能前进不能后退，用不着再劳动贵国国君下令。"齐顷公说："大夫的允诺，正是寡人的愿望。如果不这样允诺，也早晚要兵戎相见的。"齐国的高固冲进晋军之中，举起石头投掷晋军兵士，抓住晋军兵士然后坐上他的战车，把桑树枝干系在车上遍行齐军中说："想要勇气的人可以来买我多余的勇气。"

癸酉，师陈于鞌。[1]邴夏[2]御齐侯，逢丑父为右。晋解张[3]御郤克，郑丘缓为右。齐侯曰："余姑翦灭此而朝食[4]。"不介马[5]而驰之。郤克伤于矢，流血及屦[6]，未绝鼓音，曰："余病矣[7]！"张侯[8]曰："自始合[9]而矢贯余手及肘[10]，余折以御。左轮朱殷[11]，岂敢言病。吾子忍之！"缓[12]曰："自始合，苟有险，余必下推车，子岂识之[13]。然子病矣！"张侯曰："师之耳目，在吾旗鼓，进退从之，此车一人殿之[14]，可以集事，若之何其以病败君之大事也。擐甲执兵[15]，固即死也[16]。病未及死，吾子勉之!”左并辔[17]，右援枹而鼓[18]，马逸不能止[19]。师从之，齐师败绩，逐之，三周华不注[20]。

【注释】

〔1〕癸酉为六月十八日。鞌音 ān，齐地，今山东济南附近。

〔2〕邴音 bǐng。

〔3〕解音 xiè。

〔4〕翦灭，尽灭也。先灭敌人而后进早餐。

〔5〕介，甲也。介马，马身被甲也。

〔6〕屦音 jù，麻鞋也。

〔7〕病，伤也。

〔8〕张侯即解张。

〔9〕合，战事接触也。

〔10〕肘音 zhǒu。

〔11〕殷音 yān，赤黑色也。血流下至左轮，染为朱色及赤黑色。

〔12〕缓即郑丘缓。

〔13〕识与志同，记数也。子岂识之，言其下车推车，次数甚多，郤克数不胜数也。

〔14〕殿，镇也。

〔15〕擐音 huān，贯也。兵，武器也。

〔16〕即，就也。

〔17〕〔18〕辔音 pèi，马缰也。枹音 fú，击鼓杖也。御者左右手各执马缰，控制四马；今解张因郤克伤重，不能支持，故以两手之缰并于左手，而以右手代郤克执鼓杖以击鼓。

〔19〕逸，奔也。马奔而左手不能控制也。

〔20〕不音 fǔ。华不注，山名，在今山东济南城东北。

【译文】

癸酉，齐军和联军在鞌地摆开阵势。邴夏为齐顷公驾车，逢丑父担任车右。晋国的解张为郤克驾车，郑丘缓担任车右。齐顷公说："我暂且消灭了这些人再吃早餐。"马不披甲就驰向晋军。郤克受了箭伤，血流到鞋子上，但是鼓声一直没有停歇，说："我受伤了！"解张说："从一开始交战，箭就射穿了我的手和肘，我折断了箭杆驾车。左边的车轮都染成黑红色，哪里敢说受伤。您就忍着点吧！"郑丘缓说："从一开始交战，如果遇到危险，我必定下车推车，次数多得您数不胜数。不过您真的是受伤了！"解张说："军队的耳目，在于我们的旌旗和鼓声，前进后退都要听从它，这辆车子由一个人镇守，战事就得以完成，怎么能为了一点伤痛而败坏国君的大事呢。身披盔甲而手执武器，本来就抱定必死的决心。受伤还没有到死的程度，您还是尽力而为吧！"于是就左手握着本来应该两个手握的马缰，右手拿着鼓槌代替郤克击鼓，战马奔跑不能停止。全军就跟着上去，齐军大败，晋军追赶齐军，绕了华不注山三圈。

韩厥梦子舆〔1〕谓己曰："且〔2〕辟左右。"故中御而从齐侯〔3〕。邴夏曰："射其御者，君子也〔4〕。"公曰："谓之君子而射之，非礼也。"射其左，越〔5〕于车下；射其右，毙于车中。綦毋张丧车〔6〕，从韩厥，曰："请寓乘〔7〕。"从左右，皆肘之〔8〕，使立于后〔9〕。韩厥俛定其右〔10〕，逢丑父与公易位〔11〕，将及华泉〔12〕，骖絓〔13〕于木而止。丑父寝于轏中〔14〕，蛇出其下，以肱〔15〕击之，伤而匿之〔16〕，故不能推车而及〔17〕。韩厥执絷马前〔18〕，再拜稽首，奉觞加〔19〕璧以进，曰："寡君使群臣为鲁、卫请，曰：'无令舆师陷入君地。'下臣〔20〕不幸，属当戎行〔21〕，无所逃隐，且惧奔辟而忝两君〔22〕。臣辱戎士〔23〕，敢告不敏〔24〕，摄官承乏〔25〕。"丑父使公下如华泉取饮〔26〕。郑周父御佐车〔27〕，宛茷为右，载齐侯以免。韩厥献丑父，郤献子将戮之〔28〕，呼曰："自今无有代其君任患者，有一于此，将为戮乎！”郤子曰：“人不难以死免其君[29]，我戮之不祥。赦之以劝事君者[30]。”乃免之。

【注释】

〔1〕子舆，韩厥父。

〔2〕石经本且作旦，旦，次晨也。

〔3〕乘车作战之时，惟有主将居中，左为御者，右为车右，其他则皆由御者居中。韩厥非主将，当在车左，今以梦之故，乃在中坐而代御者。与齐侯相遇，故追之。从，追也。

〔4〕邴夏见韩厥状貌，特以“君子”称之。

〔5〕越，坠也。

〔6〕綦音 qí。綦毋张，晋大夫。丧车，失其所乘之车也。

〔7〕寓，寄居也。寓乘，寄居车中也。

〔8〕肘之，韩厥因左右两人皆死，故以肘推綦毋张，勿使居此。

〔9〕立于后，立于身后也。

〔10〕俛与俯通。右被射，仆于车中，故韩厥俯身以安其尸。

〔11〕齐侯被追，情势危急，故乘韩厥俯身之际，逢丑父与齐侯交换坐位。

〔12〕华泉在华不注之旁。

〔13〕骖音 cān，驾车四马之在左侧或右侧者。絓音 guà，挂碍也。

〔14〕轏音 zhàn，卧车也。此追记前夕之事。

〔15〕肱音 gōng，臂之第二节也。自肘至腕曰肱。

〔16〕车右以推车出险为职，肱伤则当易人，故匿之不以告。

〔17〕而及，而为韩厥追及也。

〔18〕絷音 zhí，勒马绳也。马前，齐侯所乘之车之马前也。

〔19〕觞音 shāng，饮酒器也。

〔20〕下臣，韩厥自称。

〔21〕属，适也；戎行，军队也。

〔22〕辟与避通。忝音 tiǎn，辱也；两君指晋侯、齐侯。

〔23〕戎士，兵士也。韩厥谦称“惭愧，我是兵士”。

〔24〕不敏，能力不足也。

〔25〕摄官，代理职务也。承乏，补缺也。韩厥追及齐侯，欲俘之以

归晋军，谦称补御者之缺，代为御车以归也。

〔26〕逢丑父代居齐侯之位，故命齐侯下车取饮，使其乘机遁去。华泉，华不注山下泉水也。

〔27〕佐车，副车也。

〔28〕至晋军后，始知其伪，故欲杀之。

〔29〕以死免其君，自拼一死，使其君遁去也。

〔30〕劝，鼓励也。

【译文】

韩厥梦见他父亲子舆对自己说："明天不要站在战车左右两侧。"因此韩厥就在中间驾战车而追赶齐顷公。邴夏说："射那位驾车人，他是君子。"齐顷公说："认为他是君子而射他，这不合于礼。"射他左边的人，那个人从车上掉落而死；射他右边的人，那人就死在车上。綦毋张丢失了战车，跟上韩厥，说："请允许我搭乘您的战车。"上车后准备站在左边或右边，韩厥都用肘推他，使他站在身后。韩厥弯下身子放稳他右边的尸体，逢丑父和齐顷公乘机互换位置，将要到达华泉，骖马被树木绊住而停了下来。此前有一天逢丑父睡在轏车里，有一条蛇爬到他身子下面，他用小臂去打蛇，小臂受了伤，但隐瞒了这件事，因此他不能用臂推车前进而被韩厥追上。韩厥拿着马缰走向齐顷公的马前，跪下叩头至地两次，捧着酒杯加上玉璧献上，说："寡君派下臣们替鲁、卫两国请求，说：'不要让军队进入齐国的土地。'下臣不幸，正好在军队服役，不能逃避服役，而且也害怕奔走逃避成为两国国君的耻辱。下臣只是一名兵士，谨向君王报告我的无能，但由于人手缺乏，只好代理这个官职以补缺员。"逢丑父佯装派齐顷公下车到华泉去取水。郑周父驾御副车，宛茷担任车右，带着齐顷公逃走而免于被俘。韩厥献上逢丑父，郤克准备杀了他，逢丑父喊叫说："从今以后再没有代替他国君受难的人了，有一个在这里，还要被杀死吗！"郤克说："一个人不怕自己死来使国君免于祸患，我杀了他不吉利。赦免了他而用来勉励事奉国君的人。"于是就赦免了逢丑父。

齐侯免，求丑父[1]，三入三出[2]。每出齐师，以帅退[3]。入于狄卒[4]，狄卒皆抽戈楯冒之[5]，以入于卫师[6]，卫师免之。遂自徐关[7]入，齐侯见保者[8]，曰："勉之，齐师败矣。"辟女子[9]，女子曰："君免乎?"曰："免矣。"曰："锐司徒[10]免乎?"曰："免矣。"曰："苟君与吾父免矣，可若何[11]!"乃奔。齐侯以为有礼，既而问之，辟司徒[12]之妻也，予之石窌[13]。

【注释】

〔1〕齐侯逃出后，复乘兵车入阵以救逢丑父。

〔2〕入晋师、出晋师，凡三次，求之不得。

〔3〕帅与率同，齐侯出齐师，齐师相率而退。

〔4〕狄卒，狄人之从晋军作战者。

〔5〕戈楯皆武器。冒之，轻触之也。楯音 shǔn。

〔6〕卫师，卫人之从晋军作战者。

〔7〕徐关，齐地，今山东淄川县西。

〔8〕保者，守卫之军也。

〔9〕辟与闢通。辟女子，使女子让路也。

〔10〕锐，尖锐之兵器也。锐司徒，主持锐兵之官。

〔11〕可若何，将如何也。

〔12〕辟与壁通，壁垒也。辟司徒，主持壁垒之官。

〔13〕窌音 liù，齐地，今山东长清县东南。

【译文】

齐顷公免于被俘以后，又去寻找逢丑父，在晋军中三进三出。每次出来的时候，齐军都簇拥着护卫他而退。进入狄人军队中，狄人的士兵都只是抽出戈和楯轻轻触击他，进入卫国的军队中，卫军也对他们不加伤害。于是就从徐关进入齐国临淄，齐顷公看到守军，说："你们努力吧，齐军战败了。"齐顷公的车前进时使一个女子让路，这个女子说："国君免于祸难了吗?"说："免了。”她说：“锐司徒免于祸难了吗？”说：“免了。”她说：“如果国君和我父亲免于祸难了，还要怎么样！”就跑开了。齐顷公认为她知礼，不久问询，才知道是辟司徒的妻子，就赐给她石窌这个地方作为封邑。

晋师从齐师，入自丘舆[1]，击马陉[2]。齐侯使宾媚人赂以纪甗、玉磬[3]与地，“不可，则听客之所为[4]。”宾媚人致赂，晋人不可，曰：“必以萧同叔子[5]为质，而使齐之封内，尽东其亩[6]。”对曰：“萧同叔子非他，寡君之母也。若以匹敌[7]，则亦晋君之母也。吾子布大命于诸侯，而曰：‘必质其母以为信。’其若王命何[8]？且是以不孝令也[9]。《诗》曰[10]：‘孝子不匮，永锡尔类。’若以不孝令于诸侯，其无乃非德类也乎？先王疆理[11]天下，物[12]土之宜而布其利，故《诗》曰[13]：‘我疆我理，南东其亩[14]。’今吾子疆理诸侯，而曰‘尽东其亩’而已！唯吾子戎车是利，无顾土宜[15]，其无乃非先王之命也乎？反先王则不义，何以为盟主？其晋实有阙[16]。四王之王也[17]，树德而济同欲焉[18]；五伯[19]之霸也，勤而抚之以役王命[20]。今吾子求合诸侯以逞无疆[21]之欲！《诗》[22]曰：‘布政优优[23]，百禄是遒[24]。’子实不优而弃百禄，诸侯何害焉？不然[25]，寡君之命使臣，则有辞矣，曰：‘子以君师辱于敝邑，不腆敝赋以犒从者[26]，畏君之震[27]，师徒挠败[28]。吾子惠徼[29]齐国之福，不泯[30]其社稷，使继旧好，唯是先君之敝器土地不敢爱。子又不许，请收合余烬[31]，背城借一[32]。’敝邑之幸[33]，亦云从也，况其不幸，敢不唯命是听！”鲁、卫谏曰[34]：“齐疾[35]我矣，其死亡者皆亲暱[36]也，子若不许，雠我必甚。唯子则又何求[37]！子得其国宝[38]，我亦得地而纾于难[39]，其荣多矣。齐、晋亦唯天所授[40]，岂必晋？”晋人许之，对曰：“群臣率赋舆以为鲁、卫请，若苟有以藉口而复[41]于寡君，君之惠也，敢不唯命是听。”

【注释】

〔1〕丘舆，齐地。

〔2〕马陉，齐地，今山东益都县西南。陉音 xíng。

〔3〕宾媚人，齐卿。甗音 yǎn，古器名，甑属，分两层，上可蒸，下可煮。磬音 qìng，乐器，以玉石为之，其形如矩。二者皆齐灭纪时所得，故曰纪甗、玉磬。纪，姜姓国，在今山东寿光县南。

〔4〕如有不可，则听晋军之所为。

〔5〕萧同叔子，齐顷公母。为质，为人质也。质音 zhì。

〔6〕使垄亩皆东西行，道路亦东西行，以便晋人之进军。

〔7〕匹敌，分庭抗礼也。

〔8〕王命，王者之命令。其若王命何，何以能为王者之命令？

〔9〕以不孝令，命人为不孝之事也。

〔10〕见《诗·大雅·既醉篇》，言孝子之心，不至匮乏，永远延及同类也。

〔11〕疆，画疆界也；理，分地理也。

〔12〕物，动词，相也。

〔13〕见《诗·小雅·信南山篇》。

〔14〕其亩或为南北行，或为东西行。

〔15〕无顾土宜，不相土之所宜也。

〔16〕阙，失也，缺点也。

〔17〕四王：禹、汤及周文王、武王。下王字去声，以德治天下也。

〔18〕济同欲，完成共同之希望也。

〔19〕五伯：齐桓、宋襄、晋文、秦穆、楚庄。

〔20〕以役王命，以为王命服务。
〔21〕求合诸侯，联合各国也。无疆，无限制也。
〔22〕见《诗·商颂·长发篇》。
〔23〕《诗》作敷政优优。优优，和也。
〔24〕遒，聚也。
〔25〕不然，如不见许也。
〔26〕不腆敝赋，敝国之定额不厚也。犒，慰劳也。赋指军队言，犒指作战言，皆宾媚人缓和之辞也。
〔27〕震，威也。
〔28〕挠音 náo，屈也。
〔29〕徼，求也。
〔30〕泯，灭也。
〔31〕烬音 jìn，火余之木也。
〔32〕背城，以背向城，犹出城也。借一，借一次作战之机会也。
〔33〕幸，指国势昌盛而言。此下四句言齐在幸运之时，本属从晋；况在今不幸之时，不敢不听命也。语极缓和而意极坚决，不惜一战。
〔34〕谏，谏郤克也。
〔35〕疾，怨也。
〔36〕暱音 nì，亲近也。
〔37〕唯借作虽。虽子则又何求也。
〔38〕国宝，纪甗、玉磬也。
〔39〕纾音 shū，解免也。
〔40〕齐、晋作战之胜负，皆有天意。封建社会迷信超自然的力量，故有此言。
〔41〕复，回报也。

【译文】

晋军追赶齐军，从丘舆进入齐国，进攻马陉。齐顷公派宾媚人把得自纪国的甗、玉磬，连同土地一起送给战胜的诸国，“如果他们不同意讲和，就随他们怎么办吧。”宾媚人送去财礼，晋国人不同意，说：“一定要让萧同叔子作为质子，并且使齐国境内的垄亩、道路全部东向。”宾媚人回答说：“萧同叔子不是别人，正是寡君的母亲。如果从对等地位来说，那也就是晋国君王的母亲。您在诸侯中发布重大的命令，却说：‘一定要把人家的母亲作为质子以取信。’身为王者怎么能发布这样的命令呢？而且这样做就是用不孝来号令诸侯。《诗》说：‘孝子之心不至匮乏，永远赐及你的同类。’如果用不孝号令诸侯，这恐怕不是道德的准则吧？先王对天下的土地，定疆界、分地理，因地制宜从而作有利于生产的布置。所以《诗》说：‘我划定疆界、分别地理，南向东向开辟田亩。’现在您让诸侯定疆界、分地理，却说‘垄亩、道路全部东向’而已！只管便利您自己兵车的进出，毫不顾及土地是否适宜，这恐怕不是先王的遗命吧？违反先王的遗命就是不义，怎么能做盟主？恐怕晋国确实有不足之处。四王之所以能一统天下，主要是能树立德行而达成诸侯的共同愿望；五伯之所以能称霸诸侯，主要是能自己勤劳并安抚诸侯，使大家为天子的服务。现在您要求会合诸侯来满足没有止境的欲望！《诗》说：‘政事的推行宽大和缓，各种福禄都将积聚而来。’您如果确实不能宽大和缓而丢弃了各种福禄，这对诸侯有什么害处呢？如果您不肯答应，寡君命令我使臣，就有话可说了：‘您带领国君的军队光临敝邑，敝邑用很少的财富来犒劳您的左右随从，害怕贵国国君的威严，我军战败。您惠临而肯赐福齐国，不灭亡我们的国家社稷，让齐、晋两国继续过去的友好，那么先君的破旧器物和土地我们是不敢吝惜的。您如果又不肯答应，我们就请求收集残兵败将，背靠自己的城下再最后决一死战。’敝邑就算国势昌盛，也会依从贵国，何况处于如今不幸之时，怎么敢不听从您的命令！”鲁国、卫国劝谏郤克说：“齐国怨恨我们了，他们死去的和溃散的都是齐侯亲近的人，您如果不肯答应，必然更加仇恨我们。即使是您还有什么可追求的！如果您得到齐国的国宝，我们也得到失地而解免了祸难，也就十分荣耀了。齐国和晋国作战的胜负皆有天意，难道一定只有晋国永远胜利吗？”晋国答应了，郤克回答说：“下臣们率领军众来为鲁、卫两国请求，如果有所交待可以让我们向寡君复命，这就是君王的恩惠了，岂敢不听从君王的命令。”

禽郑自师逆公[1]。秋七月，晋师及齐国佐盟于爰娄[2]，使齐人归我汶阳之田[3]。公会晋师于上鄍[4]，赐三帅先路、三命之服[5]，司马、司空、舆帅、候正、亚旅，皆受一命之服[6]。

【注释】

〔1〕禽郑，鲁大夫，方在军中，故自师逆公。逆，迎也。

〔2〕国佐即宾媚人。爰娄，齐地。

〔3〕汶阳之田，汶水以北之田也。齐旧取之于鲁，今还出，故曰归。

〔4〕上鄍，地名。鄍音 míng。

〔5〕三帅：郤克、士燮、栾书也。路与辂通，车也。先路，皮革或木所制之大车也。卿士之服为三命之服。

〔6〕春秋时各国官制不一，晋之司马、司空皆非卿。司马，主甲兵，司空，主营垒，舆帅，主兵车，候正，主斥候，亚旅之官未详；诸人皆大夫也，故受一命之服。自一命至再命、三命，以多为贵，服制各有等级。

【译文】

禽郑从军中去迎接鲁成公。秋季七月，晋军和齐国的宾媚人在爰娄会盟，让齐国归还我国汶阳的土田。成公在上鄍会见晋军，把先路之车和三命之服赐给三位将领，司马、司空、舆帅、候正、亚旅，都接受了一命之服。

晋师归，范文子后入，武子曰[1]：“无为吾望尔也乎[2]？”对曰：“师有功，国人喜以逆之，先入，必属耳目焉[3]，是代帅受名也，故不敢。”武子曰：“吾知免矣[4]。”郤伯[5]见，公曰[6]：“子之力也夫。”对曰：“君之训也，二三子[7]之力也，臣何力之有焉？”范叔见[8]，劳[9]之如郤伯，对曰：“庚[10]所命也，克之制也，燮何力之有焉？”栾伯[11]见，公亦如之[12]，对曰：“燮之诏[13]也，士用命也，书何力之有焉？”

【注释】

〔1〕武子即范武子，文子之父。

〔2〕无为吾望尔也乎，犹言："不想到我望你吗？"

〔3〕必属耳目，必为众人耳目所属也。

〔4〕吾知免矣，犹言："我知道没有问题了。"

〔5〕郤伯即郤克。

〔6〕公，晋景公。

〔7〕二三子指共同负责之人，二三为不定数词。

〔8〕范叔即范文子，士燮。

〔9〕劳，去声，慰劳也。

〔10〕庚即荀庚，上军帅，是役未出，士燮以上军佐代之，推功荀庚。

〔11〕栾伯即栾书。

〔12〕如之，慰劳如前也。

〔13〕栾书为下军帅，推功上军。诏，命也。

【译文】

晋国军队回国，范文子最后回来，他的父亲范武子说："你不知道我在盼望你回来吗？"范文子回答说："出兵有功劳，国内的人们高兴地迎接他们，先回来，一定会引人注目，这是代替统帅接受荣誉，所以我不敢。"武子说："你这样谦让，我知道没有问题了。"郤克入见，晋景公说："这是您的功劳啊。"郤克回答说："这是君王的教导，诸位将帅的功劳，下臣有什么功劳可言呢？"范文子入见，晋景公像对郤伯一样慰劳他，范文子回答说："这是由于荀庚的命令，郤克的节制，小臣士燮有什么功劳可言呢？"栾书进见，晋景公也像慰劳郤伯他们一样慰劳他，栾书回答说："这是由于士燮的诏令，士兵们服从命令，小臣栾书有什么功劳可言呢？"

成公三年(前五八八)

十二月甲戌〔1〕，晋作六军：韩厥、赵括、巩朔、韩穿、荀骓、赵旃皆为卿〔2〕，赏鞌之功也。

【注释】

〔1〕甲戌为十二月十七日。

〔2〕骓音 zhuī。旃音 zhān。晋原有三军，今扩大编制，有新中军、新上军、新下军，各有将、佐，故六人皆为卿也。

【译文】

十二月甲戌，晋国整编成六个军：韩厥、赵括、巩朔、韩穿、荀骓、赵旃都做了卿，这是为了赏赐在鞌地战役中的功劳。

齐侯朝于晋，将授玉〔1〕，郤克趋进曰：“此行也，君为妇人之笑辱也，〔2〕寡君未之敢任〔3〕。”晋侯享齐侯。齐侯视韩厥，韩厥曰：“君知厥也乎？”齐侯曰：“服改矣〔4〕。”韩厥登〔5〕，举爵曰〔6〕：“臣之不敢爱死，为两君之在此堂也。”

【注释】

〔1〕授玉，献玉也。诸侯相朝，有献玉圭之礼。

〔2〕辱，委屈也。全句犹言：“君的屈临，因为妇人的嘲笑呵。”

〔3〕未之敢任，倒句，未敢任之也。任，当也。

〔4〕作战用戎服，朝会用朝服，故曰“服改矣”。

〔5〕韩厥本在堂下，今献酒故登堂。

〔6〕爵，饮酒之器也。

【译文】

齐顷公到晋国朝见，将要举行奉献玉圭的仪式，郤克快步走进来说：“这一次，君王是因为妇人的嘲笑而受到了羞辱，寡君不敢当。”晋景公设宴招待齐顷公。齐顷公注视着韩厥，韩厥说：“君王认识下臣我吗？”齐顷公说：“服装换了。”韩厥登堂，举起酒爵说：“下臣所以不惜一死，就是为了两位国君现在在这个堂上饮宴啊。”

【讲评】

前五九七邲之战以后，晋国的威望下落，引起齐顷公争霸的野心。齐人伐莒、伐鲁、伐卫，复与楚相结，北方诸侯的联盟，受到极大的震动。晋人杀先縠，先行消灭内部的矛盾，再灭赤狄潞氏、甲氏及留吁，扫清后顾之忧。前五九二晋、卫、鲁、曹、邾五国盟于断道，加强诸国的结合，恰巧次年楚庄王死去，南来的威胁暂时缓和下来。要稳定北方诸侯的领导权，晋人必须打垮齐国，而要打垮齐国，再也不能拖延下去，这就铸定了前五八九晋、齐作战的命运。因为齐是北方诸侯之中晋所能争取的惟一的大国，所以一经打败以后，晋人必须立即团结齐国，不拖垮齐国的威信，同时也不加深两国的分裂，这也就铸定了即使在这次战役以后，齐人虽被迫把汶阳之田还给鲁国，但是五年以后，晋人重新要鲁人把汶阳退出，以安定齐的情绪。一切都是为了争取北方诸侯的领导权，也是为了准备与南方的楚国再决一次的胜负。《左传》所记齐妇人笑于房，其实止是一个插曲，与整个大局无关。《穀梁传》成公元年记："季孙行父(即季文子)秃，晋郤克眇，卫孙良夫跛，曹公子手偻(曲臂)，同时而聘于齐。齐使秃者御秃者，使眇者御眇者，使跛者御跛者，使偻者御偻者，萧同侄子(《左传》作叔子)处台上而笑之，闻于客，客不说(同悦)而去。"这便完全戏剧化了。《左传》的记载究竟平实些。鞌之战的叙述，在《左传》所记诸次大战中，可算是描绘生动的。齐顷公、高固、逢丑父、郤克、解张、郑丘缓、韩厥以及战后的辟司徒之妻、宾媚人、范文子，每人都有自己的面貌，每人都从自己的行动和言辞中把面貌表现出来。行军当中，从莘到靡笄之山，到鞌，乃至华不注、华泉、丘舆、马陉，在每一次转移之中，都看到新的意义。晋军作战的勇敢，齐军抵抗的坚决，都从行动中表现出来。不仅如此，我们甚至可以从鲁人、卫人、狄人的动作中，看出他们一边随同优势的晋军作战，一边又惟恐强大的齐军报复。倘使我们把鞌之战的记载当作一篇报导看，这也是优秀的报导。

晋悼复霸

成公十八年(前五七三)

二月乙酉朔，晋侯悼公即位于朝，始命百官施舍已责[1]，逮鳏寡[2]，振废滞[3]，匡[4]乏困，救灾患，禁淫慝[5]，薄赋敛[6]，宥罪戾[7]，节器用，时用民[8]，欲无犯时[9]。使魏相、士鲂[10]、魏颉、赵武为卿；荀家、荀会、栾黡、韩无忌为公族大夫[11]，使训卿之子弟共俭孝弟；使士渥浊为大傅[12]，使修范武子之法；右行辛为司空[13]，使修士芳之法[14]；弁纠御戎[15]，校正[16]属焉，使训诸御知义；荀宾为右，司士[17]属焉，使训勇力之士时使[18]。卿无共御[19]，立军尉以摄[20]之。祁奚为中军尉，羊舌职佐之，魏绛为司马[21]，张老为候奄[22]；铎遏寇为上军尉，籍偃为之司马，使训卒乘，亲以听命；[23]程郑为乘马御[24]，六驺[25]属焉，使训群驺[26]知礼。凡六官之长，皆民誉也，举不失职，官不易方[27]，爵不逾德[28]，师不陵正[29]，旅不逼师[30]，民无谤言，所以复霸也。

【注释】

〔1〕施舍，施恩惠于民而舍其劳役也。责与债通，已责，免除债

务也。

〔2〕逮音 dài，及也。鳏音 guān，老而无妻曰鳏。逮鳏寡，恩及鳏寡也。

〔3〕振，起也。废滞指工作人员之闲居日久者。

〔4〕匡，救也。

〔5〕慝音 tè，恶也。

〔6〕敛，取之于民者。

〔7〕宥音 yòu，赦也。戾音 lì，罪过也。

〔8〕时用民，农闲之时使民服役也。

〔9〕欲指主观愿望。无犯时，不与农时冲突也。

〔10〕鲂音 fáng。

〔11〕黡音 yǎn。公族大夫，掌公族者。

〔12〕渥音 wò。大傅读太傅，掌教之官。

〔13〕司空，掌土木建筑之官。

〔14〕士蒍，晋献公时司空。

〔15〕弁音 biàn。御戎，御君之戎车。

〔16〕校正，主马之官。

〔17〕司士，掌武士之官。车右必用武士，故亦称为主右之官。

〔18〕时使，及时使用也。

〔19〕卿，诸军之将佐也。前此皆有定员为之供御，今省去。共与供通。

〔20〕摄，代也。以军尉兼代也。

〔21〕魏绛为中军司马。司马，执法之官也。

〔22〕候奄，斥候之长也。奄音 yǎn。

〔23〕卒指步兵，乘指兵车；卒乘，徒步及乘车之兵士也。亲，相亲也。

〔24〕乘马御，晋侯之御也。

〔25〕驺音 zōu，主驾车马之吏。诸侯有养马之所六处曰六闲。六驺，六闲之驺也。

〔26〕群驺即六闲主驾车马之吏也。

〔27〕方，官之世业也。官守其业，不相逾越，曰官不易方。

〔28〕爵不逾德，量德授爵也。

〔29〕军之下有师，二千五百人为师，其长不犯军之将佐也。陵，犯也；正指将佐。

〔30〕师之下有旅，五百人为旅，其长不逼师之长也。

【译文】

二月乙酉朔，晋悼公在朝廷上即位，就开始命令百官布施恩惠于百姓而减免他们的劳役，免除债务，恩惠还施及鳏寡之人，起用被废黜而闲居日久的贤人，救济贫困，援救灾难，禁止邪恶，少征赋税，宽赦罪过，节约器用，在农闲时才使用农民，个人主观的欲望不去侵占农时。派魏相、士鲂、魏颉、赵武担任卿；荀家、荀会、栾黡、韩无忌担任公族大夫，让他们教育卿的子弟恭敬、节俭、孝顺、友爱；派士渥浊担任太傅，让他学习范武子的法度；右行辛担任司空，让他学习士蒍的法度；弁纠驾御战车，校正官归他管辖，让他教育御者们明白道义；荀宾担任车右，司士官归他管辖，让他教育勇敢有力的武士们待时而用。卿没有固定的御者，设立军尉兼管这些事。祁奚担任中军尉，羊舌职辅佐他，魏绛担任司马，张老做候奄官；铎遏寇担任上军尉，籍偃担任他的司马，让他训练步兵车兵，相互和睦并听从命令；程郑担任乘马御，六驺归他管辖，让他教育他们明白礼仪。凡是各部门的长官，都是百姓赞誉的人，举拔的人不失职，做官的人谨守世业，爵位不超出德行，师的长官不冒犯军队的将佐，旅的长官不逼迫师的长官，百姓没有指责的话，这就是晋悼公再次称霸于诸侯的原因。

襄公三年(前五七〇)

祁奚请老[1]，晋侯问嗣焉[2]，称解狐[3]，其雠也，将立之而卒[4]。又问焉，对曰："午也可[5]。"于是羊舌职死矣，晋侯曰："孰可以代之?"对曰："赤也可[6]。"于是使祁午为中军尉，羊舌赤佐之。君子谓祁奚于是能举善矣，称其雠不为谄，立其子不为比[7]，举其偏不为党[8]。《商书》曰[9]："无偏无党，王道荡荡[10]。"其祁奚之谓矣。解狐得举，祁午得位，伯华得官，建一官而三物成〔11〕，能举善也。夫唯善，故能举其类。《诗》曰〔12〕：“惟其有之，是以似之〔13〕。”祁奚有焉。

【注释】

〔1〕请老，请退休也。

〔2〕晋侯，晋悼公。嗣，替代之人也。

〔3〕称，举也。解音 xiè。

〔4〕将立解狐而解狐死。

〔5〕午，祁午也，奚之子。

〔6〕羊舌赤，字伯华，羊舌职之子。

〔7〕比，去声，私相亲也。

〔8〕偏，属也。党，古人言朋党，今称为宗派。

〔9〕见《商书·洪范篇》。

〔10〕荡荡，平正无私也。

〔11〕官，职务也。中军尉与其佐同一职务，故曰一官。三物，三事也。

〔12〕见《诗·小雅·裳裳者华篇》。

〔13〕似，嗣也。言有是美德，是以嗣为世官也。

【译文】

祁奚请求退休，晋悼公问谁来接替他，祁奚举荐解狐，而解狐是祁奚的仇人，晋悼公准备任命解狐时他却死了。晋悼公又问祁奚，祁奚回答说：“祁午也可以胜任。”这时羊舌职死了，晋悼公说：“谁可以接代他？”祁奚回答说：“羊舌赤也可以胜任。”因此，晋悼公就派遣祁午担任中军尉，羊舌赤担任辅佐。时人君子认为祁奚在这种情况下能够推举贤人，举荐他的仇人而不是谄媚，推荐他的儿子而不是自私，推举他的属下而不是结党。《商书》说：“不偏私不结党，君王之道平正无私。”这说的就是祁奚吧。解狐得到举荐，祁午得到任命，羊舌赤得到官位，建立一个官职而成全三件事，这是由于能够推举贤人的缘故。唯其有德行，才能推举类似他的贤人。《诗》说：“正因为他具有美好的德行，所以他的后代世嗣其官。”祁奚就是这样的人。

晋侯之弟扬干乱行于曲梁[1]，魏绛戮其仆[2]。晋侯怒，谓羊舌赤曰："合诸侯以为荣也，扬干为戮，何辱如之？必杀魏绛，无失也。"对曰："绛无贰志[3]，事君不辟难[4]，有罪不逃刑，其将来辞[5]，何辱命焉[6]？"言终，魏绛至，授仆人[7]书，将伏剑[8]，士鲂、张老止之。公读其书曰："日[9]君乏使，使臣斯司马[10]。臣闻师众以顺为武[11]，军事，有死无犯为敬。君合诸侯，臣敢不敬[12]？君师不武，执事不敬，罪莫大焉！臣惧其死，以及扬干，无所逃罪。不能致训，至于用钺[13]。臣之罪重，敢有不从以怒君心[14]？请归死于司寇[15]。"公跣而出曰[16]："寡人之言，亲爱也；吾子之讨[17]，军礼也。寡人有弟，弗能教训，使干[18]大命，寡人之过也，子无重[19]寡人之过。敢以为请。"晋侯以魏绛为能以刑佐民矣[20]，反役[21]，与之礼食[22]，使佐新军[23]。张老为中军司马，士富为候奄。

【注释】

〔1〕乱行，搞乱行列也。曲梁，今河北永年县治。是年六月悼公及单子(周卿士)、宋公、鲁侯、卫侯、郑伯、莒子、邾子、齐世子光同盟于鸡泽，其地在曲梁西南。扬干乱行，当在是时。

〔2〕仆，御者也。

〔3〕贰志，二心也。

〔4〕言不避致死之难也。

〔5〕来辞，当面陈述也。

〔6〕何辱命焉，言不必亲为处置此事也。

〔7〕仆人，悼公之仆也。

〔8〕伏剑，以剑刃仰向，身伏其上以自杀也。

〔9〕日，往日也。

〔10〕斯，此也。使臣为此司马也。

〔11〕以顺为武，以有纪律为武也。

〔12〕臣敢不敬，臣不敢不敬也。

〔13〕钺音 yuè，大斧也。

〔14〕敢有不从，不敢有不从也。以怒君心，以使君心发怒也。

〔15〕死与尸通。司寇，行刑之官。请在自杀之后，以尸付司寇行刑。

〔16〕跣音 xiǎn，不及着履也。古人在堂上者不着履。悼公不及着履而下，急于出见也。

〔17〕讨，执法讨罪也。

〔18〕干，犯也。

〔19〕重，去声，加重也。

〔20〕以刑佐民，以法治人也。

〔21〕反役，自行役而回，自鸡泽回国也。

〔22〕与之礼食，行公享大夫之礼也。

〔23〕是时晋由六军改为四军，中上下三军之外有新军，以魏绛为新军佐。

【译文】

晋悼公的弟弟扬干在曲梁扰乱军队的行列，魏绛杀了他的驾车人。晋悼公发怒，对羊舌赤说："会合诸侯是光荣的事，扬干受到这件事的侮辱，还有什么侮辱比这更大？一定要杀掉魏绛，不要耽误了。"羊舌赤回答说："魏绛绝无二心，事奉国君不避死难，有了罪过不逃避刑罚，他大概会来当面陈述的，何必劳动君王发布命令呢？"话刚说完，魏绛就到了，把上书交给晋悼公的仆人，准备伏剑自杀，士鲂、张老阻止了他。晋悼公读他的上书，上面说："往日君王缺少供使唤的人，让下臣担任司马的职务。下臣听说军队的兵众服从军纪叫做武，在军事事务中，宁死也不触犯军纪叫做敬。君王会合诸侯，下臣岂敢不敬？君王的军队不武，办事的人不敬，没有比这再大的罪过了啊！下臣畏惧触犯死罪，所以处理了扬干，罪责无可逃避。下臣不能教导好全军众人，以至于动用了斧钺。下臣的罪过很重，岂敢不服从惩罚来激怒君王呢？请求让下臣在自杀之后再将尸体交付司寇行刑。"晋悼公光着脚就走出来说："寡人的话，是出于对兄弟的亲爱；您执法讨罪，是按军法从事。寡人有弟弟，没有能够教导他，而让他触犯了军令，这是寡人的过错，您不要再加重寡人的过错了。谨敢以此作为请求。"晋悼公认为魏绛能够用刑罚来治理军队，会盟回国后，对他行公享大夫之礼，并派他为新军的辅佐。张老担任中军司马，士富担任候奄官。

襄公四年(前五六九)

无终子嘉父使孟乐[1]如晋，因魏庄子[2]纳虎豹之皮以请和诸戎。晋侯曰："戎狄无亲而贪，不如伐之。"魏绛曰："诸侯新服，陈[3]新来和，将观于我[4]，我德则睦，否则携贰[5]。劳师于戎而楚伐陈[6]，必弗能救，是弃陈也，诸华必叛。戎，禽兽也，获戎失华，无乃不可乎！《夏训》[7]有之曰：'有穷后羿[8]。'"公曰："后羿何如？"对曰："昔有夏之方衰也，后羿自鉏[9]迁于穷石，因夏民[10]以代夏政，恃其射也[11]，不修民事而淫于原兽[12]，弃武罗、伯因、熊髡、尨圉而用寒浞[13]。寒浞，伯明氏之谗[14]子弟也，伯明后寒[15]弃之，夷羿收之，信而使之，以为己相[16]。浞行媚于内[17]而施赂于外，愚弄其民而虞羿于田[18]，树之诈慝[19]以取其国家，外内咸服。羿犹不悛[20]，将归自田[21]，家众杀而亨之[22]以食其子，其子不忍食诸[23]，死于穷门[24]。靡奔有鬲氏[25]。浞因羿室[26]，生浇及豷[27]，恃其谗慝诈伪而不德于民。使浇用师，灭斟灌及斟寻氏[28]。处浇于过[29]，处豷于戈[30]。靡自有鬲氏收二国之烬[31]，以灭浞而立少康[32]。少康灭浇于过，后杼[33]灭豷于戈，有穷由是遂亡，失人故也。昔周辛甲之为大史也[34]，命百官官箴王阙[35]，于《虞人之箴》[36]曰：‘芒芒[37]禹迹，画为九州，经启九道[38]，民有寝庙[39]，兽有茂草，各有攸处[40]，德用不扰[41]。在帝夷羿[42]，冒[43]于原兽，忘其国恤而思其麀牡[44]，武不可重[45]，用不恢于夏家[46]。兽臣[47]司原，敢告仆夫。’《虞箴》如是，可不惩乎[48]？”于是[49]晋侯好田，故魏绛及之。公曰：“然则，莫如和戎乎？”对曰：“和戎有五利焉：戎狄荐居[50]，贵货易土，土可贾焉[51]，一也；边鄙不耸[52]，民狎[53]其野，穑人成功[54]，二也；戎狄事晋，四邻振动，诸侯威怀[55]，三也；以德绥戎[56]，师徒不勤[57]，甲兵不顿[58]，四也；鉴[59]于后羿而用德度，远至迩安[60]，五也。君其图之。”公说，使魏绛盟诸戎，修民事，田以时[61]。

【注释】

〔1〕无终，山戎国名，其后迁今河北玉田县。戎狄之君称“子”，名嘉父。孟乐，无终使臣也。

〔2〕魏庄子即魏绛。

〔3〕陈为楚之与国，前五七〇，弃楚从晋。

〔4〕观于我，观察晋国之措施也。

〔5〕携音 xié，离也；贰，有二心也。

〔6〕假定之辞。

〔7〕《夏训》，《夏书》也，为《尚书》之一部分。

〔8〕有穷，夏时国名，都于穷石，在今河南。后，君也，名羿。

〔9〕鉏，今河南滑县。

〔10〕因夏民，用夏民也。

〔11〕羿善射。

〔12〕淫，滥也。滥纵其欲于原野以取禽兽。

〔13〕武罗等四人皆贤臣。髡音 kūn。尨音 páng。圉音 yǔ。寒，夏时国名，今山东潍县东。浞音 zhuó，人名。

〔14〕伯明，寒君之名。好言人恶曰谗。

〔15〕伯明后寒，伯明为寒君之时也。

〔16〕相，辅佐之臣也。

〔17〕行媚于内，行媚于羿之妻也。

〔18〕虞，乐也。使羿以田猎为乐。

〔19〕树，立也。慝音 tè，恶也。

〔20〕悛音 quān，悔改也。

〔21〕自田，自田猎之事也。

〔22〕亨与烹通，煮也。

〔23〕诸，之也。

〔24〕穷门，穷国之门也。

〔25〕靡，夏之遗臣。有鬲，夏时国名，今山东德县北有鬲县故城。

〔26〕羿室，羿之妻妾也，以羿之妻妾为己之妻妾。

〔27〕浇音 ào，豷音 yì。

〔28〕斟灌，夏时国名，在今山东寿光县东北四十里。斟寻，夏时国名，在今山东潍县西南五十里。

〔29〕过，夏时国名，在今山东掖县北。

〔30〕戈，夏时国名。

〔31〕二国之烬，斟灌、斟寻之残余力量也。

〔32〕少康，夏之君主。

〔33〕杼音 zhù。后杼，少康之子。

〔34〕辛甲，周武王时太史。大史读太史。

〔35〕官箴王阙，各官皆规戒王之阙失也。箴音 zhēn，规戒也。其文体亦谓之箴。

〔36〕虞人，掌田猎之官也，其箴称《虞人之箴》，亦称《虞箴》。

〔37〕芒芒，远也。

〔38〕启，开也。九道，九州之道。

〔39〕生人所在曰寝，祭祖所在曰庙。

〔40〕攸，所也。

〔41〕德，本性也；用，因也；扰，乱也。

〔42〕帝夷羿即有穷后羿。

〔43〕冒，贪也。
〔44〕恤音 xù，忧也。麀音 yōu，牝鹿也。牡音 mǔ，阳性之兽也。
〔45〕武指田猎。不可重，不可漫无限制也。
〔46〕恢，大也。用不恢于夏家，以此不能使夏家恢大也。
〔47〕兽臣，虞人自称。
〔48〕惩音 chéng，止也。
〔49〕于是，当其时也。
〔50〕荐音 jiàn，草也。荐居，逐水草而居也。
〔51〕言土地可以自由买卖也。
〔52〕鄙，野也；耸，惧也。
〔53〕狎，熟习也。
〔54〕穑人，耕种之人也。
〔55〕威怀犹畏怀，畏其威、怀其德也。
〔56〕绥，安也。
〔57〕师徒不勤，不动军队也。
〔58〕顿，坏也。
〔59〕鉴，以后羿为鉴。鉴，镜也。
〔60〕迩音 ěr，近也。
〔61〕田以时，在适当之时即农闲之时田猎也。

【译文】

无终国的国君嘉父派遣孟乐去到晋国，依靠魏绛的关系奉献了虎豹的皮革以请求晋国和戎人各部讲和。晋悼公说："戎狄不认亲情而且贪婪，不如进攻他们。"魏绛说："诸侯新近顺服，陈国刚刚前来讲和，都将观察我们的措施，我们有德他们就亲近我们，不然的话就背离我们。在戎人那里去用兵的话，如果楚国进攻陈国，一定不能去救援，这就是丢弃陈国了，中原诸国一定背叛我们。戎人，不过是禽兽，得到戎人而失去中原，恐怕不可以吧！《夏训》有这样的说法：'有穷的后羿。'"晋悼公说："后羿怎么样？"魏庄子回答说："从前夏朝刚刚衰落的时候，后羿从鉏地迁到穷石，依靠夏朝的百姓取代了夏朝政权，后羿仗着他的射箭技术，不致力于治理百姓而沉溺于田猎，弃用了武罗、伯因、熊髡、龙圉等贤臣而任用寒浞。寒浞，是伯明氏的奸邪子弟，寒君伯明在位的时候弃用了他，后羿收留了他，信任并且使用他，作为自己的辅佐之臣。寒浞在里边对后羿的妻妾献媚，在外边广施财物，愚弄百姓而使后羿专以田猎为乐，扶植了奸诈邪恶的人用来取得了后羿的国和家，外部和内部都顺从归服。后羿还是不肯悔改，准备从田猎的地方回来，他家中的手下人把他杀了煮熟让他的儿子吃，他的儿子不忍心吃，又被杀死在穷国的城门口。靡逃亡到有鬲氏。寒浞接收了后羿的妻妾，生了浇和豷，仗着他的奸诈邪恶而对百姓不施恩德。派浇带兵，灭了斟灌氏和斟寻氏。让浇住在过国，让豷住在戈国。靡从有鬲氏那里聚集这两国的遗民，用以灭亡了寒浞而立了少康。少康在过国灭掉了浇，后杼在戈国灭掉了豷，有穷氏从此就灭亡了，这是由于失去贤人的缘故。从前周朝的辛甲做太史的时候，命令百官每人都规戒天子的阙失，在《虞人之箴》里说：‘邈远的夏禹走过的国土，分为九州，开通了九州的大道，百姓有寝有庙，野兽有丰茂的青草，各得其所，他们因此互不干扰。后羿身居帝位，贪恋着打猎，忘记了国家的忧患，想到的只是大小野兽，田猎不能无度，不然就不能恢宏夏后氏的国家。主管打猎的虞人，谨以此规劝君王的左右。’《虞箴》这样说，难道能不引以为训而停止田猎吗?”当时晋悼公喜欢田猎，所以魏庄子提到这件事。晋悼公说：“然而，没有比跟戎人讲和更好的办法了吗?”魏庄子回答说：“跟戎人讲和有五点好处：戎狄逐水草而居，重视财货而轻视土地，他们的土地可以自由买卖，这是一；边境不再有所警惧，百姓安心在田野里耕作，耕种的人可以获得好收成，这是二；戎狄事奉晋国，四边的邻国震动，诸侯因为我们的威严而慑服，因为我们的德行而受到安抚，这是三；用德行安抚戎人，不必劳师动众，武器不加损坏，这是四；以后羿为鉴而使用道德法度，远国前来顺服而邻国受到安抚，这是五。还望君王考虑。”晋悼公听了很高兴，派魏绛会盟各部戎人，又致力于治理百姓，按照时令去打猎。

襄公八年(前五六五)

庚寅，郑子国、子耳[1]侵蔡，获蔡司马公子燮[2]。

郑人皆喜，唯子产不顺[3]，曰：“小国无文德而有武功，祸莫大焉！楚人来讨[4]，能勿从乎？从之，晋师必至。晋楚伐郑，自今郑国不四五年，弗得宁矣！”子国怒之曰：“尔何知！国有大命[5]，而有正卿，童子言焉，将为戮[6]矣！”

【注释】

〔1〕庚寅为四月二十二日。子国、子耳，皆郑卿。

〔2〕燮音 xiè。

〔3〕子产，子国之子。不顺，不同于众也。

〔4〕蔡为楚之与国，故侵蔡则楚来问罪。讨，问罪也。

〔5〕大命，国家之大事也。

〔6〕为戮，受处分也。

【译文】

庚寅，郑国的子国、子耳入侵蔡国，俘虏了蔡国的司马公子燮。郑国人都很高兴，唯独子产与众人不同，说：“小国没有文治德行却有了武功，没有比这再大的祸患了啊！楚国人前来问罪，能够不顺从他们吗？顺从楚国，晋国的军队必然来到。晋、楚两国进攻郑国，郑国在从今往后至少四五年内，都将不得安宁了！”子国对他发怒说：“你知道些什么！国家大事，有正卿做主，小孩子随便谈论它，将是要受处分的！”

冬，楚子囊[1]伐郑，讨其侵蔡也。子驷、子国、子耳[2]欲从楚，子孔、子蟜、子展[3]欲待晋。子驷曰：“《周诗》有之曰：‘俟河之清，人寿几何？兆云询多[4]，职竞作罗[5]。’谋之多族[6]，民之多违，事滋[7]无成。民急矣，姑从楚以纾[8]吾民；晋师至，吾又从之。敬共[9]币帛以待来者，小国之道也，牺牲[10]玉帛，待于二竟[11]，以待强者而庇民焉。寇[12]不为害，民不罢病[13]，不亦可乎？”子展曰：“小所以事大，信也。小国无信，兵乱日至，亡无日矣。五会[14]之信，今将背之，虽楚救我，将安用之？亲我[15]无成，鄙我[16]是欲，不可从也[17]。不如待晋。晋君方明，四军无阙，八卿和睦，必不弃郑。楚师辽远，粮食将尽，必将速归，何患焉？舍之[18]闻之，‘杖莫如信’[19]。完守[20]以老楚，杖信以待晋，不亦可乎？”子驷曰：“《诗》[21]云：‘谋夫孔[22]多，是用不集[23]。发言盈庭，谁敢执其咎[24]？如匪行迈谋[25]，是用不得于道。’请从楚，骓[26]也受其咎。”乃及楚平。

【注释】

〔1〕子囊，楚令尹。

〔2〕〔3〕子驷、子国、子耳、子孔、子蟜、子展皆郑卿。蟜音 jiǎo。

〔4〕兆，卜兆也。云，语辞。询与洵通，信也。卜兆确是很多。

〔5〕职，主也。竞，争也。主要的乃争为网罗。

〔6〕多族，多种也。

〔7〕滋，益也。

〔8〕纾，缓和也。

〔9〕共与供通。

〔10〕牺牲，牛也，所以犒军者。

〔11〕竟与境通，边境也。

〔12〕寇，侵略者。

〔13〕罢与疲通。

〔14〕五会指晋侯、郑伯相会之事：鲁襄三年（前五七〇）会于鸡泽，五年（前五六八）会于戚，又会于城棣，七年（前五六六）会于鄬，八年（前五六五）会于邢丘。

〔15〕亲我者指晋。
〔16〕鄙我者指楚。鄙，边鄙也。视为附属国，则同于边鄙也。
〔17〕子驷之言不可从。
〔18〕舍之即子展。
〔19〕杖莫如信，可倚靠者莫如信。
〔20〕完守，完城以坚守也。
〔21〕见《诗·小雅·小旻篇》。
〔22〕孔，甚也。
〔23〕集，成就也。
〔24〕执其咎，担负其罪过也。
〔25〕匪，彼也。迈，远也。彼行远谋，出行而远谋于外人也。
〔26〕骓即子驷。骓音 fēi。

【译文】

冬季，楚国的子囊进攻郑国，是为了讨伐郑国入侵蔡国一事。子驷、子国、子耳想要顺从楚国，子孔、子蟜、子展想要等待晋国救援。子驷说："《周诗》有这样的话：'等待黄河澄清，人的寿命能有几何？卜兆的语辞的确太多，其中主要的都在争相为自己结成网罗。'主意太多，百姓多数不能跟从，事情更难成功。百姓危急了，姑且顺从楚国以缓和百姓的苦难；等晋国军队来到，我们再顺从他们。恭恭敬敬地供给财货以等待别人前来，这是小国所应当做的，用牺牲玉帛，等在两国的边境上，以等待强有力的国家并以此保护百姓。侵略之人不为祸害，百姓不疲劳困乏，不也是可以的吗？"子展说："小国所用来事奉大国的，是信用。小国没有信用，战争和祸乱会每天都有，很快就要灭亡了。与晋国五次盟会的信约，如今却打算背弃，即使楚国救援我国，又有什么用呢？与晋国亲近无法成功，楚国又只想把我国作他们的边境，不能听子驷的话。不如等待晋国救援。晋国的国君正当贤明的时候，四军完备无缺，八卿和睦无间，必然不会抛弃郑国。楚军从遥远之地而来，粮食将要吃完了，一定会很快回去，有什么可怕的？我听说，'没有比信用更可以倚靠了'。完缮守备以使楚军气衰，倚靠信用以等待晋军，不也是可以的吗？"子驷说："《诗》说：'出主意的人很多，因此不能有所成就。发言的人挤满庭院，谁敢承担罪过？就好像一个人出行而向远方的外人求取主意，因此很难找到正确的道路。’请顺从楚国，由我来承担罪责。”于是郑国就和楚国讲和了。

使王子伯骈[1]告于晋曰：“君命敝邑[2]：‘修[3]而车乘，儆[4]而师徒，以讨乱略[5]。’蔡人不从，鄙邑之人，不敢宁处，悉索[6]敝赋，以讨于蔡，获司马燮[7]，献于邢丘[8]。今楚来讨曰：‘女何故称[9]兵于蔡。’焚我郊保[10]，冯陵我城郭[11]，敝邑之众，夫妇男女不遑启处[12]，以相救也，翦焉[13]倾覆，无所控告[14]。民死亡者，非其父兄即其子弟，夫人[15]愁痛，不知所庇[16]。民知穷困而受盟于楚，孤也与其二三臣[17]不能禁止，不敢不告。”知武子使行人[18]子员对之曰：“君有楚命，亦不使一介行李告于寡君，而即安于楚[19]，君之所欲也，谁敢违君？寡君将帅诸侯以见于城下[20]，唯君图之。”

【注释】

〔1〕王子伯骈，郑大夫。骈音 pián。

〔2〕敝邑，郑自称。

〔3〕修，治也。

〔4〕儆与警通。

〔5〕乱略，作乱略夺者。

〔6〕悉，尽也；索，取也。

〔7〕蔡司马燮即蔡公子燮。

〔8〕邢丘，晋地，今河南温县平皋故城。

〔9〕称，举也。

〔10〕郊保，郭外地之可保守者。

〔11〕冯音 píng，迫也；陵，侵也；城外曰郭。

〔12〕遑，暇也。启与跽通，长跪也。处，坐也。不遑启处犹言坐立不安。

〔13〕翦焉，尽焉也。

〔14〕控，引也。

〔15〕夫，阳平声，指示形容词。夫人犹人人也。

〔16〕庇，依也。

〔17〕孤为郑简公自称之辞。二三臣指郑卿。

〔18〕知武子即知罃。行人，对外交涉之官。

〔19〕一介，一个也。行李，行人也。

〔20〕见于城下，意指于城下以武力相见。

【译文】

郑国派王子伯骈告知晋国说："君王命令敝邑：'整修你们的战车，使你们的军队保持警戒，以讨伐作乱略夺的人。'蔡国人不顺从，敝邑的人，不敢安居，收尽我国的军队，去讨伐蔡国，俘虏了司马燮，奉献于邢丘的盟会上。现在楚国前来讨伐，说：'你们为什么对蔡国用兵？'焚烧我国郊外之地，侵迫我国的城郭，敝邑的百姓，夫妇男女坐立不安，互相救援，国家将要完全倾覆，没有地方可以控诉求助。百姓死去和逃亡的，不是父兄就是子弟，人人忧愁悲痛，不知道到哪里寻求保护。百姓知道已到危亡时刻而只好接受楚国的盟约，我和我的几个臣子都不能禁止，不敢不前来报告。"知武子派行人官子员回答说："君王受到楚国的威胁，也不派一个人来告诉寡君，反而立刻顺服了楚国，君王的愿望，谁敢反对？寡君准备率领诸侯和你们在城下相见，请君王考虑一下。"

襄公九年(前五六四)

冬十月，诸侯伐郑。庚午，季武子、齐崔杼、宋皇郧从荀罃、士匄门于鄟门，〔1〕卫北宫括、曹人、邾人从荀偃、韩起门于师之梁〔2〕，滕人、薛人从栾黡、士鲂〔3〕

门于北门，杞人、郳人从赵武、魏绛斩行栗[4]。甲戌，师于氾，[5]令于诸侯曰："修器备，盛餱粮[6]，归老幼，居疾于虎牢[7]，肆眚围郑[8]。"郑人恐，乃行成。中行献子[9]曰："遂围之以待楚人之救也而与之战，不然无成。"知武子曰："许之盟而还师，以敝[10]楚人，吾三分四军与诸侯之锐，以逆来者[11]，于我未病，楚不能矣，犹愈于战。暴骨以逞[12]，不可以争[13]。大劳未艾[14]，君子劳心，小人劳力，先王之制也。"诸侯皆不欲战，乃许郑成。

【注释】

〔1〕庚午为十月十一日。季武子，鲁卿；崔杼，齐卿，杼音 zhù；皇郧，宋卿，郧音 yún；荀罃即知罃，晋中军将；士匄，晋中军佐，匄音 gài；鄟门，郑东门，鄟音 zhuān。

〔2〕北宫括，卫卿；荀偃、韩起，晋上军将佐；师之梁，郑西门。

〔3〕栾黡、士鲂，晋下军将佐。黡音 yǎn，鲂音 fáng。

〔4〕杞，姒姓国，凡数迁，是时都山东乐昌县东南；郳，国名，即小邾，在今山东滕县东；赵武、魏绛，晋新军将佐；行栗，表道之栗树也。

〔5〕甲戌为十月十五日。氾，郑地，今河南襄城县南一里。师于氾，聚众于其地也。

〔6〕餱音 hóu，干粮也。

〔7〕居疾，收养病员也。虎牢，郑地，今河南氾水县西北。

〔8〕肆，缓也；眚音 shěng，罪过也。肆眚，释放郑囚也。

〔9〕中行献子即荀偃。

〔10〕敝，疲劳也。

〔11〕来者指楚人。

〔12〕暴骨以逞，杀人以求快也。

〔13〕即不可以作战。

〔14〕艾音 ài，止也。大劳未艾，其事未毕也。

【译文】

冬季十月，诸侯进攻郑国。庚午，季武子、齐国的崔杼、宋国的皇郧跟随荀罃、士匄攻打鄟门，卫国的北宫括、曹国人、邾国人跟随荀偃、韩起攻打师之梁门，滕国人、薛国人跟随栾黡、士鲂攻打北门，杞国人、郳国人跟随赵武、魏绛砍伐路边的栗树。甲戌，军队驻扎在汜地，传令诸侯说："修理作战工具，备好干粮，送回老的和小的，在虎牢收养病员，放出郑国的囚犯并包围郑国。"郑国人害怕，就派人求和。荀偃说："对郑国实行包围以等待楚国军队救援而和他们作战，不这样做就没有真正的讲和。"知罃说："答应他们缔结盟约然后退兵，用这样的办法引诱楚国军队进攻郑国而使楚国军队疲劳，我们把四军分为三部分，再加上诸侯的精锐部队，以迎击前来的楚军，对我们来说并不困乏，而楚军就不能持久了，这样比直接开战好。杀人以图一时之快，不能用这样的办法和敌人争胜。大事未曾结束，君子动用心智，小人动用蛮力，这是先王的训示。"诸侯都不想打仗，于是就允许郑国讲和。

十一月己亥，同盟于戏，〔1〕郑服也。将盟，郑六卿公子骓、公子发、公子嘉、公孙辄、公孙虿、公孙舍之及其大夫门子〔2〕皆从郑伯。晋士庄子为载书〔3〕曰："自今日既盟之后，郑国而不唯晋命是听，而或有异志者，有如此盟〔4〕。"公子骓趋进曰："天祸郑国，使介居二大国之间〔5〕，大国不加德音而乱以要之〔6〕，使其鬼神不获歆其禋祀〔7〕，其民人不获享其土利，夫妇辛苦垫隘〔8〕，无所底告〔9〕。自今日既盟之后，郑国而不唯有礼与强，可以庇民者是从，而敢有异志者亦如之。"荀偃曰："改载书〔10〕。"公孙舍之曰："昭大神，要言焉〔11〕。若可改也，大国亦可叛也。"知武子谓献子曰："我实不德而要人以盟，岂礼也哉！非礼何以主盟！姑盟而退，修德息师而来，终必获郑，何必今日？我之不德，民将弃我，岂唯郑？若能休和〔12〕，远人将至，何恃于郑？”乃盟而还。

【注释】

〔1〕己亥为十一月十日。戏，郑地。

〔2〕公子骓即子驷，公子发即子国，公子嘉即子孔，公孙辄即子耳，公孙虿即子蟜，公孙舍之即子展。门子，六卿之嫡子也。虿音 chài。

〔3〕载书，盟书也。

〔4〕有如此盟所载违盟之罚。

〔5〕介居，居间也。二大国指晋、楚。

〔6〕乱以要之，以兵乱要胁也。要，平声。

〔7〕歆音 xīn，神享也。禋音 yīn，祀也。

〔8〕垫隘，困顿也。

〔9〕厎与致通，言无所致其告诉。

〔10〕公子骓之言亦录于载书，荀偃不满，故欲改之。

〔11〕要言，即誓言也。

〔12〕休，美也。

【译文】

十一月己亥，诸侯一起在戏地订立盟约，这是由于郑国顺服的缘故。准备参加盟会，郑国的六卿公子骓、公子发、公子嘉、公孙辄、公孙虿、公孙舍之以及他们的大夫、卿的嫡子都跟随郑简公赴会。晋国的士庄子作盟书说：“从今天盟誓之后，郑国如果对晋国不唯命是听，或者有二心，就依照这份盟书所记载的处罚方式惩罚。”公子骓快步走上前说：“上天降祸郑国，让我国夹于两个大国之间，大国不赐给我们友好反而以发动战乱要挟我们订立盟约，让我们的鬼神不能得到祭祀，百姓不能享受土地上的出产，男人女人都辛苦困顿，没有地方可以控诉。从今天盟誓之后，郑国如果不服从既合乎礼仪而且有强大力量来保护我们的国家，反而敢有二心也像这份盟书所记载的处罚方式接受惩罚。”荀偃说：“修改这篇盟书。”公孙舍之说：“已经把盟约报告神灵，并且宣誓过了。如果可以修改，大国也可以背叛了。”知罃对荀偃说：“我们实在缺乏德行，反而用盟约来要挟别人，这难道是合乎礼的吗！不合乎礼的话用什么主持盟会！姑且订立盟约而退兵，修养德行、休整军队然后再来，最终必然得到郑国的归服，何必一定在今天？我们缺乏德行的话，百姓将会丢弃我们，岂只是郑国？如果能够休美和平，远方的人将会过来顺服，有什么要凭借郑国的呢？”于是就订立盟约然后回国。

晋人不得志于郑，以诸侯复伐之。十二月癸亥，门其三门。[1]闰月戊寅，济于阴阪[2]。侵郑，次于阴口而还[3]。子孔曰：“晋师可击也，师老而劳，且有归志，必大克之。”子展曰：“不可。”

【注释】

〔1〕癸亥为十二月五日。三门即前鄟门、师之梁、北门也。

〔2〕闰字原文误，戊寅为十二月二十日。阴阪在洧水旁；洧水在今河南新郑县。阪音 bǎn。

〔3〕阴口，郑地。

【译文】

晋国人没能真正得到郑国的顺服，便带领诸侯再次进攻郑国。十二月癸亥，攻打郑国的三面城门。十二月戊寅，在阴阪渡河。侵袭郑国，驻扎在阴口然后回去。子孔说：“晋军可以攻击，军队长久在外因而疲劳，并且只想回去，必然可以大胜他们。”子展说：“不行。”

楚子伐郑，子驷将及楚平。子孔、子蟜曰：“与大国盟，口血未干〔1〕而背之，可乎?”子驷、子展曰：“吾盟固云：‘唯强是从。’今楚师至，晋不我救，则楚强矣。盟誓之言，岂敢背之。且要盟无质〔2〕，神弗临〔3〕也，所临唯信〔4〕。信者言之瑞也，善之主也，是故临之。明神不蠲要盟〔5〕，背之可也。”乃及楚平。公子罢戎入盟〔6〕，同盟于中分〔7〕。楚庄夫人卒〔8〕，王未能定郑而归。

【注释】

〔1〕十一月与晋盟，歃血于口犹未干。

〔2〕要，平声。要盟，要胁而成之盟约；无质，无诚意也。

〔3〕弗临，不临视。

〔4〕神所临视者唯有诚信之盟。

〔5〕蠲音 juān，洁也。不蠲要盟，不以要盟为洁。

〔6〕罢读如疲。公子罢戎，楚大夫。

〔7〕中分，郑城中里名。

〔8〕时楚王为共王。庄夫人，庄王夫人，共王母也。

【译文】

楚共王进攻郑国，子驷准备和楚国讲和。子孔、子蟜说：“和大国订立盟约，歃血时嘴里的血还没有干就违背了它，这样可以吗?”子驷、子展说：“我们的盟誓本来就是说‘唯有跟从强大的国家’。现在楚军来到，晋国不救援我国，那么楚国就是强大的国家了。盟誓的话，怎么敢违背。而且由于要挟而成的盟约没有诚意可言，神灵不会临视，神灵所临视的只是有诚信的盟约。信是言语的凭证，善良的主体，所以神灵会加以临视。明察一切的神灵不会认为由于要挟而成的盟约是洁净的，违背它是可以的。”于是郑国就和楚国讲和。公子罢戎进入郑国缔结盟约，一起在中分盟誓。楚庄王夫人去世，楚共王没能安定郑国就回国了。

襄公十年(前五六三)

诸侯之师城虎牢而戍之[1]；晋师城梧及制[2]，士鲂、魏绛戍之。书曰："戍郑虎牢。"非郑地也，言将归焉。郑及晋平。

【注释】

〔1〕戍音 shù，以兵守也。虎牢，郑地，今河南汜水县西北。

〔2〕梧、制皆郑地。

【译文】

诸侯的军队在虎牢筑城并且派兵戍守；晋国军队在梧地和制地筑城，由士鲂、魏绛戍守。《春秋》记载说："戍郑虎牢。"虎牢这时不是郑国的领土，而这样记载是表示将要归还给郑国了。郑国和晋国讲和。

楚子囊救郑。十一月，诸侯之师还郑而南[1]，至于阳陵[2]，楚师不退。知武子欲退，曰："今我逃楚，楚必骄，骄则可与战矣。"栾黡曰："逃楚，晋之耻也。合诸侯以益耻，不如死！我将独进。"师遂进。己亥，与楚夹颍[3]而军。子蟜曰："诸侯既有成行[4]，必不战矣。从之将退，不从亦退。退[5]，楚必围我。犹将退也[6]，不如从楚，亦以退之[7]。"宵，涉颍，与楚人盟。栾黡欲伐郑师，荀罃不可，曰："我实不能御楚，又不能庇郑，郑何罪？不如致怨焉而还[8]。今伐其师，楚必救之，战而不克，为诸侯笑，克不可命[9]，不如还也。”丁未[10]，诸侯之师还，侵郑北鄙而归，楚人亦还。

【注释】

〔1〕还与环通。

〔2〕阳陵，郑地。

〔3〕颍，水名，出河南登封县，流入安徽。

〔4〕成行，言有撤退之意也。

〔5〕假定之辞。

〔6〕犹将退也，犹言横竖皆要撤退。

〔7〕亦以退之，犹言更促进其撤退。

〔8〕致怨，表示怨恨。

〔9〕克不可命，犹言胜利不能预期。

〔10〕丁未为十一月二十四日。

【译文】

楚国的子囊救援郑国。十一月，诸侯的军队绕过郑都然后往南，到达阳陵，楚军不退。知罃想要退兵，说：“现在我们避让楚军，楚军一定会骄傲，骄傲了就可以和他们打仗了。”栾黡说：“避让楚军，这将是晋国的耻辱。会合诸侯却是为了增加耻辱，不如去死！我将会单独进军。”军队于是就往前推进。己亥，和楚军隔着颍水驻扎下来。子蟜说：“诸侯已经有了退兵的想法，一定不会开战了。顺从他们要退兵，不顺从他们也要退兵。他们退兵，楚国必然包围我们。同样是要退兵，不如顺从楚国，用这样的办法更让他们退兵。”夜里，郑国人渡过颍水，和楚国人订立盟约。栾黡想要攻打郑国军队，荀罃不同意，说：“我们实在不能抵抗楚军，又不能保护郑国，郑国有什么罪呢？不如向楚国表示怨恨然后回去。现在攻打他们的军队，楚国必然救援他们，作战却不能获得胜利，就会被诸侯笑话，胜利不能预期，还不如回去吧。”丁未，诸侯的军队回师，攻打了郑国的北部边境然后回国，楚国人也退兵回国。

襄公十一年(前五六二)

郑人患晋楚之故[1]，诸大夫曰："不从晋，国几亡[2]。楚弱于晋，晋不吾疾也[3]，晋疾，楚将辟之，何为而使晋师致死于我？楚弗敢敌而后可固与也[4]。"子展曰："与宋为恶[5]，诸侯必至，吾从之盟。楚师至，吾又从之，则晋怒甚矣。晋能骤来[6]，楚将不能，吾乃固与晋。"大夫说之，使疆埸之司恶于宋[7]。宋向戌[8]侵郑，大获。子展曰："师而伐宋[9]，可矣。若我伐宋，诸侯之伐我必疾，吾乃听命焉，且告于楚。楚师至，吾乃与之盟，而重赂晋师，乃免矣。"夏，郑子展侵宋。

【注释】

〔1〕患晋楚为争取郑国而先后来侵之故。

〔2〕国几亡，近于亡国也。

〔3〕疾，急也。

〔4〕固与，坚决亲附也。

〔5〕恶音 wù。为恶，挑衅之意。

〔6〕骤，屡也。晋近故能屡来，楚远故将不能。

〔7〕埸音 yì，边境也。司，官吏也。恶音 wù，侵犯也。

〔8〕向戌，宋大夫。

〔9〕师而伐宋，及时率师伐宋也。

【译文】

郑国人对晋国和楚国不断来攻感到担忧，大夫们说："不顺从晋国，国家几乎灭亡。楚国比晋国弱，而晋国并不急于争夺我国。

如果晋国急于争夺我国，楚国就会避让他们，怎么才能让晋军出死力来攻打我们？这样的话楚国就不敢抵挡，然后才能够坚决依附晋国。”子展说：“向宋国挑衅，诸侯必然来到，我们顺从他们而订立盟约。楚军来到，我们又顺从楚国，这样晋国就会很生气。晋国如果能几次三番地前来，楚国将会不能抵挡，我们就坚决依附晋国。”大夫们听闻这个计划后很高兴，派边境的官吏侵犯宋国。宋国的向戌入侵郑国，俘获甚多。子展说：“可以及时出兵攻打宋国了。如果我们进攻宋国，诸侯必然急于进攻我们，我们就听从他们的命令，同时向楚国报告。楚军来到，我们就和他们订立盟约，而又重重地贿赂晋军，就可以免于祸患了。”夏季，郑国的子展率军入侵宋国。

四月，诸侯伐郑。己亥〔1〕，齐太子光、宋向戌先至于郑，门于东门。其莫〔2〕，晋荀罃至于西郊，东侵旧许〔3〕。卫孙林父〔4〕侵其北鄙。六月，诸侯会于北林〔5〕，师于向〔6〕，右还〔7〕，次于琐〔8〕。围郑，观兵〔9〕于南门，西济于济隧〔10〕。郑人惧，乃行成。秋七月，同盟于亳〔11〕。范宣子〔12〕曰：“不慎，必失诸侯。诸侯道敝而无成〔13〕，能无贰乎？”乃盟。载书曰：“凡我同盟，毋蕰年〔14〕，毋壅利〔15〕，毋保奸，毋留慝，救灾患，恤祸乱，同好恶，奖王室〔16〕。或间〔17〕兹命，司慎、司盟，〔18〕名山、名川，群神、群祀、先王、先公、七姓十二国之祖〔19〕——明神殛之〔20〕，俾失其民，队命亡氏〔21〕，踣其国家〔22〕。”

【注释】

〔1〕己亥为四月十九日。

〔2〕莫与暮通。

〔3〕旧许，旧为许都，地今属郑。

〔4〕孙林父，卫大夫。

〔5〕北林，郑地，今河南郑县东南。

〔6〕向，郑地，今河南洧川县西南。

〔7〕还与旋通。

〔8〕琐，郑地，今河南新郑县北。

〔9〕观兵，检阅也。

〔10〕济隧，水名。

〔11〕亳音 bó，郑地，今河南偃师县西。

〔12〕范宣子即士匄。

〔13〕道敝，困顿于道路也；无成，无结果也。

〔14〕薀音 yùn，屯积也。年，收获也。

〔15〕壅音 yōng，专也，专山川之利也。

〔16〕奖，助也。

〔17〕间，违也。

〔18〕二司，天神也。

〔19〕与盟者共十三国。晋、鲁、卫、郑、曹、滕，姬姓；邾、小邾，曹姓；宋，子姓；齐，姜姓；莒，己姓；杞，姒姓，薛，任姓。三误作二。

〔20〕殛音 jí，诛也。

〔21〕队与坠通，队命亡氏，丧命灭族也。

〔22〕踣音 bó，毙也。

【译文】

四月，诸侯进攻郑国。己亥，齐国的太子光、宋国的向戌先到达郑国，攻打东门。当天晚上，晋国荀罃到达西郊，往东进攻许国的旧地。卫国的孙林父入侵郑国的北部边境。六月，诸侯在北林会师，军队驻扎在向地，又向右绕转，驻扎在琐地。包围郑国，在南门外检阅军队，又从西边渡过济隧。郑国人畏惧，就向诸侯求和。秋季七月，各诸侯和郑国在亳地订立盟约。范宣子说："如果盟辞不谨慎，必然失去诸侯。诸侯往来困顿而没有得到成功，能没有二心吗？"于是就盟誓。盟书上说："凡是我们同盟国家，不要囤积粮食的年成，不要专有山川之利，不要庇护奸邪之人，不要收留恶人，救济灾患，安定祸乱，统一好恶，辅助王室。

如若有人违背这些命令，司慎、司盟的神，名山、名川的神，群神、群祀、先王、先公、七姓十二国的祖宗——明察秋毫的神灵诛戮他，使他失去百姓，丧命灭族，灭国亡家。”

楚子囊乞旅于秦[1]。秦右大夫詹帅师从楚子，将以伐郑，郑伯逆之[2]。丙子[3]，伐宋。

【注释】

〔1〕乞旅，请兵也。

〔2〕逆，迎也。

〔3〕丙子为七月二十七日。

【译文】

楚国的子囊向秦国请求出兵。秦国的右大夫詹率领军队跟随楚共王，由楚王率领进攻郑国，郑简公前去迎接。丙子，一起进攻宋国。

九月，诸侯悉师以复伐郑，郑人使良霄、大宰石㚟[1]如楚，告将服于晋曰：“孤以社稷之故，不能怀君[2]，君若能以玉帛绥晋，不然，则武震以摄威之[3]，孤之愿也。”楚人执之。书[4]曰“行人”，言使人也。

【注释】

〔1〕良霄，郑公孙辄子。㚟音 chuò。

〔2〕怀，亲也。

〔3〕摄与慑通，音 zhé，威胁也。

〔4〕《春秋》作“楚人执郑行人良霄”。

【译文】

九月，诸侯用全部兵力再次进攻郑国，郑国人派良霄、太宰石㚟去到楚国，告诉他们准备对晋国顺服说："孤由于国家社稷的缘故，不能亲近君王了，君王如果能够用玉帛去安抚晋国，不这样，那就用武力对他们加以威慑，这都是孤的愿望。"楚国人囚禁了他们。《春秋》上记载说"行人"，这是说他们作为使者不应该被囚禁。

诸侯之师观兵于郑东门。郑人使王子伯骈行成。甲戌〔1〕，晋赵武入盟郑伯。冬十月丁亥〔2〕，郑子展出盟晋侯。十二月戊寅，会于萧鱼。〔3〕庚辰，赦郑囚，皆礼〔4〕而归之，纳〔5〕斥候，禁侵掠。晋侯使叔肸〔6〕告于诸侯。公使臧孙纥对曰〔7〕："凡我同盟，小国有罪，大国致讨，苟有以藉〔8〕手，鲜不赦宥〔9〕。寡君闻命矣。"

【注释】

〔1〕甲戌为九月二十六日。

〔2〕丁亥为十月十日。

〔3〕戊寅为十二月二日。萧鱼，郑地，今河南原武县东。

〔4〕礼，以礼接待也。

〔5〕纳，撤回也。

〔6〕叔肸，晋大夫，肸音 xī。

〔7〕公，鲁襄公。臧孙纥，鲁大夫。纥音 hé。

〔8〕藉音 jiè，假借也。

〔9〕鲜，去声，少也。宥音 yòu，宽免也。

【译文】

诸侯的军队在郑国国都的东门外检阅示威。郑国人派王子伯骈求和。甲戌，晋国的赵武进入郑国和郑简公订立盟约。冬季十月丁亥，郑国的子展出城和晋悼公订立盟约。十二月戊寅，在萧鱼相会。庚辰，赦免郑国的俘虏，都给以礼遇并释放回国，撤回斥侯之兵，禁止掠夺。晋悼公派叔肸通告诸侯。鲁襄公派臧孙纥回答说："凡是我们同盟国家，小国有了罪过，大国派兵讨伐，如果稍有所得，很少对小国不加赦免的。寡君听到命令了。"

郑人赂晋侯以师悝、师触、师蠲〔1〕，广车、軘车，淳〔2〕十五乘，甲兵备，凡兵车百乘〔3〕，歌钟二肆〔4〕，及其镈磬〔5〕，女乐二八〔6〕。晋侯以乐之半〔7〕赐魏绛曰："子教寡人和诸戎狄以正诸华，八年之中，九合〔8〕诸侯，如乐之和，无所不谐〔9〕，请与子乐之。"辞曰："夫和戎狄，国之福也。八年之中，九合诸侯，诸侯无慝，君之灵〔10〕也，二三子〔11〕之劳也，臣何力之有焉？抑〔12〕臣愿君安其乐而思其终也。《诗》〔13〕曰：'乐只〔14〕君子，殿〔15〕天子之邦，乐只君子，福禄攸同〔16〕，便蕃左右〔17〕，亦是帅从〔18〕。'夫乐以安德，义以处之，礼以行之，信以守之，仁以厉之，而后可以殿邦国，同福禄，来远人，所谓乐〔19〕也。《书》〔20〕曰：'居安思危。'思则有备，有备无患，敢以此规〔21〕。"公曰："子之教，敢不承命？抑微子〔22〕，寡人无以待戎，不能济河。夫赏，国之典也，藏在盟府〔23〕，不可废也，子其受之。"魏绛于是乎始有金石之乐〔24〕，礼也。

【注释】

〔1〕三人皆乐师也。悝音 kuī，蠲音 juān。

〔2〕广车、軘车，皆兵车名。广车，横陈之车也。軘车，屯守之车

也。輴音 tún。淳音 chún，配偶也。广车、輴车各十五乘。

〔3〕又其他兵车七十乘，共百乘。

〔4〕钟为古代之乐器，悬钟十六为一肆，二肆三十二枚也。

〔5〕镈音 bó，大钟也；磬音 qìng，以玉石为之，其形如矩，皆古乐器。

〔6〕女乐二八，奏乐之女十六人也。乐音 yuè。下乐字读音均同。

〔7〕半指乐器女乐之半。

〔8〕九合，言其多也。九，虚数。

〔9〕谐，和也。

〔10〕灵，威信也。

〔11〕二三子，虚数。

〔12〕抑，语助词。

〔13〕见《诗・小雅・采菽篇》。

〔14〕只，语助词。

〔15〕殿，镇也。

〔16〕《诗》作“万福攸同”。攸，所也。

〔17〕《诗》作“平平左右”。便蕃，频数也，不一也。

〔18〕亦是，语助词。帅从即率从。

〔19〕如此方为和谐之乐。

〔20〕全篇已失。

〔21〕规，戒也。

〔22〕抑，语助词。微，无也。

〔23〕盟府，司盟之府，有赏功之制。

〔24〕金石之乐，钟磬之乐也。

【译文】

郑国人赠晋悼公师悝、师触、师蠲，广车、輴车，各十五乘，盔甲武器齐备，战车一共一百乘，歌钟两肆，以及和它相配的镈和磬，奏乐的女子十六人。晋悼公把乐器、奏乐女子的一半赐给魏绛说：“您教寡人同各部落戎狄讲和以整顿中原诸国，八年时间里，多次会合诸侯，就好像音乐的和谐，没有什么地方不协调的，请您一起享用这些。”魏绛辞谢说：“同戎狄讲和，这是国家的福气。八年时间里，多次会合诸侯，诸侯没有不顺服的，这是由于君王的威信，其他臣子的功劳，下臣何曾尽过什么力呢？下臣希望君王既安于这种乐而又想到它的终了。《诗》说：‘快乐啊君子，镇抚天子的家邦，快乐啊君子，他的福禄和别人同享，星罗棋布的小国，也相率服从。’乐是用来巩固德行的，用义对待它，用礼推行它，用信保有它，用仁勉励它，然后能用来安定邦国，同享福禄，召来远方的人前来顺从，这就是所说的乐。《书》说：‘居安思危。’想到了就有所防备，有了防备就没有祸患，谨敢以此规劝君王。”晋悼公说：“您的教诲，岂敢不接受训示？要是没有您，寡人无法对待戎人，又不能渡过黄河。赏赐，是国家的典章，藏在盟府，是不能废除的，您还是接受吧。”魏绛从这时起才有了金石的音乐，这是合于礼的。

【讲评】

春秋中期，是晋楚二国争霸的时期。二国之间，大战三次：前六三二城濮之战，晋胜楚败；前五九七邲之战，楚胜晋败；前五七五鄢陵之战，晋胜楚败，三次大战，双方都没有取得决定性的胜利，因此战胜国必需准备下一次的战争，而战败国也不甘屈服，随时有卷土重来的雄心。在不断的战争中，人民的痛苦日益加重，过着水深火热的生活。这种情势，到晋悼公手里没有改善，但是不能不说已经看到改善的可能。悼公用了魏绛的策略，联合诸戎，先把北边的情形，稳定下来；内政方面，也有一些改进，国内的矛盾逐步缓和，这才出兵南下。最得力的一着是前五六三城虎牢。晋人取得了这个重要的据点以后，可以随时威胁郑国的存在，楚人是无法应付的。前五六三、前五六二，晋国发兵三次，楚国不能还击，这是所谓“三驾而楚不能与争”的故事。从晋楚两国人民的立场讲，这样究竟比临阵作战安全一些。从两国所争的郑国讲，真是痛苦到极点。子驷的“牺牲玉帛，待于二竟”的政策，是在双方压迫之下，苟且求全的办法。在这死亡的边缘上，毕竟被子展找到一条出路。他的办法是先去找宋国拚命，待到兵连祸结，晋来则降晋，楚来就降楚，经过几个回合，楚人再不能来以后，这就死心塌地地依附晋国。连投降都得从死亡的夹缝中去争取，这就活画出那个时代小国的痛苦。郑人赞同子展的主张，后来也得到暂时的安定，更证明了这是惟一的出路。小国的统治者感到这样的痛苦，那供给“牺牲玉帛”的人民的痛苦更可知。从这里也就看到春秋中期以后，为什么小国人民憧憬中央王朝的存在。《诗·桧风·匪风篇》的“顾瞻周道，中心怛兮”；和《曹风·下泉篇》的“忾我寤叹，念彼周京”；都写出了人民中心的愿望。桧是郑的故地，因此《桧风》也正抒写了郑人的情感。我们读《左传》，更容易了解那样的时代。这篇里所写的郑国的反复，正证实了小国的痛苦。

诸侯弭兵

襄公二十五年(前五四八)

赵文子〔1〕为政，令薄诸侯之币而重其礼〔2〕。穆叔见之〔3〕，谓穆叔曰："自今以往，兵其少弭〔4〕矣。齐崔、庆新得政〔5〕，将求善于诸侯，武也知楚令尹〔6〕，若敬行其礼，道之以文辞，以靖诸侯，兵可以弭。"

【注释】

〔1〕赵文子即赵武，晋中军帅。

〔2〕减轻诸侯事晋之币，加重晋待诸侯之礼。

〔3〕穆叔即叔孙豹，鲁大夫。见之，见赵文子也。

〔4〕弭音 mǐ，止也。

〔5〕崔庆，崔杼、庆封也，皆齐卿，新执齐政。

〔6〕时楚令尹为子木，即屈建。

【译文】

赵文子执政，命令减轻诸侯对晋国的贡品而加重晋国对诸侯的礼遇。穆叔进见他，赵文子对穆叔说："从今以后，战争恐怕可以稍稍停止了。齐国的崔氏、庆氏新近当政，将要和诸侯改善关系，我也了解楚国的令尹，如果恭敬地执行礼仪，用辞令作为引导，用来安定诸侯，战争就可以停止。"

襄公二十七年(前五四六)

宋向戌〔1〕善于赵文子，又善于令尹子木，欲弭诸侯之兵以为名〔2〕，如晋告赵孟〔3〕。赵孟谋于诸大夫，韩宣子曰：“兵，民之残也，财用之蠹〔4〕，小国之大菑〔5〕也，将或弭之，虽曰不可〔6〕，必将许之。弗许，楚将许之以召诸侯，则我失为盟主矣。”晋人许之。如楚，楚亦许之。如齐，齐人难之〔7〕。陈文子〔8〕曰：“晋楚许之，我焉得已？且人曰‘弭兵’而我弗许，则固携〔9〕吾民矣，将焉用之〔10〕？”齐人许之。告于秦，秦亦许之。皆告于小国，为会于宋。

【注释】

〔1〕向戌，宋左师。

〔2〕以为名，以弭兵增加个人之声望也。

〔3〕孟，长也。赵氏之长称为赵孟，此篇指赵武。

〔4〕蠹音 dù，害虫也。

〔5〕菑与灾通。

〔6〕虽曰不可，即使不能实现也。

〔7〕难之，认其事不易也。

〔8〕陈文子名须无，齐大夫。

〔9〕携音 xié，怀贰心也。

〔10〕将焉用之，将如何用之也。

【译文】

宋国的向戌和晋国的赵文子交好，又与楚国令尹子木交好，想要停止诸侯之间的战争以增加个人的声望，到晋国来告诉赵文子。赵文子和诸位大夫商议，韩宣子说：“战争，是残害百姓的祸事，是财用的蛀虫，是小国的大灾难，有人想要停止它，即使不能实现，一定要答应。不答应，楚国将会答应并以此来号召诸侯，那么我国就失去盟主的地位了。”晋国人答应了向戌。向戌又到楚国，楚国也答应了。又到齐国，齐国人感到为难。陈文子说：“晋楚两国答应了，我们有什么办法阻止？而且别人说‘停止战争’而我们不答应，那么就使我国的百姓离心了，将要怎么使用他们呢？”齐国人答应了。告诉秦国，秦国也答应了。于是遍告各个小国，在宋国举行盟会。

五月甲辰〔1〕，晋赵武至于宋，丙午，郑良霄至。〔2〕六月丁未朔，宋人享赵文子，叔向为介〔3〕；司马置折俎〔4〕，礼也。仲尼〔5〕使举是礼也，以为多文辞。戊申，叔孙豹、齐庆封、陈须无、卫石恶至。〔6〕甲寅，晋荀盈〔7〕从赵武至。丙辰，邾悼公至。〔8〕壬戌，楚公子黑肱〔9〕先至，成言于晋。丁卯〔10〕，宋向戌如陈，从子木成言于楚。戊辰，滕成公〔11〕至。子木谓向戌：“请晋、楚之从交相见〔12〕也。”庚午〔13〕，向戌复于赵孟，赵孟曰：“晋、楚、齐、秦，匹〔14〕也。晋之不能于齐，犹楚之不能于秦也。楚君若能使秦君辱于敝邑〔15〕，寡君敢不固请于齐〔16〕？”壬申〔17〕，左师复言于子木，子木使驲谒诸王〔18〕，王曰：“释齐、秦〔19〕，他国请相见也。”秋七月戊寅〔20〕，左师至。是夜也，赵孟及子皙盟以齐言〔21〕。庚辰〔22〕，子木至自陈，陈孔奂、蔡公孙归生至〔23〕。曹、许之大夫皆至。以藩为军〔24〕，晋、楚各处其偏〔25〕。伯夙〔26〕谓赵孟曰：“楚氛甚恶〔27〕，惧难〔28〕。”赵孟曰：“吾左还入于宋，若我何？”

【注释】

〔1〕甲辰为五月二十八日。

〔2〕丙午为五月三十日。良霄，郑大夫。

〔3〕介，副也。赵文子为大宾，叔向为副。

〔4〕司马，宋司马之官也。折俎，体解节折，升之于俎，享卿之礼也。享君主以全牛，享卿则加以分解。

〔5〕仲尼即孔子。

〔6〕戊申为六月二日。石恶，卫大夫。

〔7〕甲寅为六月八日。荀盈，晋卿，在赵文子后十日方至会。

〔8〕丙辰为六月十日。邾，曹姓国，在今山东邹县东南。

〔9〕壬戌为六月十六日。公子黑肱即子皙，楚王弟。

〔10〕丁卯为六月二十一日。

〔11〕戊辰为六月二十二日。滕，姬姓国，在今山东滕县西南。

〔12〕交相见指从晋之国朝楚，从楚之国亦朝晋。

〔13〕庚午为六月二十四日。

〔14〕匹，等也。四国同等，不能指齐秦为从国。

〔15〕辱于敝邑，即屈临敝邑，指朝晋。

〔16〕固请，固请齐君朝楚。

〔17〕壬申为六月二十六日。

〔18〕驲与驿通，音 yì，报信之车马也。谒，告也。王，楚康王也。

〔19〕释齐、秦，齐不必朝楚，秦不必朝晋也。

〔20〕戊寅为七月三日。

〔21〕子皙即公子黑肱。盟以齐言，盟以求一致之言，为初步商谈而盟也。

〔22〕庚辰为七月五日。

〔23〕孔奂，陈大夫；公孙归生，蔡大夫。

〔24〕藩，篱也，以藩篱为军，不设营垒，以示互信。

〔25〕各处其偏，晋偏北，楚偏南也。

〔26〕伯夙即荀盈。

〔27〕氛，气氛也。

〔28〕惧难，惧有祸难也。

【译文】

五月甲辰，晋国的赵文子到达宋国，丙午，郑国的良霄也来了。六月丁未朔，宋国人设享礼宴请赵文子，以叔向为副主宾；司马把体解节折后的牺牲放在俎中献上，这是合于礼的。后来孔子看到了关于这次礼的记载，认为宾主间文辞修饰得太多。戊申，叔孙豹、齐国的庆封、陈须无、卫国的石恶到达。甲寅，晋国的荀盈跟随赵文子之后到达。丙辰，邾悼公到达。壬戌，楚国的公子黑肱先到达，和晋国达成协议。丁卯，宋国的向戌去到陈国，和子木商定有关楚国的条件。戊辰，滕成公到达。子木告诉向戌："恳请顺从晋国与顺从楚国的国家交换朝见。"庚午，向戌向赵文子复命，赵文子说："晋、楚、齐、秦四国，地位是对等的。晋国不能指挥齐国，就如同楚国不能指挥秦国一样。楚国国君如果能让秦国国君屈尊驾临敝邑朝见，寡君岂敢不坚决向齐国国君请求让他们朝见楚国？"壬申，向戌向子木复命，子木派人乘传车去请示楚康王，楚康王说："先搁置齐国、秦国的事，恳请先让其他国家交换朝见。"秋季七月戊寅，向戌到达。当晚，赵文子和公子黑肱统一了盟书的措辞。庚辰，子木从陈国到达，陈国的孔奂、蔡国的公孙归生到达。曹国和许国的大夫也都来到。各国军队用藩篱做墙作为分界，晋国和楚国各自驻扎在藩篱的两边。荀盈对赵文子说："楚国的气氛很差，恐怕会有祸难发生。"赵文子说："我们从左绕过去进入宋国，能把我们怎么样？"

辛巳[1]，将盟于宋西门之外，楚人衷甲[2]。伯州犁[3]曰："合诸侯之师以为不信，无乃不可乎！夫诸侯望信于楚，是以来服；若不信，是弃其所以服诸侯也。"固请释甲。子木曰："晋、楚无信久矣，事利而已，苟得志焉，焉用有信？"大宰退，告人曰："令尹将死矣，不及三年！求逞志而弃信，志将逞乎？志以发言，言以出信，信以立志，参[4]以定之。信亡，何以及三！"赵孟患楚衷甲，以告叔向，叔向曰："何害也！匹夫一为不信，犹不可，单毙其死[5]。若合诸侯之卿以为不信，必不捷矣。食言者不病[6]，非子之患也，夫以信召人而以僭济之[7]，必莫之与也，安能害我！且吾因宋以守病[8]，则夫能致死[9]，与宋致死，虽倍楚可也[10]。子何惧焉？又不及是[11]。曰‘弭兵’以召诸侯，而称兵以害我，吾庸[12]多矣，非所患也。”

【注释】

〔1〕辛巳为七月六日。

〔2〕衷与中通。衷甲，甲在衣中，欲以击晋。

〔3〕伯州犁，晋大夫伯宗之子。宗为晋所害，州犁奔楚，时为太宰。

〔4〕参与三通，志、言、信三者以定之。

〔5〕单与殚通，殚，殛尽也。毙，踣也。单毙其死，力尽而倒，其死如是也。

〔6〕食言者不病，不自知其病且死也。

〔7〕僭音 jiàn，不信也；济，成也。以僭济之，以不信完成其事也。

〔8〕因宋，联同宋人也。以守病，以待楚人之病也。

〔9〕夫，每人也。致死，拚命也。

〔10〕倍楚，力量比楚加倍也。

〔11〕又不及是，尚不至此也。

〔12〕庸，功也。晋独取信，故其功多。

【译文】

辛巳，准备在宋国西门之外结盟，楚国人在外衣里边穿着皮甲。伯州犁说：“会合诸侯的军队而做不讲信用的事，恐怕不行吧！诸侯希望楚国讲信用，因此前来顺服；如果不讲信用，这就是丢掉了所用来使诸侯顺服的东西了。”他坚决请求脱去皮甲。子木说：“晋、楚两国之间缺乏信用已经很久了，只要做对我们有利的事就是了，如果能达成志向，哪里用得着有信用？”伯州犁退下，告诉他人说：“令尹将要死了，用不了三年！但求达成志向而丢弃信用，志向会达成吗？有志向就形成为语言，讲出语言就要有信用，有信用就达成志向，这三件事互相制约关联。信用丢掉了，怎么能活得过三年呢！”赵文子由于楚国人外衣里边穿皮甲而感到担忧，把这情形告诉了叔向，叔向说：“有什么祸害！一个普通人一旦做出不守信用的事，尚且不可以，都不得好死。如果会合各个诸侯的卿而做出不守信用的事情，就必然不能成功。说话不算数的人都会由于意识不到自己的问题所在而死，这不足以使您感到担忧，用信用召集别人而又用不信完成其事，必然没有人顺从他，怎么能危害我们！而且我们联同宋国一起等着他们来为害，那就人人都能拼命，和宋军一起誓死对抗，即使楚军力量增加一倍也是可以抵抗的。您有什么可害怕的呢？但是事情尚且不至于到这一步。口口声声说‘停止战争’来召集诸侯，反而发动战争来危害我们，我们的功劳就多了，不必担心。”

季武子使谓叔孙以公命〔1〕，曰：“视邾、滕〔2〕。”既而齐人请邾〔3〕，宋人请滕〔4〕，皆不与盟〔5〕。叔孙曰：“邾、滕，人之私也，我，列国也，何故视之！宋、卫，吾匹也。”乃盟。故不书其族〔6〕，言违命也。晋、楚争先，晋人曰：“晋固为诸侯盟主，未有先晋者也。”楚人曰：“子言晋、楚匹也，若晋常先，是楚弱也。且晋、楚狎〔7〕主诸侯之盟也久矣，岂专在晋！”叔向谓赵孟曰：“诸侯归晋之德只〔8〕，非归其尸盟也〔9〕。子务德，无争先。且诸侯盟，小国固必有尸盟者〔10〕，楚为晋细〔11〕，不亦可乎？”乃先楚人。书先晋〔12〕，晋有信也。

【注释】

〔1〕季武子，鲁卿，是时执政。以公命，以鲁襄公之命告叔孙豹也。

〔2〕视邾、滕，以此二国为例也。

〔3〕齐人称邾为齐之属国。

〔4〕宋人称滕为宋之属国。

〔5〕二国既非独立国，故不与盟也。

〔6〕《春秋》仅言“豹及诸侯之大夫盟于宋”，不称叔孙豹。

〔7〕狎，更也。

〔8〕只，语助词。

〔9〕尸，主也。

〔10〕尸盟，主持加盟之事。

〔11〕楚主盟，正与小国尸盟相同，故与晋相形而见细也。

〔12〕《春秋》原文：“夏，叔孙豹会晋赵武、楚屈建、蔡公孙归生、卫石恶、陈孔奂、郑良霄、许人、曹人于宋。”

【译文】

季武子派人以鲁襄公的名义对叔孙豹说：“把我国看作和邾国、滕国等小国一样。”不久齐国人称邾国为属国，宋国人称滕国为属国，邾国、滕国都不参加盟会。叔孙豹说：“邾国、滕国，是别人的私属国，我国，是诸侯之国，为什么要看作和他们一样！宋国、卫国，才是和我们地位对等的。”于是就参加盟会。所以《春秋》不记载叔孙豹的族名，这是说他违背了鲁襄公命令的缘故。晋国和楚国争歃血盟誓的先后，晋国人说：“晋国本来是诸侯的盟主，从来没有在晋国之前歃血的。”楚国人说：“您说晋国、楚国的地位相等，如果晋国总是在前面，这就是说楚国比晋国弱。而且晋国和楚国轮换着主持诸侯的盟会已经很久了，怎么能专门由晋国主持！”叔向对赵文子说：“诸侯归服晋国的德行，不是归服它主持盟会。您致力于德行，不要去争执先后。而且诸侯举行盟会，本来就一定会有主持盟会的小国，就让楚国做主持盟会的小国，不也是可以的吗？”于是就让楚国先歃血。《春秋》记载把晋国放在前面，这是由于晋国有信的缘故。

壬午〔1〕，宋公兼享晋、楚之大夫。赵孟为客，子木与之言，弗能对；使叔向侍言〔2〕焉，子木亦不能对也。乙酉〔3〕，宋公及诸侯之大夫，盟于蒙门〔4〕之外。子木问于赵孟曰：“范武子〔5〕之德何如？”对曰：“夫子之家事治，言于晋国无隐情，其祝史陈信〔6〕于鬼神，无愧辞[7]。”子木归以语王[8]，王曰：“尚[9]矣哉，能歆[10]神人，宜其光辅五君[11]以为盟主也！”子木又语王曰：“宜晋之伯也，有叔向以佐其卿，楚无以当之，不可与争。”晋荀盈遂如楚涖[12]盟。

【注释】

〔1〕壬午为七月七日。

〔2〕侍言，在傍发言也。

〔3〕乙酉为七月十日。

〔4〕蒙门，宋城门。

〔5〕范武子即士会。

〔6〕陈信，叙述事实也。

〔7〕愧辞，虚伪可愧之言也。

〔8〕王，楚康王。

〔9〕尚与上通。

〔10〕歆音 xīn，享也。

〔11〕五君：晋文公、襄公、灵公、成公、景公也。

〔12〕涖，视也。康王未与会，故荀盈往楚，视其加盟。

【译文】

壬午，宋平公设享礼同时招待晋国和楚国的大夫。赵文子作为主宾坐首席，子木跟他说话，赵文子不能对答；让叔向在旁边帮着说话，子木也不能对答。乙酉，宋平公和诸侯的大夫们在蒙门外举行盟会。子木问赵文子说：“范武子的德行怎么样？”赵文子回答说：“这位先生的家事治理得井井有条，对晋国人来说没有隐瞒的事情，他家族的祝史向鬼神叙述事实，没有虚伪和令人羞愧的话。”子木回去把这话告诉楚康王。楚康王说：“高尚啊，能够让神和人都高兴，无怪乎他能辅佐五世国君成为盟主啊！”子木又对楚康王说：“晋国称霸诸侯是合适的，有叔向来辅佐它的卿，楚国没有和他相当的人，所以不可和晋国相争。”于是晋国的荀盈就去到楚国临视楚康王加盟。

宋左师请赏，曰：“请免死之邑[1]。”公与之邑六十以示子罕[2]。子罕曰：“凡诸侯小国，晋、楚所以兵威[3]之，畏而后上下慈和，慈和而后能安靖其国家，以事大国，所以存也。无威则骄，骄则乱生，乱生必灭，所以亡也。天生五材[4]，民并用之，废一不可，谁能去兵[5]？兵之设久矣，所以威不轨而昭文德也[6]，圣人以兴，乱人以废。废兴存亡昏明之术[7]，皆兵之由也，而子求之[8]，不亦诬乎！以诬道蔽[9]诸侯，罪莫大焉。纵无大讨而又求赏[10]，无厌之甚也。”削而投之[11]。左师辞邑。向氏[12]欲攻司城，左师曰：“我将亡，夫子存我，德莫大焉，又可攻乎？”君子曰：“‘彼已之子，邦之司直。[13]’乐喜之谓乎！‘何以恤我？我其收之。[14]’向戌之谓乎！”

【注释】

〔1〕免死之邑，赎罪免死之邑也，谦称。

〔2〕子罕即乐喜，宋大夫，官为司城。

〔3〕威，威胁也。

〔4〕五材：金、木、水、火、土也。

〔5〕兵，金也，天之所生，故不能去。

〔6〕不轨，不上轨道之国；昭文德，表现文化也。

〔7〕诸侯小国有昏有明，昏者则废之亡之，明者则兴之存之，其术皆必用兵。

〔8〕求，求去兵也。

〔9〕蔽，蒙蔽也。

〔10〕纵，宽纵也。讨，讨罚也。

〔11〕削，以刀削去其字也。古时书于竹简木札，故削去其字。投，投之于地。

〔12〕向氏，向戌之族也。

〔13〕二句见《诗·郑风·羔裘篇》，“己”作“其”。彼己之子，那个人也；司直，主持直言之官也。

〔14〕二句见《诗·周颂·维天之命篇》，“何以恤我”作“假以溢我”，假与暇通，胡也，怎样也。溢当作益。此句原意为怎样来帮助我？收，受也。

【译文】

宋国的左师向戌请求赏赐，说：“下臣请求赐给将来用来赎罪免死的城邑。”宋平公赐给他六十个城邑并把书写王命的简策给子罕看。子罕说：“凡是诸侯小国，晋国、楚国都用武力来威胁他们，使他们畏惧然后就上下慈爱和睦，慈爱和睦然后能安定他们的国家，以事奉大国，这是他们得以生存的原因。没有威胁就要骄傲，骄傲了就要发生祸乱，发生祸乱必然被灭亡，这就是他们灭亡的原因。上天产生了五材，百姓把他们一起使用，缺一不可，谁能够废除兵器？兵器的存在已经很久了，这是用来威慑不轨而宣扬文德的，圣人依靠它而兴起，作乱的人依靠它而遭到废弃。废兴、存亡、昏明的治术，都是由兵器而来的，而您谋求去掉它，这不是欺骗吗！以欺骗之术蒙蔽诸侯，没有比这再大的罪过了。纵然不受到大的讨伐已是幸运，反而还求取赏赐，贪得无厌到了极点了。”子罕就简策上的字削去并且扔在地上。向戌也就辞谢了城邑。向戌的族人想要攻打子罕，向戌说：“我将要灭亡时，他老人家救了我，没有比这再大的恩德了，又怎么可以攻打呢？”时人君子说：“‘那位人物，是国家主持正义的人。’这说的就是子罕吧！‘怎样来帮助我？我都将接受它。’这说的就是向戌吧！”

楚薳罢〔1〕如晋莅盟，晋侯〔2〕享之。将出，赋《既醉》〔3〕。叔向曰：“薳氏之有后于楚国也，宜哉！承君命，不忘敏。子荡将知政〔4〕矣。敏以事君，必能养民，政〔5〕其焉往？”

【注释】

〔1〕薳音 wěi，罢音 pí。薳罢即子荡，楚大夫，后为令尹。

〔2〕晋侯，晋平公也。

〔3〕见《诗·大雅·既醉篇》，首章："既醉以酒，既饱以德，君子万年，介尔景福。"介，助也，景，大也。大意以颂晋君。

〔4〕知政即执政。

〔5〕政指政权。

【译文】

楚国的薳罢去到晋国临视盟会，晋平公设享礼招待他。薳罢将要退席的时候，赋了《既醉》这首诗。叔向说："薳氏的后代在楚国长享禄位，应当啊！承受国君的命令，不忘记敏捷从事。子荡将要执政了。用敏捷来事奉国君，必然能保养百姓，国家的执政大权还跑到哪儿去？"

昭公元年（前五四一）

元年春，楚公子围〔1〕聘于郑，且娶于公孙段氏，伍举为介。将入馆，郑人恶之〔2〕，使行人子羽与之言，乃馆于外。既聘，将以众逆〔3〕，子产〔4〕患之，使子羽辞曰："以敝邑褊小〔5〕，不足以容从者，请墠〔6〕，听命。"令尹命大宰〔7〕伯州犁对曰："君辱贶〔8〕寡大夫围，谓围：'将使丰氏〔9〕抚有而室。'围布几筵〔10〕，告于庄、共〔11〕之庙而来。若野赐之〔12〕，是委君贶于草莽也，是寡大夫不得列于诸卿也。不宁唯是〔13〕，又使围蒙其先君〔14〕，将不得为寡君老〔15〕。其蔑〔16〕以复矣，唯大夫图之。"子羽曰："小国无罪，恃实其罪〔17〕。将恃大国之安靖己，而无乃包藏祸心以图之，小国失恃而惩诸侯[18]，使莫不憾者，距违君命而有所壅塞不行是惧[19]。不然，敝邑，馆人之属也[20]，其敢爱丰氏之祧[21]！”伍举知其有备也，请垂櫜[22]而入，许之。正月乙未[23]，入逆而出。遂会于虢[24]，寻宋之盟也。

【注释】

〔1〕公子围，楚康王弟，时为令尹。

〔2〕恶音 wù。

〔3〕将以兵众迎新妇也。

〔4〕子产，郑执政。

〔5〕褊音 biǎn，狭小也。

〔6〕墠音 dàn，除地以祭也。郑人欲于城外辟地除草以行婚礼。

〔7〕令尹即公子围；大宰读太宰。

〔8〕贶音 kuàng，赐也。

〔9〕丰氏即公孙段氏。

〔10〕布，设也。设几筵以祭。

〔11〕庄王，公子围祖父；共王，其父。

〔12〕若野赐之，若赐之于野也。

〔13〕不宁唯是，不仅如此也。

〔14〕蒙，欺也。先君指庄王、共王。

〔15〕老，大臣也。

〔16〕蔑，无也。

〔17〕恃实其罪，其罪在恃靠大国而无备也。

〔18〕惩诸侯，使诸侯受此警诫也。

〔19〕倒句，是惧距违君命而有所壅塞不行也。

〔20〕馆人，守客馆之人也。

〔21〕祧，远祖之庙也。行婚礼必祭祖庙，言其非爱惜丰氏之祖庙，而惟恐楚人之乘虚袭郑也。

〔22〕櫜音 gāo，敛藏武器之囊也。垂，倒也，以示不藏武器。

〔23〕乙未为正月十六日。

〔24〕会于虢，公子围及诸侯之大夫会于虢。虢，郑地，今河南荥泽县有虢亭。

【译文】

元年春季，楚国的公子围到郑国去聘问，并且娶了公孙段的女儿为妻，当时是由伍举作为副使。将要进入客馆，郑国人讨厌他们，派行人官子羽通知他们，于是就住在城外。聘问之礼举行以后，将要带领兵众去迎娶，子产担心这件事，派子羽辞谢说：“由于敝邑狭小，不足以容纳您的随从，请求在城外辟地除草以举行婚礼，再听取您的命令。”令尹命令太宰伯州犁回答说：“承蒙贵君赐给寡大夫围以恩惠，对围说：‘将要让丰氏的女儿嫁给你做妻子。’于是围就陈列几筵设祭，在庄王、共王的宗庙中祭告后前来迎娶。如果在野外赐给他，这是把贵君的恩赐丢弃在草丛中，也让寡大夫不能处在卿的行列里。不仅如此，又让围欺骗了他的先君，将要不再能做寡君的大臣。恐怕也不能回去复命了，请大夫好好考虑一下吧。”子羽说：“小国没有罪过，如果依靠大国而不设防备就是罪过。小国打算依靠大国安定自己，而大国却恐怕是包藏祸心来打小国的主意吧，怕的是小国失去了依靠就会让诸侯感到不安，而使他们全都怨恨大国，我们这是惧怕他们将对贵国君王的命令抗拒违背而使它行不通。如果不是基于这样的考虑，敝邑其实就如同替贵国守客馆的人，又怎敢吝惜丰氏的宗庙？”伍举知道郑国有了防备，请求倒悬弓袋进入郑国国都，郑国才同意了。正月乙未，公子围进入国都迎娶后出来。于是就和诸侯的大夫们在虢地举行盟会，这是为了重温宋国盟会的友好。

祁午[1]谓赵文子曰：“宋之盟，楚人得志于晋。今令尹之不信，诸侯之所闻也，子弗戒，惧又如宋。子木之信称于诸侯，犹诈晋而驾[2]焉，况不信之尤[3]者乎？楚重得志于晋，晋之耻也。子相晋国以为盟主，于今七年矣，再合诸侯[4]，三合大夫[5]，服齐、狄，宁东夏[6]，平秦乱[7]，城淳于[8]，师徒不顿[9]，国家不罢[10]，民无谤讟[11]，诸侯无怨，天无大灾，子之力也。有令名矣，而终之以耻，午也是惧。吾子其不可以不戒。”文子曰：“武受赐矣。然宋之盟，子木有祸人[12]之心，武有仁人之心，是楚所以驾于晋也。今武犹是心也，楚又行僭[13]，非所害也。武将[14]信以为本，循而行之，譬如农夫，是穮是蔉[15]，虽有饥馑[16]，必有丰年。且吾闻之：‘能信不为人下。’吾未能[17]也。《诗》曰[18]：‘不僭不贼[19]，鲜不为则[20]。’信也。能为人则者不为人下矣。吾不能是难[21]，楚不为患。”楚令尹围请用牲，读旧书[22]，加于牲上而已。晋人许之。三月甲辰[23]，盟。

【注释】

〔1〕祁午，晋大夫。

〔2〕驾，居其上也。

〔3〕尤，更甚也。不信之尤，指公子围。

〔4〕襄公二十五年(前五四八)会于夷仪，二十六年(前五四七)会于澶渊。

〔5〕襄公二十七年(前五四六)会于宋，三十年(前五四三)会于澶渊，及本年会于虢。

〔6〕东夏，东方夏族诸国也。

〔7〕襄公二十六年(前五四七)秦、晋复交。

〔8〕淳于，今山东安丘县东北三十里。襄公二十九年(前五四四)城淳于。

〔9〕顿，劳也。

〔10〕罢与疲通。

〔11〕讟音 dú，诽谤也。

〔12〕祸人，加祸于人。

〔13〕僭，诈也，不信也。

〔14〕将，持也。

〔15〕穮音 biāo，耘田也。蔉音 gǔn，壅苗也。

〔16〕馑音 jǐn。谷不熟曰饥，菜不熟曰馑，饥馑连称则为荒年。

〔17〕未能，自恐未能信也。

〔18〕见《诗·大雅·抑篇》。

〔19〕不僭不贼，不失信，不贼害也。

〔20〕鲜，少也；则，准则也。

〔21〕不能是难，以不能实行不僭不贼为难也。

〔22〕旧书，襄公二十七年会于宋之盟书，楚人先晋。用旧书，则不能有所更动也。

〔23〕甲辰为三月二十六日。

【译文】

祁午对赵文子说："在宋国的盟会，楚国人满足了压倒晋国的欲望。如今的令尹不守信用，这是诸侯都听说的，您如果还不戒备，恐怕又会像在宋国一样。子木的守信为诸侯所称道，尚且欺骗晋国而凌驾在上，何况是更加不守信用的呢？楚国再次占晋国的上风，将是晋国的耻辱。您辅佐晋国作为盟主，到现在已经七年了，两次会合诸侯，三次会合诸侯的大夫们，使齐国、狄人归服，使华夏的东方国家安宁，平定秦国的动乱，在淳于修筑城池，军队不疲弊，国家不疲乏，百姓没有诽谤，诸侯没有怨言，天不降大灾，这是您的功劳。有了好名声，反而用耻辱来结束，我就是害怕这个。您不能不警惕。"赵文子说："我接受您恩赐的教诲了。然而在宋国的盟会，子木有害人之心，我有爱人之心，这就是楚国所以凌驾在晋国之上的缘故。现在我还是怀着这样的心，楚国又不守信用，这就不是他所能为害的了。我将以信作为根本，依循这一点从事，譬如农夫，只要勤恳地耘田壅苗，即使遇到荒年，最终必然获得丰厚的年成。而且我听闻：'能守信就不会位居人下。'我恐怕还是不能做到守信啊。《诗》说：'不失信又不贼害，很少不能作为榜样。'这是由于守信的缘故。能够做别人榜样的就不会位居人下了。我的难处在于不能做到这一点，楚国不能造成祸患。"楚国的令尹公子围请求使用牺牲，宣读一遍过去的盟约，然后放在牺牲上面即可。晋国人答应了。三月甲辰，订立盟约。

楚公子围设服离卫〔1〕。叔孙穆子〔2〕曰："楚公子美矣君哉[3]！”郑子皮[4]曰：“二执戈者前矣[5]。”蔡子家曰[6]：“蒲宫有前[7]，不亦可乎？”楚伯州犁曰：“此行也，辞而假之寡君。”郑行人挥曰[8]：“假不反矣[9]。”伯州犁曰：“子姑忧子皙之欲背诞也[10]。”子羽曰：“当璧犹在[11]，假而不反，子其无忧乎？”齐国子曰[12]：“吾代二子愍矣[13]。”陈公子招[14]曰：“不忧何成[15]？二子乐矣。”卫齐子曰[16]：“苟或知之，虽忧何害？”宋合左师曰[17]：“大国令，小国共[18]，吾知共而已。”晋乐王鲋曰[19]：“《小旻》之卒章善矣[20]，吾从之。”退会，子羽谓子皮曰：“叔孙绞而婉[21]，宋左师简而礼，乐王鲋字[22]而敬，子与子家持之[23]，皆保世之主也[24]。齐、卫、陈大夫，其不免乎！国子代人忧，子招乐忧[25]，齐子虽忧弗害。夫弗及而忧[26]，与可忧而乐，与忧而弗害，皆取忧之道也，忧必及之。《大誓》曰[27]：‘民之所欲，天必从之。’三大夫兆忧，能无至乎？言以知物[28]，其是之谓矣。”

【注释】

〔1〕设服，设为人君之服也。离，陈也。离卫，陈列侍卫，即下文之二执戈者。

〔2〕叔孙穆子即叔孙豹。

〔3〕美矣为赞美之辞，君哉指其同于君主。

〔4〕子皮，郑大夫。

〔5〕前矣，在前也。

〔6〕子家即公孙归生。

〔7〕蒲宫，缉蒲为宫，言公子围所居，同于君主之宫，出有前戈，不足为异。

〔8〕行人，官名。挥即子羽。

〔9〕言其将为君主，所假借之物，不复归还。

〔10〕子皙即郑大夫公孙黑。背，叛也；诞，放诞也。伯州犁告子羽姑且以郑公孙黑之背叛放诞为忧。其后公孙黑果作乱。

〔11〕楚共王有五子：公子招、公子围、公子黑肱、公子比、公子弃疾。共王埋璧于祖庙庭中，祝曰："当璧而拜者，神所立也。"五人依长幼入拜：公子招跨其上，公子围肘加其上，公子黑肱、公子比皆远之，公子弃疾当璧而拜。共王死，公子招为康王，康王死，其子为王，此言公子弃疾犹在，即使公子围自立为王，岂能无忧？其后围为灵王，灵王自杀，弃疾为平王。

〔12〕国子即国弱，齐大夫。

〔13〕愍，忧也，代公子围及伯州犁忧也。

〔14〕公子招，陈大夫。

〔15〕言必先有忧而后成功。

〔16〕齐子，卫大夫齐恶。

〔17〕合左师即向戌。

〔18〕共与恭通。

〔19〕乐音 yuè。乐王鲋，晋大夫。

〔20〕《小旻》，《诗・小雅》篇名；卒章："不敢暴虎，不敢冯河，人知其一，莫知其他，战战兢兢，如临深渊，如履薄冰。"大意谓不敢冒险，谨慎畏惧也。

〔21〕绞，切也。讥其似君，反谓之美，故曰婉。

〔22〕字，爱也。

〔23〕持，执中也。

〔24〕春秋时贵族之中，一族之长曰主，保世之主，言其族可以久传也。

〔25〕乐忧，以忧为乐也。

〔26〕弗及而忧，事不及己而妄忧也。

〔27〕大读泰。《泰誓》，《书》篇名。

〔28〕物，类也。

【译文】

楚国的公子围陈列了国君的服饰，两个卫士执戈站在旁边。叔孙豹说："楚国的公子仪仗服饰华美得像个国君一样啊！"郑国的子皮说："两个执戈的人站到前面来了。"蔡国的子家说："他身居蒲宫并有一对执戈卫士站在前面守卫，不也可以吗？”楚国的伯州犁说：“这些东西是这次出来的时候，向寡君请求而借来的。”郑国的行人官子羽说：“借了就不还了。”伯州犁说：“您还是去担心一下你们的子皙想要背叛放诞吧。”子羽说：“公子弃疾还在那里，借了不还，您难道没有忧虑吗？”齐国的国弱说：“我替这两位担心啊。”陈国的公子招说：“不忧虑怎么能成事？这两位可高兴啦。”卫国的齐恶说：“如果事先知道，即使有忧虑又有什么危害？”宋国的向戌说：“大国发布命令，小国恭谨从事，我知道恭谨这一点就行了。”晋国的乐王鲋说：“《小旻》的最后一章很好啊，我将照着那样做。”退出会场，子羽对子皮说：“叔孙豹的言辞恰切而委婉，宋国左师的语言简明而合于礼，乐王鲋自爱而恭敬，您和子家说话执中得当，都是可以保全宗族几代爵禄的人。齐国、卫国、陈国的大夫，大概不能免于祸难吧！国子替人忧虑，子招把忧虑当成快乐，齐子虽然有忧虑却并不当作危害。那些事不关己而替人忧虑的，和那些应当忧虑反而高兴的，还有那些把忧虑不当作危害的，都是招致忧虑的方式，忧虑必然会降临到他们的身上。《大誓》说：‘百姓所要求的，上天必然听从。’这三位大夫有了忧虑的征兆，忧虑能不来吗？体察言语来了解祸福的类别，说的就是这种情况吧。”

令尹享赵孟，赋《大明》之首章[1]，赵孟赋《小宛》之二章[2]。事毕，赵孟谓叔向曰：“令尹自以为王矣，何如？”对曰：“王弱，令尹彊[3]，其可哉；虽可，不终[4]。”赵孟曰：“何故？”对曰：“彊以克弱而安之[5]，彊不义也[6]。不义而彊，其毙必速。《诗》曰[7]：‘赫赫宗周[8]，褒姒灭之[9]。’彊不义也。令尹为王，必求诸侯，晋少懦矣，诸侯将往。若获诸侯，其虐滋甚，民弗堪也，将何以终？夫以彊取，不义而克，必以为道[10]，道以淫虐，弗可久已矣。”

【注释】

〔1〕《大明》,《诗·大雅》篇名。首章:“明明在下,赫赫在上,天难忱斯,不易维王,天位殷適,使不挟四方。”赫赫,显也;忱,信也;適与嫡通;挟,达也。大意言天威显赫,难于遽信,王位不易,天使殷之嫡子,命令不达于四方。

〔2〕《小宛》,《诗·小雅》篇名。二章:“人之齐圣,饮酒温克,彼昏不知,壹醉日富,各敬尔仪,天命不又。”齐,敬也;圣,聪也。大意谓饮酒之时,恭敬聪明之人,态度温和,昏昧之人则每日以醉为福(富)。天命不再,当各敬其礼仪也。

〔3〕彊与强通。

〔4〕不终,无良好之结果也。

〔5〕强者战胜弱者而心安自得。

〔6〕不义,不合理也。

〔7〕见《诗·小雅·正月篇》。

〔8〕宗周,周也。

〔9〕滅,《诗》作威,灭也。

〔10〕道,规律也。

【译文】

令尹设享礼招待赵孟,赋《大明》的第一章,赵孟赋《小宛》的第二章。享礼结束后,赵孟对叔向说:“令尹自以为是国君了,怎么样?”叔向回答说:“国君弱,令尹强,大概是可以成功的吧;虽然可以成功,不能有好的结果。”赵孟说:“为什么?”叔向回答说:“强者战胜弱者而心安理得,虽然强大却不义。不义而强大,他的灭亡必然很快。《诗》说:‘声威赫赫的宗周,褒姒灭亡了它。’这是由于强大却不义的缘故。令尹做了国君,必然会求取诸侯的归服,晋国有些衰弱了,诸侯就会投靠他。如果得到了诸侯,他的暴虐就更厉害,百姓不能忍受,他凭什么得到善终?用强力来取得君位,不义而获得成功,他必然把它作为常道,把荒淫暴虐作为常道,是不能持久的啊。”

夏四月,赵孟、叔孙豹、曹大夫入于郑,郑伯〔1〕兼享之。子皮戒[2]赵孟，礼终，赵孟赋《瓠叶》[3]。子皮遂戒穆叔，且告之。穆叔曰："赵孟欲一献[4]，子其从之。"子皮曰："敢乎？"穆叔曰："夫人[5]之所欲也，又何不敢？"及享，具五献之笾豆于幕下[6]，赵孟辞，私[7]于子产曰："武请于冢宰[8]矣。"乃用一献。赵孟为客，礼终，乃宴。穆叔赋《鹊巢》[9]，赵孟曰："武不堪也[10]。"又赋《采蘩》[11]，曰："小国为蘩，大国省穑而用之[12]，其何实非命[13]！"子皮赋《野有死麕》之卒章[14]。赵孟赋《常棣》[15]，且曰："吾兄弟比以安[16]，尨也可使无吠。"穆叔、子皮及曹大夫兴[17]，拜，举兕爵曰[18]："小国赖子，知免于戾矣[19]。"饮酒，乐，赵孟出曰："吾不复此矣[20]。"

【注释】

〔1〕郑伯，郑简公。

〔2〕戒，事前通知也。

〔3〕《瓠叶》，《诗·小雅》篇名。首章："幡幡瓠叶，采之亨之，君子有酒，酌言尝之。"幡幡，翩翩也。亨与烹通。言，语助辞。大意谓瓠叶可烹，君子之酒可尝，取其简单也。

〔4〕一献，士饮酒之礼。

〔5〕夫人指赵孟。

〔6〕五献，享大国正卿之礼。笾、豆，所以置食物之器，竹制者曰笾，音 biān，木制者曰豆。具于幕下，以备进食也。

〔7〕私，从旁相告也。

〔8〕冢宰，执政之人也，指子皮。

〔9〕《鹊巢》，《诗·召南》篇名。首章："维鹊有巢，维鸠居之，之子于归，百两御之。"穆叔借以赞美赵孟归国，礼仪之盛。

〔10〕不堪，不敢当也。

〔11〕《采蘩》，《诗·召南》篇名。首章："于以采蘩，于沼于沚，

于以用之，公侯之事。”蘩，皤蒿也。大意谓沼泽之中，采取微贱之物，以供公侯祭祀之事。

〔12〕省音 xǐng，察看也。穑音 sè，爱惜也。

〔13〕实借作适，往也。何实非命，何往非命也。

〔14〕《野有死麕》，《诗·召南》篇名。卒章：“舒而脱脱兮，无感我帨兮，无使尨也吠。”麕音 jūn，獐也。脱脱，舒迟也。感与撼通。帨音 shuì，佩巾也。尨音 máng，狗也。恋爱之诗，女告男以态度从容，勿使狗惊吠。

〔15〕《常棣》，《诗·小雅》篇名。首章：“常棣之华，鄂不韡韡，凡今之人，莫如兄弟。”常与棠通，华与花通。鄂不与萼跗通。韡音 wěi，韡韡，光明也。

〔16〕晋、鲁、曹、郑，皆姬姓，故曰兄弟；比以安，亲近能相安也。

〔17〕兴，起立也。

〔18〕兕音 sì，犀牛之雌者。兕爵，兕角所作之饮器。

〔19〕戾音 lì，罪也。

〔20〕不复此，不复见此乐也。

【译文】

夏季四月，赵孟、叔孙豹、曹国的大夫进入郑国国都，郑简公设享礼同时招待他们。子皮事先去通知赵孟享礼的时间，享礼结束后，赵孟将会赋《瓠叶》这首诗。子皮接着去通知叔孙豹，同时告诉他赵孟赋诗的事。叔孙豹说：“赵孟想要行一献之礼，您还是听从他吧。”子皮说：“敢吗？”叔孙豹说：“那个人想要这样做，又有什么不敢？”等到举行享礼，在幕下准备了行五献之礼的笾和豆，赵孟辞谢，私下对子产说：“我已经向执政之人请求过了。”于是就使用了一献之礼。赵孟作为主宾，享礼完毕，就开始饮宴。叔孙豹赋了《鹊巢》这首诗，赵孟说：“我不敢当啊。”叔孙豹又赋了《采蘩》这首诗，说：“小国献上蘩，大国都爱惜而加以使用，怎么敢不服从大国的命令！”子皮赋了《野有死麕》的最后一章。赵孟赋《常棣》这首诗，并且说：“我们兄弟之国亲密而能相安，可以让狗不叫了。”叔孙豹、子皮和曹国的大夫起立，下拜，举起犀牛角做的酒杯说：“小国依靠着您，知道可以免于罪过了。”大家喝着酒，心情很愉悦，赵孟出来后说：“我再也见不到这样的欢乐了。”

天王使刘定公劳赵孟于颍[1]，馆于雒汭[2]。刘子曰：“美哉禹功，明德远矣。微[3]禹，吾其鱼乎！吾与子弁冕端委[4]以治民、临诸侯，禹之力也。子盍亦远绩[5]禹功而大庇民乎？”对曰：“老夫罪戾是惧，焉能恤远？吾侪偷食[6]，朝不谋夕，何其长也！”刘子归以语王曰：“谚所谓‘老将知而耄及之’者[7]，其赵孟之谓乎！为晋正卿以主诸侯而侪于隶人，‘朝不谋夕！’弃神人矣。神怒民叛，何以能久？赵孟不复年矣。神怒不歆其祀[8]，民叛不即其事[9]，祀事不从，又何以年？”

【注释】

〔1〕天王，周景王也。刘定公即刘子，周卿士。颍，周地。

〔2〕雒音 luò，水名；汭音 ruì，水曲流为汭。雒汭在今河南巩县。

〔3〕微，无也。

〔4〕弁冕，冠也；端委，礼服也。

〔5〕绩，继也。

〔6〕侪音 chái，等也。偷食，苟且生活也。

〔7〕耄音 mào，昏乱也。

〔8〕歆音 xīn，享也。

〔9〕即，就也。

【译文】

周景王派刘定公在颍地慰劳赵孟，让他住在雒汭。刘定公说：“大禹的功绩真是壮美啊，他美好的德行是多么地深远。如果没有禹，我们大概要变成鱼了吧！我和您戴着冠穿着礼服来治理百姓、面对诸侯，都是禹的功劳。您何不也远继禹的功绩而大大地庇护百姓呢?”赵孟回答说:“老夫惟恐犯下罪过，哪里能考虑到长远的事情呢?我辈苟且度日，早晨考虑不到晚上，哪里能够作长远考虑呢!”刘定公回去把情况告诉周景王说:“谚语所说‘老了会聪明些，可是昏乱也跟着来了’，这说的就是赵孟吧!做晋国的正卿以主持诸侯，却又把自己等同于那些下贱的人，‘早晨考虑不到晚上!’这是丢弃了神灵和百姓了。神灵发怒而百姓背叛，怎么能够长久?赵孟活不过年底了。神灵发怒而不享用他的祭祀，百姓背叛而不肯替他做事，祭祀的大事不能完成，又怎么能活得过今年?”

【讲评】

从僖公二十五年(前六三五)晋公子重耳归国到襄公二十七年(前五四六)为止，这九十年中，晋、楚两国，为了争夺霸权，曾经发生三次大战，诸小国的奔走道路，人民的流离死亡，都是战争的结果，因此必然地要产生国际和平运动。第一次是成公十二年(前五七九)由宋华元发动，晋士燮、楚公子罢盟于宋西门之外。这一次的和平，维持了三年，以成公十五年(前五七六)楚人伐郑而告结束。第二次就是这一篇所记，由宋向戌发动，以定公四年(前五〇六)晋为召陵之会侵楚而告结束。两次和平运动都由宋人发动，这和宋的国际地位，以及它的地理位置都有关系。第一次的运动，因为双方的力量还没有得到平衡，所以三年而后，要来一次比较;待到第二次和平运动发动的前夕，晋楚的势力都已经大大地削弱了:晋人因为贵族内部的纷争，已经面临着分裂的局势，而楚国也因为吴人的勃兴，急于要抽出力量，向东反扑，这就铸定了二次运动的必然成功。在这一次盟约之中，楚人占了优势，也证明了团结的力量，必定大于分裂。对于这次和平运动的价值，我们不要估计太高，因为运动以前，小国上面止有一个霸主，运动以后，晋、楚双方都是霸主，小国的君主，在道路中度过了岁月，(哀公二年大宰嚭曰:“国君道长。”可证。)而小国的人民，更加重了一倍的负担。这也就为战国后期人民的要求统一，铺平了道路。这一篇的记载，指示出当时的情势，同时也从赵文子的形象中，使人意味到晋人因为内部的斗争，已经感到衰老了。

郑子产执政

襄公三十年（前五四三）

郑子皮授子产政[1]，辞曰："国小而偪[2]，族大宠多[3]，不可为也。"子皮曰："虎帅以听[4]，谁敢犯子？子善相之。国无小[5]，小能事大，国乃宽。"子产为政，有事伯石[6]，赂与之邑[7]。子大叔曰[8]："国皆其国也，奚独赂焉？"子产曰："无欲实难，皆得其欲，以从其事而要[9]其成。非我有成[10]，其在人乎？何爱于邑？邑将焉往？"子大叔曰："若四国何[11]？"子产曰："非相违也[12]，而相从也，四国何尤焉？《郑书》有之曰[13]：'安定国家，必大焉先[14]。'姑先安大以待其所归。"既[15]，伯石惧而归邑[16]，卒与之[17]。伯有既死[18]，使大史命伯石为卿[19]，辞，大史退则请命焉。复命之，又辞，如是三，乃受策入拜[20]。子产是以恶其为人也[21]，使次己位。子产使都鄙有章[22]，上下有服[23]，田有封洫[24]，庐井有伍[25]。大人[26]之忠俭者从而与之，泰侈者[27]因而毙之。丰卷[28]将祭，请田[29]焉，弗许，曰："唯君用鲜[30]，众给而已[31]。"子张怒，退而征役[32]，子产奔晋，子皮止之而逐丰卷。子产请其田里[33]，三年而复之[34]，反其田里及其入焉[35]。从政一年，舆人诵之曰[36]：“取我衣冠而褚之[37]，取我田畴而伍之[38]。孰杀子产，吾其与之[39]！”及三年，又诵之曰：“我有子弟，子产诲之；我有田畴，子产殖之。子产而死，谁其嗣之？”

【注释】

〔1〕子皮，郑卿，是年为郑简公二十三年，子皮退休，以政权授子产。

〔2〕偪，近也，逼近大国。

〔3〕是时郑贵族甚多，各有实力，内哄不息，故有此语。

〔4〕虎即子皮，子皮自言带头听命。

〔5〕无小，无所谓小，犹谓国小不是不能办好的条件。

〔6〕伯石，郑贵族之一；有事，与伯石有所协商也。

〔7〕赂与之邑，以邑与之以讨好也。

〔8〕大读作太。子大叔，郑卿。

〔9〕要求也。

〔10〕非我一人所能成也。

〔11〕四国犹四方，恐为四邻所笑。

〔12〕相违，分裂也。

〔13〕《郑书》，郑之记载之书，今已亡。

〔14〕必大焉先，倒句，指必先团结大族。

〔15〕既，事后也。

〔16〕归，退还也。

〔17〕卒，最后也。

〔18〕伯有，郑卿，因内哄奔许，是年归国，被杀。

〔19〕大史读太史。古时命卿，由太史执策书命之。

〔20〕受策入拜，受策书入拜郑君，接受命令也。

〔21〕恶音 wù，憎恨也。

〔22〕都鄙即城乡。有章，各有规定也。

〔23〕有服，贵贱服色不同也。

〔24〕封，疆界也；洫音 xù，沟洫也。

〔25〕庐指房屋，井指田亩。有伍，编组也。

〔26〕大人，贵族也。

〔27〕泰侈，越轨也。
〔28〕丰卷，郑贵族。
〔29〕田，田猎。
〔30〕鲜，新杀之兽。
〔31〕众给，众人止求对付，不必新杀也。
〔32〕征役，征集部属也。
〔33〕请其田里，请保留其田里也。
〔34〕复，召回丰卷。
〔35〕入，收入也。
〔36〕诵，口头之歌也。
〔37〕褚，与储通。上下有服，衣冠不得相乱，故储之。
〔38〕田与田相并曰畴。伍，编定也。
〔39〕与，助也。

【译文】

郑国的子皮把政权交给子产，子产辞谢说："国家小而逼近大国，公族庞大而受宠的人又多，没法治理好。"子皮说："我率领他们听从您，谁敢触犯您？您好好地辅佐国政吧。国家无所谓小，小国能够事奉大国，国家就可以不受逼迫。"子产治理政事，与伯石有所协商，而且赠送给他城邑。子大叔说："国家是所有郑国人的国家，为什么独独赠送给他城邑？"子产说："一个人要没有欲望确实是很难的，我现在就是使他们的欲望都得到满足，然后去为国家办事并且要求他们获得成功。这不是我一个人所能成功的，恐怕还是在于他人吧？对城邑有什么可吝惜的？城邑会跑到哪里去呢？"子大叔说："四方邻国将怎么看待？"子产说："这样做不是为了分裂国家，而是为了使国家和顺，四方邻国能责备我们些什么呢？《郑书》有这样的话：'安定国家，一定要先团结大族。'姑且先安抚大族而等待他们给国家带来的馈赠。"事后，伯石感到惧怕而把封邑退还，最终子产还是把城邑赐给了他。伯有死了以后，郑简公派太史去任命伯石做卿，伯石辞谢，太史退出，伯石又请求太史重新发布命令。重新发布命令，再次辞谢，像这样一连三次，这才接受策书入朝拜见郑简公。子产因此憎恶伯石的为人，但也只好让他居于仅次于自己的地位。子产让城市和乡村各有规定，上下尊卑各有不同服色，田土各有四界和沟渠，房屋和田亩各有编组。听从并且亲近贵族中那些忠诚俭朴的人，处死那些骄傲奢侈到越轨的人。丰卷准备祭祀，请求田猎以获取祭品，子产不答应，说："只有国君祭祀才用新猎取的野兽，一般人只要祭品齐备、足够对付就行了。"丰卷发怒，退出以后就召集部属，子产准备逃亡到晋国，子皮阻止了他而驱逐了丰卷。子产请求保留丰卷的田地住宅，三年之后召回丰卷，把他的田地住宅和一切收入都退还给他。子产参与政事一年，人们口头歌唱他说："拿走我们的衣冠并把它们藏起来，拿走我们的田畴并把它们重新编组。如果有谁杀死子产，我就一定会帮助他！"到了三年，又歌唱他说："我有子弟，子产教诲；我有田畴，子产使它繁盛。万一子产逝世，有谁来接替他呢？"

襄公三十一年(前五四二)

公薨之月〔1〕，子产相郑伯〔2〕以如晋，晋侯以我丧故〔3〕，未之见也〔4〕。子产使尽坏其馆之垣〔5〕而纳车马焉。士文伯让之曰〔6〕："敝邑以政刑之不修，寇盗充斥〔7〕，无若诸侯之属辱在寡君者何，是以令吏人完客所馆〔8〕，高其闬闳〔9〕，厚其墙垣，以无忧客使〔10〕。今吾子坏之，虽从者能戒，其若异客何〔11〕？以敝邑之为盟主，缮完葺墙〔12〕以待宾客，若皆毁之，其何以共命〔13〕？寡君使匄请命〔14〕。"对曰："以敝邑褊小〔15〕，介于大国，诛求无时〔16〕，是以不敢宁居，悉索敝赋，以来会时事〔17〕。逢执事之不间〔18〕而未得见，又不获闻命，未知见时，不敢输币〔19〕，亦不敢暴露。其输之〔20〕，则君之府实也〔21〕，非荐陈之〔22〕，不敢输也；其暴露之，则恐燥湿之不时而朽蠹[23]，以重敝邑之罪。侨[24]闻文公之为盟主也，宫室卑庳[25]，无观台榭[26]，以崇大诸侯之馆。馆如公寝，库厩[27]缮修，司空以时平易[28]道路，圬人以时塓[29]馆宫室，诸侯宾至[30]，甸设庭燎[31]，仆人巡宫，车马有所，宾从有代[32]，巾车脂辖[33]，隶人牧圉各瞻其事[34]，百官之属各展其物，公不留宾[35]而亦无废事，忧乐同之，事则巡之[36]，教其不知而恤其不足。宾至如归，无宁菑患[37]，不畏寇盗，而亦不患燥湿。今铜鞮之宫[38]数里而诸侯舍于隶人，门不容车而不可逾越，盗贼公行而夭厉不戒[39]。宾见无时，命不可知，若又勿坏，是无所藏币以重罪也。敢请[40]执事，将何以命之？虽君之有鲁丧，亦敝邑之忧也。若获荐币，修垣而行，君之惠也，敢惮勤劳[41]？"文伯复命。赵文子曰[42]："信。我实不德而以隶人之垣以赢[43]诸侯，是吾罪也。"使士文伯谢不敏焉。晋侯见郑伯有加礼，厚其宴好而归之，乃筑诸侯之馆。叔向曰[44]："辞之不可以已也如是夫[45]。子产有辞，诸侯赖之。若之何其释辞也！《诗》[46]曰：'辞之辑[47]矣，民之协矣；辞之绎[48]矣，民之莫矣[49]。'其知之矣。"

【注释】

〔1〕公，鲁襄公。诸侯之死曰薨，音 hōng。襄公死于六月。

〔2〕郑伯，郑简公。

〔3〕晋侯，晋平公，以其同盟国鲁侯之丧，停止办公。

〔4〕未之见也，倒句，未见之也。

〔5〕垣音 yuán，墙也。

〔6〕士文伯即士匄。晋司空之官，与《晋悼复霸篇》之士匄同名而非一人。让，责也。

〔7〕斥，满也。

〔8〕完，治也。所馆，所居也。

〔9〕闬音 hàn，门也。闳音 hóng，巷门也。

〔10〕无忧客使，无令客使为之忧愁也。

〔11〕异客，其他之客。

〔12〕缮完当作缮宇。葺墙，以草覆墙也。

〔13〕共与供通。

〔14〕请命，请示也。

〔15〕褊音 biǎn，狭小也。

〔16〕诛，责也。无时，无定时也。

〔17〕时事，随时朝会之事。

〔18〕不间，无暇也。

〔19〕币指进献之物。

〔20〕假设词。输，进入也。

〔21〕府实，府库收纳之物也。

〔22〕荐陈，献见也。

〔23〕蠹音 dù，虫耗也。

〔24〕侨，子产之名。

〔25〕庳音 bì，卑也。

〔26〕观与馆通。榭音 xiè，台上之屋也。

〔27〕厩音 jiù，马房也。

〔28〕司空，土木建筑之官。易，治也。

〔29〕圬音 wū，圬人，治房屋之工。塓音 mì，涂也。

〔30〕宾至，作为宾客而至也。

〔31〕甸音 diàn，甸人，掌薪烛之人。燎音 liào，庭燎，设火于庭也。

〔32〕有代，有人代为服役也。

〔33〕巾车，主车之官。脂，加油脂也。辖，车轴头也。

〔34〕圉音 yǔ，养马者。各瞻其事，各视其事也。

〔35〕不留宾，不使宾客淹留也。

〔36〕巡，行也。

〔37〕无宁，宁也。菑与灾通。宁有灾患也。

〔38〕鞮音 dī。铜鞮，晋离宫名，在今山西沁县南。
〔39〕夭厉或作天厉。厉，灾病也。
〔40〕敢请，请问也。
〔41〕敢惮勤劳，不敢惮畏勤劳也。
〔42〕赵文子即赵武，晋卿。
〔43〕赢，受也，接待也。
〔44〕叔向，晋大夫。
〔45〕辞，言辞也。夫，语助辞。
〔46〕见《诗·大雅·板篇》。
〔47〕辑，和也。
〔48〕《诗》作“辞之怿矣”。怿，悦也。
〔49〕莫，定也。

【译文】

襄公去世的那个月，子产辅佐郑简公到晋国去，晋平公由于我国有丧事，没有接见他们。子产派人将晋国客馆的围墙全部拆毁而安放自己的车马。士文伯责备他说：“敝邑由于政事和刑罚不能修明，到处都是盗贼，但也不能让他们扰乱到屈尊前来存问寡君的诸侯臣属，因此派官吏修缮宾客所住的馆舍，加高大门，增厚围墙，以不让宾客使者担忧。现在您拆毁了围墙，虽然您的随从能够自己戒备，但让别国的宾客怎么办呢？由于敝邑是盟主，修缮屋宇整治围墙来接待宾客，如果都像您这样来拆毁，那么将怎么供应其他宾客的需要呢？寡君派我前来向您请示拆墙的意图。”子产回答说：“由于敝邑地方狭小，夹在大国之间，而大国责求贡品又没有一定的时候，因此不敢安居，尽量全部搜刮敝邑的财物，以便随时来朝会。碰上执事没有空闲而没有能够见到，又得不到命令，不知道什么时候才能接见，我们不敢献上所要进献的财礼，也不敢让它们日晒夜露。如果进而奉献，那么它们就是君王府库中的财物，不经过献见的仪式，就不敢奉献；如果让它们日晒夜露，就又害怕时而干燥时而潮湿因而腐朽虫蛀，而加重敝邑的罪过。我听闻晋文公做盟主的时候，宫室矮小，没有华美的房舍和台榭，而把接待诸侯的客馆修得又高又大。客馆就好像现在君王的寝宫一样，对宾馆内的库房、马厩都加以修缮，司空及时整修道路，圬人按时粉刷客馆内的宫室墙壁，诸侯作为宾客而来，甸人在庭间点起烛火，仆人巡逻房舍，车马有一定的处所，宾客的随从有人代替服役，巾车为车轴加油，下人们、马夫们各人做自己分内的事情，各部官吏各自陈列他的礼品，晋文公不让宾客淹留，却也没有因为这样而荒废宾主的公事，和宾客忧乐相同，有事就加以巡查，关照宾客他们所不知道的并请他们对照顾不周的加以体谅。宾客来到晋国就像在自己家里一样，怎么还会有什么灾患，不怕抢劫偷盗，也不担心干燥或潮湿。现在贵国离宫铜鞮宫室绵延几里，而诸侯却住在如同奴隶住的屋舍里，门口进不去车子而又不能翻墙而入，盗贼公开行动而灾病又无法防止。宾客进见诸侯没有一定的时候，君王接见的命令也不知道什么时候才能发布，如果还不拆毁客馆围墙，这就没有地方收藏财礼，反而要加重罪过了。谨敢请问执事，对我们将有什么指示？虽然君王面临鲁国的丧事，但这同样也是令敝国感到忧伤的事。如果能够奉上财礼，我们愿把围墙修好了再走，这将是君王的恩惠，怎么敢害怕修墙的辛勤劳苦？”士文伯回到朝廷复命。赵文子说：“说得对。我们实在缺乏德行而竟然用容纳奴隶的房屋去接待诸侯，这是我们的罪过啊。”就派士文伯去就自己的无能对子产表示歉意。晋平公加重礼仪来接见郑简公，举行隆重的宴会，赠送丰厚的礼物，然后让他回去，于是就建造接待诸侯的客馆。叔向说：“言辞的不能废弃就像这样吧。子产善于辞令，诸侯因他而得利。那么为什么要放弃辞令呢！《诗》说：‘辞令和谐，百姓团结；辞令动听，百姓安定。’他已经懂得这个道理了。”

十二月，北宫文子〔1〕相卫襄公以如楚，宋之盟〔2〕故也。过郑，印段迋劳于棐林，如聘礼而以劳辞〔3〕。文子入聘〔4〕，子羽为行人，冯简子与子大叔逆客〔5〕，事毕而出，言于卫侯曰：“郑有礼，其数世之福也，其无大国之讨乎！《诗》云〔6〕：‘谁能执热〔7〕，逝不以濯〔8〕？’礼之于政，如热之有濯也，濯以救热，何患之有〔9〕？”

子产之从政也，择能而使之；冯简子能断大事；子大叔美秀而文；公孙挥能知四国之为而辨于其大夫之族姓班位〔10〕，贵贱能否，而又善为辞令；裨谌〔11〕能谋，谋于野则获〔12〕，谋于邑则否〔13〕。郑国将有诸侯之事，子产乃问四国之为于子羽，且使多为辞令；与裨谌乘以适野，使谋可否；而告冯简子，使断之；事成，乃授子大叔，使行之以应对宾客，是以鲜有败事〔14〕。北宫文子所谓有礼也。

【注释】

〔1〕北宫文子，卫卿。

〔2〕宋之盟在襄公二十七年(前五四六)。当时有约“晋楚之从，交相见也”，因此晋之与国卫侯朝楚。

〔3〕迋音 wàng，往也。劳去声，慰劳也。棐音 fěi，棐林，郑地，今河南新郑县东二十五里。劳辞，慰劳之辞也。

〔4〕入聘，入郑都而行聘礼也。

〔5〕冯简子，郑大夫。大叔读太叔，后同。逆，迎也。

〔6〕见《诗・大雅・桑柔篇》。

〔7〕热，炽热之物也。

〔8〕逝，语助词。濯音 zhuó，以水濯手也。

〔9〕何患之有，倒句，有何患也。

〔10〕公孙挥即子羽。辨，明辨也。族姓，家族关系也；班位，个别位置也。

〔11〕裨音 pí；谌音 chén。裨谌，郑大夫。

〔12〕〔13〕野指乡村，邑指都市，掌握之程度不同，故考虑之获否得失各异也。

〔14〕甚少失败也。

【译文】

十二月，北宫文子辅佐卫襄公到楚国去，这是由于宋国盟会的缘故。经过郑国，印段到棐林去慰劳他们，依照聘问的礼而使用慰劳的辞令。文子进入郑国国都聘问，子羽担任行人官，冯简子和子太叔迎接客人，事情完毕以后文子出来，对卫襄公说："郑国有礼，他们几代人都将因此有福，恐怕不会有大国去讨伐他们吧！《诗》说：'谁能拿住炽热的物件，而不去以冷水洗手。'礼对于政事，就好像手执热的物件要用冷水冲洗一样，冷水冲洗用来消除炽热，有什么可担心的?"子产治理政事，选择贤能而使用他们；冯简子能决断大事；子太叔外貌秀美而内有文采；子羽能了解四方诸侯的政令而且了解他们大夫的家族关系和所处地位，以及身份贵贱和才能的高低，又善于辞令；裨谌能出谋划策，在乡村谋划就正确，在城里谋划就不得当。郑国将要和其他诸侯有外交上的事务，子产就向子羽询问四方诸侯的政令，并且让他多多准备外交辞令；和裨谌一起坐车到乡村中去，让他谋划是否可行；把谋划的结果告诉冯简子，让他决断；计划完成，就交给子太叔执行，让他按计划行事来应对宾客，所以很少有把事情办坏的时候。这就是北宫文子所说的有礼。

郑人游于乡校以论执政〔1〕。然明〔2〕谓子产曰："毁乡校何如?"子产曰："何为? 夫人〔3〕朝夕退而游焉，以议执政之善否，其所善者吾则行之，其所恶〔4〕者吾则改之。是吾师也，若之何毁之? 我闻忠善以损怨〔5〕，不闻作威以防怨。岂不遽止〔6〕? 然犹防川，大决〔7〕所犯，伤人必多，吾不克救也，不如小决使道〔8〕。不如吾闻而药之也〔9〕。"然明曰："蔑〔10〕也今而后知吾子之信可事也，小人〔11〕实不才。若果行此，其郑国实赖之，岂唯二三臣〔12〕!"仲尼闻是语也，曰："以是观之，人谓子产不仁，吾不信也。"

【注释】

〔1〕乡校，乡之学校。执政指掌握政权者。

〔2〕然明，郑大夫。

〔3〕夫，阳平声。夫人，那个人或那些人也。

〔4〕恶音 wù。

〔5〕损，减轻也。

〔6〕遽，急也。

〔7〕大决，大决口也。

〔8〕小决，小决口也。道与导通。

〔9〕药之，以为己治病之药也。

〔10〕蔑，鬷蔑，即然明。

〔11〕小人，然明自称。

〔12〕岂唯二三臣，岂唯执政之人也。

【译文】

郑国人在乡校里交游聚会并且议论执政者。然明对子产说："毁了乡校怎么样？"子产说："为什么？那些人早晚事情完了就到那里交游聚会，来议论执政者的好坏，他们认为好的我就推行它，他们所讨厌的我就改掉它。这些人是我的老师啊，那么为什么要毁掉乡校呢？我听说做一些忠善的事情能减少怨恨，没有听说摆出威势能防止怨恨，凭借威势难道不能很快制止议论？但是就像防止河水一样，大的决口所波及的，所伤的人必然很多，我不能挽救，不如开一个小决口并加以疏导。不如让我把听到的这些话作为治病良药。"然明说："我从今以后知道您确实是可以成就大事的，小人实在没有才能。如果真的施行这样的政策，这将确实有利于郑国，岂止是唯独有利于执政的二三位大臣！"孔子听到这些话，说："就这件事来看，别人说子产不仁，我不相信。"

子皮欲使尹何为邑〔1〕。子产曰："少〔2〕，未知可否。"子皮曰："愿〔3〕，吾爱之，不吾叛也〔4〕。使夫往而学焉，夫亦愈知治矣。"子产曰："不可。人之爱人，求利之也，今吾子爱人则以政[5]，犹未能操刀而使割也，其伤实多。子之爱人，伤之而已，其谁敢求爱于子？子于郑国，栋也，栋折榱[6]崩，侨将厌[7]焉，敢不尽言[8]？子有美锦，不使人学制焉。大官大邑，身之所庇也，而使学者制焉[9]，其为美锦[10]，不亦多乎？侨[11]闻学而后入政，未闻以政学者也。若果行此，必有所害。譬如田猎，射御贯[12]则能获禽，若未尝登车射御，则败绩厌覆是惧，何暇思获？”子皮曰：“善哉，虎[13]不敏。吾闻君子务知大者远者，小人务知小者近者。我，小人也。衣服附在吾身，我知而慎之；大官大邑，所以庇身也，我远而慢之[14]。微[15]子之言，吾不知也。他日[16]我曰：‘子为郑国，我为吾家，以庇焉其可也。’今而后知不足。自今请虽吾家，听子而行。”子产曰：“人心之不同，如其面焉，吾岂敢谓子面如吾面乎？抑[17]心所谓危，亦以告也。”子皮以为忠，故委政焉，子产是以能为郑国。

【注释】

〔1〕为邑，为子皮私邑之大夫也。

〔2〕少，去声，年未长也。

〔3〕愿音 yuàn，谨也。

〔4〕不吾叛也，倒句，不叛吾也。

〔5〕则以政，则授以政权也。

〔6〕榱音 cuī，椽也。

〔7〕厌与压通。

〔8〕不敢不尽言也。

〔9〕制，借喻，使学者治焉也。

〔10〕其为美锦，为美锦设想之处也。为，去声。

〔11〕侨，公孙侨，即子产。
〔12〕贯与惯通。
〔13〕虎，罕虎，即子皮。
〔14〕慢，易也。
〔15〕微，无也。
〔16〕他日，往日也。
〔17〕抑，语助词。

【译文】

子皮想要让尹何来治理自己的封邑。子产说："尹何年纪轻，不知道能不能胜任。"子皮说："这个人为人谨慎，我喜欢他，他不会背叛我的。让他去学习历练一下，他也就更加知道该怎么办事情了。"子产说："不可以。人家喜欢一个人，总是希望对这个人有利，现在您喜欢一个人却把政事交给他，这好像一个人不会用刀而让他去割东西，多半是要割伤他自己的。您喜欢这个人，不过是伤害他罢了，这样的话谁还敢求得您的喜欢？您对于郑国来说，是国家的栋梁，栋梁折断的话，椽子就会崩塌，我也将会被压在底下，我哪敢不把话全部说出来？您如果有漂亮的锦缎，是不会让别人用它来学习裁制的。大的官位和大的封邑，是庇护自身的，反而让需要学习的人去治理，这比起漂亮的锦缎来，价值不是多得多吗？我听闻学习以后才能从政，没有听说用从政来学习的。如果真的这么办，一定会有危害。譬如打猎，熟悉射箭驾车的就能获得猎物，如果从来没有登车射过箭、驾过车，那么惧怕翻车被压还来不及，哪里还有闲心想着获得猎物？"子皮说："好啊，我真是不聪明。我听闻君子懂得大的远的，小人只懂得小的近的。我，是小人啊。衣服穿在我身上，我知道而且慎重对待它；大的官位和大的封邑，是用来庇护自身的，我却疏远而且轻视它。要是没有您说的这些话，我是不明白的。往日我曾经说过：'您治理郑国，我治理我的家族，以庇护我自己就可以了。'从今以后才知道这样还不够。从现在起我请求即使是我家族的事情，也听从您的意见去办理。"子产说："每个人的想法不一样，就好像他的面孔，我怎么敢说您的面孔像我的面孔呢？不过心里觉得这样做是危险的，就把想法告诉您了。"子皮认为子产忠诚，所以就把政事交付给他，子产因此能够执掌郑国大权。

昭公四年（前五三八）

郑子产作丘赋[1]，国人谤之[2]，曰："其父死于路[3]，已为虿尾[4]，以令于国，国将若之何？"子宽[5]以告。子产曰："何害！苟利社稷[6]，死生以之[7]。且吾闻为善者，不改其度[8]，故能有济也，民不可逞[9]，度不可改。《诗》[10]曰：'礼义不愆[11]，何恤[12]于人言？'吾不迁矣。"浑罕[13]曰："国氏[14]其先亡乎！君子作法于凉[15]，其敝犹贪[16]，作法于贪，敝将若之何？姬在列者[17]，蔡及曹、滕，其先亡乎，逼而无[18]礼；郑先卫亡，逼而无法[19]。政不率法[20]，而制于心，民各有心，何上之有[21]？"

【注释】

〔1〕《司马法》："方里为井，四井为邑，四邑为丘，丘出马一匹，牛三头。"古法，十六方里出马一匹、牛三头。子产作丘赋，赋加重，其法不详。

〔2〕谤，毁谤也。

〔3〕子产之父子国为尉止等所杀，事在襄公十年（前五六三）。

〔4〕虿音 chài，蝎之一种也。

〔5〕子宽，郑大夫。

〔6〕〔7〕以，用也。死生，生命也。用个人之生命，止求于国有利。

〔8〕度，制度也。

〔9〕逞，快心也。

〔10〕全诗见《荀子·正名篇》。

〔11〕愆音 qiān，错误也。

〔12〕恤，忧也。

〔13〕浑罕即子宽。

〔14〕国氏指子产之族。子产之父为子国，子孙以国为氏。
〔15〕〔16〕凉，廉洁也。二句言以廉洁为法，结果不良则为贪污。
〔17〕姬指姬姓之国。在列，在位也。
〔18〕逼，近也。蔡近于楚，曹、滕近于宋。
〔19〕郑近于晋楚二国。
〔20〕率法，以法为依据也。
〔21〕何上之有，倒句，何有于上也。上指统治者。

【译文】

郑国的子产制订了丘赋的制度，国内的人们毁谤他，说："他的父亲死在路上，他自己还成了蝎子的尾巴，在国内发布命令，国家将要怎么办呢？"子宽把这些话告诉子产。子产说："有什么妨害！如果有利于国家社稷，用生命来换都可以。而且我听闻做好的事情，不轻易改变他的制度，所以能够有所成功，百姓不能只求让他们大快人心，制度不能更改。《诗》说：'在礼义上没有过错，为什么怕别人说的话？'我不会改变。"子宽说："国氏恐怕要先灭亡了吧！君子在廉洁的基础上制订法令，如果结果不好尚且被认为是贪污，在贪污的基础上制定法令，后果将会怎么样？姬姓国家还在位的，蔡国和曹国、滕国，大约是要先灭亡的吧，因为它们逼近大国而无礼；郑国将会在卫国之前灭亡，因为它逼近大国而没有法度。政令不以法度为依据，而由自己的心意来决定，百姓各人有各人的心意，那么怎么能服从上面的人？"

昭公六年(前五三六)

三月，郑人铸刑书[1]。叔向使诒[2]子产书曰："始吾有虞[3]于子，今则已矣[4]！昔先王议事以制[5]，不为刑辟[6]，惧民之有争心也，犹不可禁御[7]，是故闲[8]之以义，纠之以政，行之以礼，守之以信，奉之以仁，制为禄位以劝其从，严断刑罚以威其淫[9]。惧其未也，故诲之以忠，耸[10]之以行，教之以务，使之以和，临之以敬，莅之以强[11]，断之以刚。犹求圣哲之上，明察之官，忠信之长，慈惠之师。民于是乎可任使也，而不生祸乱。民知有辟则不忌于上[12]，并有争心以征于书，而侥幸以成之，[13]弗可为矣。夏有乱政而作《禹刑》[14]，商有乱政而作《汤刑》[15]，周有乱政而作《九刑》[16]——三辟之兴，皆叔世也[17]。今吾子相郑国，作封洫，立谤政[18]，制参辟[19]，铸刑书，将以靖民，不亦难乎？《诗》曰[20]：'仪式刑文王之德[21]，日靖四方。'又曰[22]：'仪刑文王，万邦作孚[23]。'民知争端矣，将弃礼而征于书，锥刀之末[24]，将尽争之，乱狱滋丰，贿赂并行，终子之世，郑其败乎！肸闻之：'国将亡，必多制。'其此之谓乎！"复书曰："若吾子之言。侨不才，不能及子孙，吾以救世也。既不承命[25]，敢忘大惠？"

【注释】

〔1〕铸刑书，制定刑法，以金属铸之，使为成文法也。

〔2〕诒音 yí，赠与也。

〔3〕虞，期待也。

〔4〕已，止也。今更无所期待，失望之至也。

〔5〕议事以制，临事制刑，不豫设法也。

〔6〕辟，法也。

〔7〕御，止也。

〔8〕闲音 xián，防也。

〔9〕威，威胁也。淫，滥也。

〔10〕耸音 sǒng，耸动也。

〔11〕莅音 lì，临也。言当强力以临之也。

〔12〕权移于法，则不顾忌统治者之意图。

〔13〕因法条以生争，缘侥幸以成其巧伪。

〔14〕《禹刑》，夏法。
〔15〕《汤刑》，商法。
〔16〕《九刑》，周法。
〔17〕叔世，中落之世也。
〔18〕谤政，引起毁谤之政，即丘赋。
〔19〕参辟即三辟，摹仿夏、商、周三代之法典。
〔20〕见《诗·周颂·我将篇》。
〔21〕《诗》作“仪式刑文王之典”。仪，善也；式，用也；刑，法也。言善于效法文王之德也。
〔22〕见《诗·大雅·文王篇》。
〔23〕孚，信也。
〔24〕锥刀之末，小事也。
〔25〕承，遵也。

【译文】

三月，郑国人把刑法用金属品铸定下来。叔向派人给子产送信说：“开始我对您有所期待，现在没有了！从前先王遇到事情才制定刑罚措施，不制定刑法，这是害怕百姓有争竞之心，还是不能禁止犯罪，因此用道义来防范，用政令来约束，用礼仪来奉行，用信来保持，用仁爱来奉养，制定禄位以勉励服从的人，严厉地判罪以威胁放纵的人。还恐怕不能收效，所以用忠诚来教诲他们，根据善行来奖励他们，用专业知识技艺教导他们，用和悦的态度使用他们，用严肃认真对待他们，用威严监督他们，用坚决的态度判定他们的罪行。还要访求圣明贤能的卿相，明察秋毫的官员，忠诚守信的乡长，慈祥和蔼的老师。百姓在这种情况下才可以使用，而不至于发生祸乱。百姓知道有法律就会对上没有忌讳，大家都有争竞之心并且征引刑法作为根据，而且侥幸得到成功，就不能治理了。夏朝有触犯政令的人，就制定了《禹刑》，商朝有触犯政令的人，就制定了《汤刑》，周朝有触犯政令的人，就制定了《九刑》——三种刑法的出现，都在王朝衰落的时候。如今您辅佐郑国，划定田界水沟，实施为人所毁谤的政事，制定模仿以上三种刑法的法典，把刑法铸在鼎上，准备用这样的办法安定百姓，不也是很难的吗？《诗》说：‘善于效法文王的德行，每天都安定四方。’又说：‘善于效法文王，天下万邦信赖。’百姓知道了争竞的缘由，将会抛弃礼仪而以刑书为依据，件件小事，都要争个明白，触犯法律的案件更加繁多，贿赂到处使用，在您还活着的时候，郑国恐怕就要衰败吧！我听闻：‘国家将要灭亡时，一定制定出许多制度。’说的就是这个吧！”子产回信说：“诚如您所说。我缺乏才能，不能虑及子孙后代，我只是想挽救当世。虽然不能谨遵您的教诲，却又怎么敢忘记您的大恩？”

昭公十六年(前五二六)

二月，晋韩起[1]聘于郑，郑伯[2]享之。子产戒曰[3]：“苟有位于朝，无有不共恪[4]。”孔张[5]后至，立于客间[6]；执政御之[7]，适[8]客后；又御之，适县间[9]。客从而笑之。事毕，富子[10]谏曰：“夫大国之人，不可不慎也，几为之笑而不陵我[11]！我皆有礼，夫犹鄙我[12]，国而无礼，何以求荣？孔张失位，吾子之耻也。”子产怒曰：“发命之不衷[13]，出令之不信，刑之颇类[14]，狱之放纷[15]，会朝之不敬，使命之不听，取陵于大国，罢民而无功[16]，罪及而弗知，侨之耻也。孔张，君之昆孙[17]，子孔之后也，执政之嗣也[18]，为嗣大夫，承命以使，周于诸侯，国人所尊，诸侯所知，立于朝而祀于家[19]，有禄于国，有赋于军[20]，丧祭[21]有职，受脤归脤[22]，其祭在庙[23]，已有著位[24]，在位数世，世守其业而忘其所[25]，侨焉得耻之？辟邪之人而皆及执政[26]，是先王无刑罚也。子宁以他规我[27]。”

【注释】

〔1〕韩起，晋卿。

〔2〕郑伯，郑定公。

〔3〕戒，警告也，警告在官者。

〔4〕共与恭通。恪音 kè，敬也。

〔5〕孔张，郑大夫。

〔6〕客间，宾客之间也。

〔7〕御，止也。

〔8〕适，往也。

〔9〕县与悬通。县间，所悬乐器之间也。

〔10〕富子，郑大夫。

〔11〕几，上声，不止一次也。陵，欺也。

〔12〕鄙我，贱视我也。

〔13〕衷音 zhōng，当也。

〔14〕颇，偏也。类借作纇，不纯也。

〔15〕放，放纵也。纷，乱也。

〔16〕罢与疲通。

〔17〕昆孙，远孙也。

〔18〕孔张，子孔之孙。子孔，郑卿。故曰执政之嗣。

〔19〕卿有家庙，故曰祀于家。

〔20〕出军之时，卿赋百乘。

〔21〕丧祭，国君丧祭之礼。

〔22〕脤音 shèn，祭肉也。君祭则受脤，家祭则归脤于君。

〔23〕其祭在庙，助君祭在庙也。

〔24〕著，明也。

〔25〕所，位置也。

〔26〕辟音 pì，不平正也。言辟邪之人自应用刑罚，不应由执政负责也。

〔27〕宁，宁可也。他，其他之事也。规，规正也。

【译文】

二月，晋国的韩起到郑国聘问，郑定公设享礼招待他。子产警告官员们说："如果在朝廷的享礼上有一个席位，不要发生不恭敬的事。"孔张迟到了，就站在宾客们中间；主持典礼的人阻止他，就跑到宾客们身后；主持典礼的人又阻止他，他只好到悬挂乐器的间隙中待着。宾客们因此就笑他。享礼结束后，富子劝谏说："对待大国的客人，是不可以不慎重的，屡次被他们笑话而他们难道会不欺负我们！我们就算样样都做到有礼，那些人还会看不起我们，可如今国家没有礼仪，凭什么求得光荣？孔张没有站到应该站的位置上，这是您的耻辱。"子产发怒说："发布命令不恰当，命令发出后没有信用，刑罚偏颇不平，诉讼放纵纷乱，朝会失去礼仪，命令没有人听从，招致大国的欺负，使百姓疲惫而没有功劳，罪过在身却不知道，这是我的耻辱。孔张，是国君的远孙，子孔的后代，执政大夫的继承人，接任为大夫，接受命令而出使，遍及诸侯各国，为国内的人们所尊敬，为诸侯所熟悉，他在朝中有官职而在家里主持祭祀，接受国家的爵禄，分担战争所需的军赋，在国君丧祭之礼中有一定的职责，接受和赠予祭肉，辅助国君在宗庙里祭祀，已经有了显要的地位，他家在位已经几代，世世代代保守自己的家业而只是在享礼时忘记了他应该处的地位，我怎么能为他感到耻辱？如果一切行为不规范的人都由我这个执政的人负责，等于说先王没有刑罚。你宁可用其他的事情来规正我。"

宣子〔1〕有环，其一〔2〕在郑商，宣子谒〔3〕诸郑伯。子产弗与，曰："非官府之守器〔4〕也，寡君不知。"子大叔、子羽谓子产曰："韩子亦无几求〔5〕，晋国亦未可以贰〔6〕。晋国韩子，不可偷也〔7〕。若属有谗人〔8〕交斗其间，鬼神而助之，以兴其凶怒，悔之何及？吾子何爱于一环，其以取憎于大国也。盍〔9〕求而与之？"子产曰："吾非偷晋而有二心，将终事之，是以弗与，忠信故也。侨闻君子非无贿之难，立而无令名之患；〔10〕侨闻为国非不能事大字〔11〕小之难，无礼以定其位之患。夫大国之人令于小国〔12〕而皆获其求，将何以给之？一共一否[13]，为罪滋大。大国之求，无礼以斥之，何餍之有[14]？吾且为鄙邑[15]，则失位矣[16]。若韩子奉命以使而求玉焉，贪淫[17]甚矣，独非罪乎？出一玉以起二罪，吾又失位，韩子成贪，将焉用之？且吾以玉贾罪[18]，不亦锐乎[19]？”韩子买诸贾人[20]，既成贾矣[21]，商人曰：“必告君大夫[22]。”韩子请诸子产曰：“日起请夫环[23]，执政弗义[24]，弗敢复也[25]。今买诸商人，商人曰‘必以闻’，敢以为请。”子产对曰：“昔我先君桓公与商人皆出自周，庸次比耦[26]，以艾杀此地[27]，斩之蓬蒿藜藋而共处之[28]，世有盟誓以相信也，曰：‘尔无我叛，我无强贾[29]，毋或匄夺[30]。尔有利市宝贿，我勿与知。’恃此质誓，故能相保以至于今。今吾子以好来辱[31]，而谓敝邑强夺商人，是教敝邑背盟誓也，毋乃不可乎！吾子得玉而失诸侯，必不为也。若大国令而共无艺[32]，郑，鄙邑也[33]，亦弗为也。侨若献玉，不知所成，敢私布之[34]。”韩子辞玉曰：“起不敏，敢求玉以徼二罪？敢辞之。”

【注释】

〔1〕宣子，韩宣子即韩起。

〔2〕其一，其相同之一环也。

〔3〕谒，请也。

〔4〕守器，储藏之器也。

〔5〕几上声。无几求，言所求者不多也。

〔6〕贰与二通。未可以贰，未可以二心待之也。

〔7〕偷，薄也。

〔8〕属，适也。谗人，谗言之人也。

〔9〕盍音 hé，何不也。
〔10〕贿，财也。难，去声，患难也。令名，好的名誉也。
〔11〕字，抚养也。
〔12〕令于小国，对小国发号施令也。
〔13〕共与供通。一共一否，或供或否也。
〔14〕何餍之有，倒句，有何餍也。餍，满足也。
〔15〕鄙邑，边鄙之属地，非独立国也。
〔16〕失位，丧失立场也。
〔17〕淫，滥也。
〔18〕贾音 gǔ，买也。
〔19〕锐，细小也。
〔20〕贾人，住商也。
〔21〕贾与价通。
〔22〕君大夫，君及大夫也。
〔23〕日，往日也。夫，阳平声。
〔24〕弗义，弗以为合宜也。
〔25〕复，重请也。
〔26〕庸与用通。比，相从也。耦音 ǒu，并耕也。
〔27〕艾音 yì，除草也。
〔28〕蓬蒿藜藿，皆野草。
〔29〕强，上声。贾音 gǔ。
〔30〕匄与丐通，求也。
〔31〕以好来辱，以友好的心情委屈来此也。
〔32〕无艺，无极也。
〔33〕郑，鄙邑也，如此则郑只是边鄙之属地也。
〔34〕布，告也。

【译文】

韩宣子有一只玉环，与之配对的另一只在郑国的商人手里，韩宣子向郑定公请求得到那只玉环。子产不给，说："这不是国库中所储藏的器物，寡君不知道。"子太叔、子羽对子产说："韩子也没有太多的要求，对晋国也未尝怀以二心来对待。晋国和韩子，都是不能怠慢的。如果正好有进谗言的人在两国中间挑拨，如果鬼神再帮着这样的人，以兴起晋国和韩宣子的凶心怒气，后悔怎么来得及？您为什么吝惜一只玉环，而以此使大国憎恶呢？为什么不去找来给他？”子产说：“我不是怠慢晋国而怀有二心，而是要始终事奉他们，所以才不给他，这是为了忠诚和守信的缘故。我听说君子不会因为没有财物而犯难，而是由于立身没有美好的名声而担忧；我又听说治理国家不会因为不能事奉大国、抚养小国而犯难，而是由于缺乏礼仪来安定他的地位而担忧。大国号令小国，如果一切要求都得到满足，将要用什么来不断地供给他们？有时给了，有时不给，所得的罪过更大。大国的要求，如果不能依据礼来驳斥，他们哪里会有满足的时候？我们就好像成了他们的边境城邑，那就会失去作为一个国家的立场了。像韩子这样奉命出使却求取玉环，他的贪婪就太过分了，难道这不是罪过吗？拿出一只玉环而引出两项罪过，我们失去了国家的立场，韩子则成了贪婪的人，哪里用得着这样？而且我们因为买来玉环而招来罪过，不也是因小失大吗？”韩宣子从商人那里购买玉环，已经成交了，商人说：“必须要向国君和大夫们禀告。”韩宣子向子产请求说：“往日我请求得到这只玉环，执政认为不合适，所以不敢再次请求。现在从商人那里买它，商人说‘必须要告知国君和大夫’，谨敢以此作为请求。”子产回答说：“从前我们先君桓公和商人们都从周朝迁徙出来，一起并肩耕种，在这个地方除草，把种种野草铲除殆尽后一起居住在这里，世世代代都有盟誓而互相信赖，誓辞说：‘你不要背叛我，我不要强买你的东西，不要乞求也不要掠夺。你有赚钱的买卖和宝贵的财物，我也不去过问。’凭着这个有信用的盟誓，所以能互相支持直到今天。现在您带着友好的情谊屈尊光临敝邑，而告诉我们去强夺商人的东西，这是教导敝邑背叛盟誓，恐怕不可以吧！您如果得到玉环而将失去诸侯，那您一定是不干的。如果大国有命令而我们就要没完没了地进贡，那我们郑国，就成了贵国边境的城邑了，这我们也是不干的。我如果献上玉环，真不知道有什么好处，谨敢私下向您陈述。”韩宣子就退回玉环说：“我韩起虽然不聪明，但怎么敢求取玉环以招致两项罪过？谨请把玉环退还。”

夏四月，郑六卿饯[1]宣子于郊。宣子曰：“二三子

请皆赋[2]，起亦以知《郑志》[3]。”子齹赋《野有蔓草》[4]，宣子曰：“孺子善哉，吾有望矣。”子产赋郑之《羔裘》[5]，宣子曰：“起不堪也[6]。”子大叔赋《褰裳》[7]，宣子曰：“起在此，敢勤子至于他人乎[8]？”子大叔拜[9]，宣子曰：“善哉子之言是：不有是事[10]，其能终乎？”子游赋《风雨》[11]，子旗赋《有女同车》[12]，子柳赋《萚兮》[13]；宣子喜曰：“郑其庶乎[14]！二三子以君命贶起[15]，赋不出《郑志》，皆昵燕好也[16]。二三君子，数世之主也，可以无惧矣。”宣子皆献马焉而赋《我将》[17]。子产拜，使五卿皆拜，曰：“吾子靖乱，敢不拜德？”宣子私觐[18]于子产，以玉与马[19]，曰：“子命起舍夫玉[20]，是赐我玉而免吾死也，敢不藉手以拜[21]？”

【注释】

〔1〕郑六卿即子产、子齹、子大叔、子游、子旗、子柳也。饯音jiàn，送行饮酒也。

〔2〕春秋时代，指定《诗》篇，命乐工奏乐，称为赋《诗》。

〔3〕《郑志》，郑之记载，其中有郑国之《诗》篇，书已亡，《诗》篇见《诗·郑风》。

〔4〕《野有蔓草》首章：“野有蔓草，零露漙兮，有美一人，清扬婉兮，邂逅相遇，适我愿兮。”全篇言所恋之人之美。齹音cuó。

〔5〕郑之《羔裘》首章：“羔裘如濡，洵直且侯，彼其之子，舍命不渝。”全篇言其人之勇武正直。

〔6〕不堪，不敢当也。

〔7〕《褰裳》首章：“子惠思我，褰裳涉溱，子不我思，岂无他人？狂童之狂也且！”全篇言汝如爱我，我当爱汝；汝不爱我，我当爱其他之人：意谓晋如亲郑，郑当亲晋；晋不亲郑，郑当亲其他之国也。

〔8〕言有韩起在此，不会使尔去依他人。

〔9〕拜以表示感谢也。

〔10〕不有是事，不有如此之警戒也。

〔11〕《风雨》首章：“风雨凄凄，鸡鸣喈喈，既见君子，云胡不夷?”全篇言风雨之中，既见所爱之人，获得安慰。

〔12〕《有女同车》首章：“有女同车，颜如舜华，将翱将翔，佩玉琼琚，彼美孟姜，洵美且都。”全篇言同车之女之美。

〔13〕《萚兮》首章：“萚兮萚兮，风其吹女，叔兮伯兮，唱予和女。”全篇言兄弟间愉快地歌唱。萚音 tuò，枯枝枯叶也。女与汝通。

〔14〕庶，幸运也。

〔15〕贶音 kuàng，赐也。

〔16〕昵音 nì，亲近也。燕，去声，乐也。

〔17〕《我将》见《诗·周颂》，全篇：“我将我享，维羊维牛，维天其右之。仪式刑文王之典，日靖四方，伊嘏文王，既右享之，我其夙夜畏天之威，于时保之。”大意谓志在靖乱，畏惧天威。

〔18〕觐音 jìn，进见也。

〔19〕以玉与马，以二物为进见之礼物也。

〔20〕使韩起不再求玉也。

〔21〕藉音 jiè，依托也。藉手以拜，依玉与马以拜谢也。

【译文】

夏季四月，郑国的六卿在郊外为韩宣子饯行。韩宣子说：“请几位大臣都赋诗一首，我也可以得以听闻《郑志》的诗篇。”子齹赋了《野有蔓草》，韩宣子说：“孺子说得好啊，我有希望了。”子产赋了郑国的《羔裘》，韩宣子说：“我是不敢当的。”子太叔赋了《褰裳》，韩宣子说：“有我在这里，岂敢劳动您去依靠他人呢?”子太叔拜谢，韩宣子说：“您提起了这个也好：要不是有如此的警戒，能从始至终地友好下去吗?”子游赋了《风雨》，子旗赋了《有女同车》，子柳赋了《萚兮》；韩宣子高兴地说：“郑国真是幸运啊！几位大臣用国君的名义赏赐我，所赋的诗篇不出《郑志》之外，都是表示亲近欢欣的。几位大臣，都是能传几世的大夫，可以因此不再有所畏惧了。”韩宣子都奉献了马匹给他们，并且赋了《我将》。子产拜谢，又让其他五个卿也都拜谢，说：“您安定动乱，岂敢不拜谢您的恩德?”韩宣子私下进见子产，用玉和马作为礼物，说："您命令我舍弃那个玉环，这胜似赐给了我玉而且得以免我一死，岂敢不借此薄礼来拜谢？"

昭公十七年(前五二五)

郑裨竈〔1〕言于子产曰："宋、卫、陈、郑，将同日火〔2〕。若我用瓘斝玉瓒〔3〕，郑必不火。"子产弗与。

【注释】

〔1〕裨音 pí，竈与灶通。裨竈，郑大夫，通古代天文灾变之术。

〔2〕将同日火，将同日遇火灾也。

〔3〕瓘音 guàn，珪也。斝音 jiǎ，玉爵也。瓒音 zàn，勺也。瓘斝玉瓒句，玉字贯通上下，犹言玉珪、玉爵、玉勺也。言用三者以祭，则可以免火灾。

【译文】

郑国的裨竈对子产说："宋、卫、陈、郑四国，将要在同一天发生火灾。如果我们用玉瓘、玉斝、玉瓒祭神，郑国一定不会发生火灾。"子产不肯给。

昭公十八年(前五二四)

夏五月，火始昏见〔1〕。丙子，风。〔2〕梓慎曰〔3〕："是谓融风，火之始也；七日其火作乎！"戊寅，风甚，壬午，大甚。宋、卫、陈、郑皆火。梓慎登大庭氏之库以望之〔4〕，曰："宋、卫、陈、郑也。"数日，皆来告火〔5〕。裨竈曰："不用吾言，郑又将火。"郑人请用之，子产不可。子大叔曰：“宝以保民也[6]，若有火，国几亡，可以救亡，子何爱焉？”子产曰：“天道远，人道迩，非所及也[7]，何以知之？竈焉知天道？是亦多言矣，岂不或信[8]？”遂不与[9]，亦不复火。郑之未灾也，里析[10]告子产曰：“将有大祥[11]，民震动，国几亡，吾身泯焉[12]，弗良及也[13]。国迁[14]，其可乎！”子产曰：“虽可，吾不足以定迁矣[15]。”及火，里析死矣。未葬，子产使舆[16]三十人迁其柩。火作，子产辞晋公子公孙于东门[17]；使司寇出新客[18]，禁旧客勿出于宫[19]；使子宽、子上巡群屏摄[20]，至于大宫[21]；使公孙登徙大龟[22]；使祝史徙主祏于周庙[23]，告于先君[24]；使府人库人各儆其事[25]；商成公儆司宫[26]，出旧宫人[27]，寘[28]诸火不及；司马、司寇列居火道，行火所焮[29]，城下之人伍列登城[30]。明日使野司寇各保其徵[31]；郊人助祝史除于国北[32]，禳火于玄冥、回禄[33]，祈于四鄘[34]；书焚室而宽其征[35]，与之材[36]。三日哭[37]，国不市[38]，使行人告于诸侯。宋、卫皆如是。陈不救火，许不吊灾，君子是以知陈、许之先亡也[39]。

【注释】

〔1〕火，此句指火星，其余皆指火灾。昏见，以黄昏之时出现也，见与现通。

〔2〕丙子为三月八日，风指起风也。下文戊寅（十日）“风甚”，风大也；壬午（十四日）“大甚”，更大也。

〔3〕梓音 zǐ。梓慎，鲁大夫，通古代天文之学。

〔4〕大庭氏，周代以前之古国名，其遗址在鲁都曲阜城内。

〔5〕告火，以火灾之事告鲁也。

〔6〕宝指瓘斝玉瓒之类。

〔7〕迩音 ěr，近也。非所及，言天道与人道不相关及也。

〔8〕或信，偶然见效也。所言既多，偶然亦有见效者。

〔9〕遂不与，竟不给与也。

〔10〕里析，郑大夫。

〔11〕祥，变异也。

〔12〕泯音 mǐn，灭也。

〔13〕良，语助词。弗良及也，即不及见也。

〔14〕迁指迁都。

〔15〕子产不信里析之言，又不欲违之，故托以力不足。

〔16〕舆，在官之徒众也。

〔17〕晋公子公孙将至，子产以有火灾辞之。

〔18〕出新客，使新至之客出城也。

〔19〕宫，指所居之宅。国有火灾，恐其作乱，故禁勿使出。

〔20〕巡，巡行也。屏摄，祭祀之位。

〔21〕大宫读太宫，祖庙也。

〔22〕公孙登，郑大夫，掌占卜者。大龟，古代以大龟之甲占卜，为国家之宝，故徙之以避火。

〔23〕祝、史，皆掌祭祀之官。祏音 shí，主祏，神主也。周庙，周厉王之庙。郑始祖桓公为厉王少子，故有厉王之庙。国有大灾，故合群祖于周庙，便于救护。

〔24〕以合庙之事告于先君也。

〔25〕藏财货者曰府，藏甲兵者曰库。府人库人，守藏府库之人也。

〔26〕商成公，郑大夫。司宫，主管郑君宫室之人。

〔27〕旧宫人，先君宫女也。

〔28〕寘与置通。

〔29〕焮音 xìn，燻炙也。

〔30〕伍列，排队也。登城所以警卫。

〔31〕野司寇，四境主司盗贼之官。各保其徵，各保其所属也。

〔32〕除，平治也。除于国北，在郑都城之北，平治地址以备祈祀也。

〔33〕禳音 ráng，禳火，祭神以求灭火也。玄冥，水神；回禄，火神。

〔34〕鄘音 yōng，城也。
〔35〕书焚室，登记被火灾之户。宽其征，减免其赋税也。
〔36〕材，建筑材料。
〔37〕哭，追悼也。
〔38〕不市，停止营业也。
〔39〕以政治不修，知其先亡。

【译文】

夏季五月，大火星开始在黄昏出现。丙子，起风了。梓慎说："这就叫做融风，是火灾的开始；七天以后恐怕要发生火灾吧！"戊寅，风刮得很大，到了壬午，风刮得更大了。宋国、卫国、陈国、郑国都发生了火灾。梓慎登上大庭氏遗址上的库房远望，说："火灾是在宋国、卫国、陈国、郑国。"几天以后，四国都来报告火灾。裨竈说："不采纳我的意见，郑国还要发生火灾。"郑国人请求采纳他的意见，子产不同意。子太叔说："宝物是用来保护百姓的，如果发生火灾，国家都差不多要灭亡，能用它们来挽救危亡，您还吝惜它干什么？"子产说："天道悠远，人道切近，两不相关，怎么能由天道而知人道？裨竈哪里知道天道？也只不过因为说得多了，难道不会偶尔说中吗？"于是就没有给与，后来也没有再发生火灾。郑国还没有发生火灾以前，里析告诉子产说："将要发生大的变异，百姓震动，国家都差不多要灭亡，那时我自己已经死了，看不到了。迁都，应该是可以避免的吧！"子产说："即使可以，我一个人也不能决定迁都的事。"等到发生火灾时，里析已经死了。没有下葬，子产派三十个人搬走了他的灵柩。火灾发生以后，子产在东门辞别了前来的晋国的公子、公孙；派司寇把新来的客人送出城去，禁止早已到来的客人走出客馆的大门；派子宽、子上巡察许多祭祀的处所，一直到太宫，派公孙登搬走大龟；派祝史把祖庙内的神主迁到周庙，向先君祝告；派府人、库人各自戒备自己的管辖区域；商成公命令司宫戒备，迁出先君的宫女，安置在火烧不到的地方；司马、司寇排列在发生火灾的路上，扑救火烧到的地方，城下的人列队登城以警卫国都。第二天，命令野司寇各自约束他们所征发的徒役；郊区的人帮助祝史在国都北面平治地面以备祭祀，向玄冥、回禄二神祈求灭火，又在四城祈祷；登记遭到火灾的人家，减免他们的赋税，并且发给他们建筑材料。号哭三天以示追悼，国都中的市场停止营业，派行人官向诸侯报告。宋、卫两国也都这样。陈国没有救火，许国没有慰问受灾百姓，时人君子因此而知道陈国、许国将先被灭亡。

火之作也，子产授兵登陴〔1〕。子大叔曰："晋无乃讨乎〔2〕？"子产曰："吾闻之，小国忘守则危，况有灾乎？国之不可小〔3〕，有备故也。"既〔4〕，晋之边吏让郑〔5〕曰："郑国有灾，晋君大夫不敢宁居，卜筮走望〔6〕，不爱牲玉〔7〕。郑之有灾，寡君之忧也。今执事撊然〔8〕授兵登陴，将以谁罪〔9〕？边人恐惧不敢不告！"子产对曰："若吾子之言〔10〕：敝邑之灾，君之忧也。敝邑失政，天降之灾，又惧谗慝之间谋之，以启贪人〔11〕，荐〔12〕为敝邑不利，以重君之忧。幸而不亡，犹可说也〔13〕；不幸而亡，君虽忧之，亦无及也。郑有他竟〔14〕，望走在晋〔15〕，既事晋矣，其敢有二心？"

【注释】

〔1〕授兵，发给武器也。登陴，登城上短墙以守城也。陴音 pí。

〔2〕上文辞晋公子公孙于东门，今又发兵守城，故恐晋人讨罪。

〔3〕不可小，不可轻忽也。

〔4〕既，事毕也。

〔5〕让郑，责郑也。

〔6〕以蓍草占卦曰筮，音 shì。望，祭也。

〔7〕不爱，不惜也。祭祀必用牺牲及玉器。

〔8〕撊音 xiàn。撊然，忿怒也。

〔9〕将以谁罪，倒句，将以罪谁也。罪，问罪也。

〔10〕若吾子之言，果如吾子之言也。

〔11〕谗慝，谗恶之人也。间谋，乘间谋算也。以启贪人，以开贪人灭郑之祸也。

〔12〕荐音 jiàn，重也。

〔13〕说，辨说也。

〔14〕〔15〕竟与境同。郑有他竟二句，言郑虽与他国接壤为邻，其所瞻望奔走者，仍然在晋。

【译文】

火灾发生的时候，子产登上城上的短墙分发武器。子太叔说："晋国恐怕要来进攻吧？"子产说："我听说，小国忘记守御就有危险，何况还有火灾呢？国家不能被轻视，就因为有所防备。"事后，晋国的边防官吏责备郑国说："郑国发生火灾，晋国的国君、大夫不敢安居，占卜占筮，四处祭祀，不吝惜牺牲玉帛。郑国发生火灾，也是寡君所担忧的。现在执事忿忿地登上城墙分发武器，将要向谁问罪？像我这样一个边防官员也感到恐惧而不敢不前来相告！"子产回答说："诚如您所说的那样：敝邑的火灾，是贵国君王所担忧的。敝邑政事不修，上天降下火灾，又害怕谗恶的人乘机打敝邑的主意，以引诱起贪婪的人，再次增加敝邑的不利，以加重贵国君王的担忧。幸亏没有灭亡，还可以对此加以辩说；如果不幸而被灭亡了，贵国君王虽然为敝邑担忧，恐怕也来不及了。郑国虽然还与别国接壤，我所盼望和奔走的仍然只有晋国，已经事奉晋国了，怎么敢有二心呢？"

昭公十九年（前五二三）

是岁也，郑驷偃〔1〕卒。子游娶于晋大夫〔2〕，生丝，弱〔3〕，其父兄立子瑕〔4〕。子产憎〔5〕其为人也，且以为不顺〔6〕，弗许，亦弗止。驷氏耸〔7〕。他日，丝以告其舅。冬，晋人使以币如郑〔8〕，问驷乞之立故。驷氏惧，驷乞欲逃，子产弗遣，请龟以卜，亦弗予。大夫谋对[9]，子产不待而对客曰："郑国不天，寡君之二三臣[10]，札瘥夭昏[11]，今又丧我先大夫偃，其子幼弱，其一二父兄惧队宗主[12]，私族于谋而立长亲[13]。寡君与其二三老曰：'抑天实剥乱是[14]，吾何知焉！'谚曰：'无过乱门。'民有兵乱，犹惮[15]过之，而况敢知天之所乱！今大夫将问其故，抑寡君实不敢知，其谁实知之？平丘之会[16]，君寻旧盟曰[17]：'无或失职。'若寡君之二三臣，其即世者[18]，晋大夫而专制其位[19]，是晋之县鄙也[20]，何国之为[21]！"辞客币而报其使，晋人舍之。

【注释】

〔1〕驷偃即子游，郑卿。

〔2〕娶于晋大夫，娶晋大夫之女。

〔3〕弱，幼也。

〔4〕立子瑕，立之以为驷氏之长。

〔5〕憎音 zèng，恨也。

〔6〕子瑕即驷乞，驷偃之叔；不当立，故不顺。

〔7〕耸音 sǒng，惧也。

〔8〕以币如郑，以币为礼而往郑。

〔9〕谋对，会商应付之方也。

〔10〕二三臣，郑定公之大臣也。

〔11〕大疫而死曰札，小疫而死曰瘥，短命而死曰夭，未名而死曰昏。瘥音 chái。

〔12〕宗主，一族之长也。

〔13〕私族于谋，倒句，私谋于族。子瑕为子游之叔，故曰长亲。

〔14〕抑，发语词。剥，剥削也。是，代名词，指驷氏之族。

〔15〕惮音 dàn，惧也。

〔16〕平丘，卫地，今河北长垣县西南。昭公十三年（前五二九）晋昭公、郑定公及其他诸侯会于平丘。

〔17〕君指晋昭公。寻，重温也。
〔18〕即世，死也。
〔19〕专制其位，决定其继承权。
〔20〕县，县邑也，是时晋楚等国已有县制。鄙，乡野也。
〔21〕何国之为，倒句，何为国也。

【译文】

这一年，郑国的驷偃死了。驷偃娶了晋国的大夫的女儿，生下了丝，还很年幼，他的父辈兄辈立了驷乞为驷氏之长。子产憎恶驷乞的为人，而且认为不当立，所以不答应，却也不去制止。驷氏惧怕。过了几天，丝把情况告诉了他的舅父。冬季，晋国的大夫派人带了财礼到郑国，询问立驷乞的缘故。驷氏惧怕，驷乞想要逃走，子产不让走，请求用龟甲占卜，占卜的结果也不同意驷乞走。大夫们商量应付晋国的方法，子产不等他们商量好就回答客人说："郑国不能得到上天福佑，寡君的几个大臣，都不幸英年早逝，现在又丧失了我们的先大夫驷偃，他的儿子年幼，他的几位父兄害怕断绝宗主，私下里和族人商量立了嫡系亲族中的年长者。寡君和他的几位大臣说：'或许上天确实想剥削扰乱驷氏一族，可我又能过问些什么呢！'谚语说：'不要经过动乱人家的门口。'百姓之间发生武斗，尚且害怕经过那里，而何况知道这是上天所降的动乱！现在大夫想要询问它的原因，寡君确实不敢过问，还有谁确实敢过问？平丘的会盟，君王重温过去的盟约说：'不要有人失职。'如果寡君的几个臣下，他们中间有人去世，晋国的大夫们却要决定他的继承权，这是把我们当作晋国边境县的乡村了，还成什么国家？"退回了来使的财礼并且回报使者，晋国人对这件事就不再过问了。

郑大水，龙斗于时门之外洧渊〔1〕，国人请为禜焉〔2〕。子产弗许，曰："我斗，龙不我觌也〔3〕；龙斗，我独何觌焉？禳之则彼其室也〔4〕。吾无求于龙，龙亦无求于我。"乃止也。

【注释】

〔1〕时门，郑城门。洧音 wěi，洧水发源于河南登封县，经新郑等县入贾鲁河。

〔2〕禜音 yíng，禳祭也。

〔3〕觌音 dí，以礼相见也。龙不我觌也，倒句，龙不觌我也。

〔4〕禳音 ráng，设祭以求其去也。全句言如设祭以求其去，则彼在彼所居之室，无可去也。

【译文】

郑国发生大水灾，有龙在时门外边的洧渊争斗，国内的人们请求举行禳祭。子产不答应，说："我们争斗，龙不会来看；龙争斗，我们为什么偏要去看呢？禳祭以求祛除它们，可那洧渊本来就是龙居住的地方啊。我们对龙没有所求，龙对我们也没有所求。"于是就没有禳祭。

昭公二十年(前五二二)

郑子产有疾，谓子大叔曰："我死，子必为政〔1〕。唯有德者能以宽服民，其次莫如猛。夫火烈，民望而畏之，故鲜死焉；水懦弱，民狎〔2〕而玩之，则多死焉。故宽难。"疾数月而卒。大叔为政，不忍猛而宽。郑国多盗，取人于萑苻之泽〔3〕。大叔悔之曰："吾早从夫子，不及此。"兴徒兵〔4〕以攻萑苻之盗，尽杀之，盗少止。仲尼曰："善哉！政宽则民慢〔5〕，慢则纠之以猛；猛则民残〔6〕，残则施之以宽。宽以济猛，猛以济宽，政是以和。《诗》曰〔7〕：'民亦劳止〔8〕，汔〔9〕可小康，惠此中国，以绥四方。'施之以宽也。'毋从诡随〔10〕，以谨无良〔11〕，式遏寇虐〔12〕，惨不畏明〔13〕。'纠之以猛也。

‘柔远能迩[14]，以定我王。’平之以和也。又曰[15]：‘不竞不絿[16]，不刚不柔，布政优优[17]，百禄是遒[18]。’和之至也。”及子产卒，仲尼闻之，出涕曰：“古之遗爱也[19]。”

【注释】

〔1〕为政，执掌政权也。

〔2〕狎音 xiá，习也。

〔3〕取与聚通。萑音 huán，苻音 fú。萑苻，泽名。

〔4〕徒兵，步兵也。

〔5〕慢，轻慢也。

〔6〕残，被摧残也。

〔7〕此下诗十句，皆见《诗·大雅·民劳篇》。

〔8〕亦、止，皆语助词。

〔9〕汔音 qì，其也。汔可小康，其可以小小安息也。

〔10〕从与纵通。诡随，小恶也。

〔11〕谨，戒敕也。

〔12〕式，语助词。遏，止也。

〔13〕惨，《诗》作憯，音 cǎn，曾也。明，明法也。四句略言小的错误不要放过，以防止无良的大错误；寇乱和残虐必须禁止，因为他们不曾畏惧明法。

〔14〕能为宁之转，柔远宁迩，远者加以怀柔，近者加以安定也。

〔15〕见《诗·商颂·长发篇》。

〔16〕絿音 qiú，急也。

〔17〕优优，和也。

〔18〕遒音 qiú，聚也。

〔19〕爱，仁也。其仁爱有古代之遗风。

【译文】

郑国的子产患病，对子太叔说：“我死以后，您必定执政。只有有德行的人能够用宽大来使百姓服从，其次就莫如用严厉。火势猛烈，百姓看着就害怕，所以很少有人死于火；水性懦弱，百姓习以为常而玩弄它，很多人就死在水中。所以宽大不容易。”子产病了几个月就去世了。子太叔执政，不忍心严厉而奉行宽大的政策。郑国盗贼很多，聚集在萑苻泽中。太叔后悔说：“我早点听从他老人家的话，就不至于到这一步。”发动步兵去攻打藏身于萑苻泽中的盗贼，全部杀死了他们，盗贼稍稍平息。孔子说：“好啊！政事宽大百姓就轻慢，轻慢了就用严厉政策来纠正；严厉了百姓就受到伤害，受到伤害了就实施宽大政策。用宽大调节严厉，用严厉调节宽大，因此政事调和。《诗》说：‘百姓已经很辛劳，差不多可以稍稍安歇，赐恩给中原各国，用以安定四方。’这是实施宽大。‘不要放纵小恶，以防止不良之辈的大错，寇乱和残虐必须禁止，因为他们不曾畏惧法度。’这是用严厉来纠正。‘怀柔边远，平定近邦，用来安定我的君王。’这是以宽大、严厉互相调和来治理政事。又说：‘不争强不急躁，不刚猛不柔弱，施政平和宽裕，各种福禄都会聚集。’这真是和谐之至了。”等到子产去世，孔子听到这个消息，流着泪说：“他的仁爱，是古人流传下来的遗风啊。”

【讲评】

子产是春秋时代最有名的政治家，读了此篇，我们可以了解他在政治方面的一些措施。春秋初年，郑国是一个相当强盛的国家，但是因为公族制度的推行，造成内部的纠纷，而且南北的两个大国，都凭着优厚的经济基础，不断地壮大起来，郑国成为两大国之间的导火线，在每次战争里，郑国都受到战争的蹂躏。这就需要一位有能力的政治家出来，才能安定这个局面。子产的措施，主要地表现在三个方面：(一)尊重乡校：乡校是当时郑人集会的所在，他们议论国政，反映了一定的政治意见，因此有人主张把乡校毁了，扼杀舆论的喉舌，但是子产认为应当保留下来，给言论一条出路。当然我们不能认为他有某种程度的民主思想，因为一则所谓“郑人”，不可能包括人民大众，二则乡校的议论，对于国家大政，也不可能起主导的作用：在春秋社会里，还不可能产生民主思想，但是子产的主张，对于国内的矛盾，确实可以起缓和的作用。(二)铸刑书：春秋以来，郑国是一个比较先进的国家，商人的出现，《郑书》、《郑志》的传诵，都指明这一点。有了比较先进的文化，人民必然地会要求成文法的公布。子产认识到人民的要求，因此也就发表刑书，体现人民的愿望，正是一个干练的手法。叔向的警告，指示出晋国还是比较落后，因此顽固的执政当局还想为所欲为，蒙蔽人民。(三)作丘赋：丘赋的制度，我们不尽了解，把这件事和宣公十五年(前五九四)鲁国的“初税亩”相比，我们可以看到这些国家对于人民的征求，正是不断地加重。子产在前五四三年的编定田亩，正为后来的丘赋铺平了道路。总的来说：子产是一个干练的政治家，他有计划，有步骤，在必要时，对于人民，也可能作出一定程度的让步，但是一切都是为了一个目的——加强统治。他在外交方面，也有坚定的主张，为了争取国家的安定，他坚决地依附晋国，但是他也坚决地拒绝晋人对于郑国内政的干涉，因此在他执政的二十年中，郑国获得国内的安定，同时也获得国际间的尊重。在这篇记载里，我们要从作者的叙述中，看他如何地综合了郑国流行的传说，终于塑造成一个政治家的形象。

吴阖庐入郢

昭公十七年(前五二五)

吴伐楚。阳匄为令尹[1]，卜战不吉。司马子鱼曰[2]："我得上流，何故不吉？且楚故[3]，司马令龟[4]，我请改卜。"令曰："鲂也以其属死之[5]，楚师继之，尚大克之。"吉。战于长岸[6]，子鱼先死，楚师继之，大败吴师，获其乘舟馀皇[7]，使随人[8]与后至者守之，环而堑[9]之，及泉[10]，盈其隧炭[11]，陈以待命[12]。吴公子光请于其众曰："丧先王之乘舟，岂唯光之罪，众亦有焉，请借取之以救死。"众许之。使长鬣者三人潜伏于舟侧[13]，曰："我呼'馀皇'则对。"师夜从之，三呼皆迭对，楚人从而杀之。楚师乱，吴人大败之，取馀皇以归。

【注释】

〔1〕阳匄，楚令尹。匄音 gài。

〔2〕司马子鱼名鲂。

〔3〕故，传统也。

〔4〕令，祷也。

〔5〕属，部属，私人之部下也。

〔6〕长岸，今安徽当涂县之博望山。

〔7〕馀皇，舟名。

〔8〕随人，是时随为楚之与国。
〔9〕堑音 qiàn，掘地也。
〔10〕及泉，其深及水也。
〔11〕隧，道也。盈其隧炭，道上满布炭火也。
〔12〕列阵以待命也。
〔13〕鬣音 liè，须也。相传楚人多须，长鬣者诈为楚人也。

【译文】
吴国进攻楚国。当时楚国的阳匄正担任令尹，占卜战争的结果却不吉利。司马子鱼说："我们地处上游，为什么会不吉利？而且按照楚国的传统，会由司马在占卜前祷告，我请求重新占卜。"于是就祷告说："由鲂带领他的部属战死，楚军跟上去，希望能大获全胜。"占卜的结果是吉利。两国军队在长岸作战，子鱼先战死，楚军跟着上去，把吴军打得大败，得到一条名叫馀皇的乘舟，派随国人和后来到达的人看守，环绕这条船挖掘深沟，一直挖到看见水，用炭填满深沟，摆开阵势听候命令。吴国的公子光向他的兵众请求说："丢掉先王的乘舟，怎么可能只是我一人的罪过，大家也是有罪的，请求凭借大家的力量夺回来以免一死。"兵众答应了。派遣留着长胡须的三个人偷偷地埋伏在船旁边，说："我如果喊'馀皇'，你们就应答。"军队在夜里跟上去，喊了三次，埋伏的人都交替着回答，楚国人上去把他们杀了。楚军阵脚大乱，吴军大败楚军，把名为馀皇的乘舟夺回去了。

昭公十九年(前五二三)

楚子之在蔡〔1〕也，郹阳封人之女奔之〔2〕，生大子建，及即位，使伍奢〔3〕为之师。费无极为少师，无宠〔4〕焉，欲谮诸王，曰："建可室〔5〕矣。"王为之聘于秦，无极与逆〔6〕，劝王取之。正月，楚夫人嬴氏至自秦〔7〕。

【注释】

〔1〕楚子，楚平王，即位以前在蔡。

〔2〕郹音 jú。郹阳，蔡地，在今河南新蔡县。封人，封疆之官也。奔，同居也。

〔3〕伍奢，伍员父也。

〔4〕无宠，无宠于太子建。

〔5〕可室，可娶妻也。

〔6〕与逆，参加迎亲也。

〔7〕平王自娶，故称夫人。

【译文】

楚平王在蔡国的时候，郹阳封人官的女儿私奔到他那里与他同居，生了太子建，等到楚平王即位，派伍奢做太子的师傅。费无极做了少师，不受宠信，想要在楚平王面前诬谄太子，说："太子建可以娶妻了。"楚平王为太子在秦国行聘，费无极参加迎娶，劝楚平王自己娶这个女子。正月，楚夫人嬴氏从秦国来到楚国。

楚子为舟师以伐濮〔1〕，费无极言于楚子曰："晋之伯〔2〕也，迩于诸夏，而楚辟〔3〕陋，故弗能与争。若大城城父〔4〕而置大子焉以通北方，王收南方，是得天下也。"王说，从之，故大子建居于城父。令尹子瑕聘于秦〔5〕，拜夫人也。〔6〕。

【注释】

〔1〕濮，在今湖北石首县南。

〔2〕伯与霸通。

〔3〕辟与僻通。

〔4〕大城之城，动词。城父，楚地，今河南宝丰县东四十里。

〔5〕子瑕即阳匄。

〔6〕拜夫人，为夫人至自秦而往谢也。

【译文】

楚平王发动水军以进攻濮地，费无极对楚平王说："晋国称霸诸侯的时候，接近中原诸国，而楚国偏僻鄙陋，所以不能和它相争。如果扩大城父的城墙而把太子安置在那里，用来和北方通好，君王收服南方，这样就得到天下了。"楚平王听了很高兴，听从了他的话，所以太子建住在城父。令尹子瑕到秦国聘问，这是为了拜谢把夫人嫁给楚国。

楚人城州来〔1〕。沈尹戌〔2〕曰："楚人必败。昔吴灭州来〔3〕，子旗请伐之〔4〕，王曰：'吾未抚吾民。'今亦如之〔5〕，而城州来以挑吴，能无败乎？"侍者曰："王施舍不倦，息民五年，可谓抚之矣。"戌曰："吾闻抚民者节用于内而树德于外，民乐其性而无寇雠。今宫室无量，民人日骇，劳罢死转〔6〕，忘寝与食，非抚之也。"

【注释】

〔1〕州来，楚地，今安徽凤台县治。

〔2〕沈尹戌，楚大夫。

〔3〕吴灭州来事在前五二九，其后退出。

〔4〕子旗，时为令尹。

〔5〕如之，如前也。

〔6〕罢与疲通。转，迁移也。

【译文】

楚国人在州来筑城。沈尹戌说："楚国人一定失败。过去吴国攻灭州来，子旗请求攻打吴国，君王说：'我还没有安抚好我的百姓。'现在也像当时一样，而又在州来筑城去挑衅吴国，能够不失败吗？"侍者说："君王施舍从不厌倦，让百姓休养生息长达五年，可以说已经安抚好他们了。"沈尹戌说："我听闻安抚百姓，在国内节约用度，在国外树立德行，百姓生活安乐而没有仇敌。

现在宫室的规模没有限度，百姓一天天更惊恐不安，辛劳疲弊至死还没有人收葬，睡不了好觉又吃不上好饭，这不是安抚他们。”

昭公二十年(前五二二)

费无极言于楚子曰：“建与伍奢将以方城之外叛〔1〕，自以为犹宋、郑也，齐、晋又交辅之，将以害楚，其事集〔2〕矣。”王信之，问伍奢。伍奢对曰：“君一过多矣〔3〕，何信于谗！”王执伍奢，使城父司马奋扬杀大子，未至而使遣之〔4〕。三月，大子建奔宋。王召奋扬，奋扬使城父人执己以至。王曰：“言出于余口，入于尔耳，谁告建也？”对曰：“臣告之。君王命臣曰：‘事建如事余。’臣不佞〔5〕，不能苟贰〔6〕，奉初以还〔7〕，不忍后命，故遣之。既而悔之，亦无及已！”王曰：“而敢来，何也？”对曰：“使而失命，召而不来，是再奸也，逃无所入。”王曰：“归。”从政如他日〔8〕。

【注释】

〔1〕方城，山名，在河南叶县南。

〔2〕集，成也。

〔3〕一过指夺太子之妻。

〔4〕奋扬受命，未至城父而使太子建先去。

〔5〕佞音 nìng，才也。

〔6〕贰与二通，有二心也。

〔7〕奉初以还，奉初命以周旋也。

〔8〕从政如他日，奋扬治事如往日也。

【译文】

费无极对楚平王说："太子建和伍奢将率领方城山以外地区的人叛乱，自以为如同宋国、郑国一样，齐国、晋国又一起辅助他们，将会危害楚国，这事情就快成功了。"楚平王相信了这些话，质问伍奢。伍奢回答说："君王有一次过错已经足够严重了，为什么还听信谗言！"楚平王逮捕了伍奢，派城父司马奋扬去杀太子，奋扬还没有到达就派人通知太子逃走。三月，太子建逃亡到宋国。楚平王召回奋扬，奋扬让城父人逮捕自己并押到郢都。楚平王说："话从我的嘴里说出去，进到你的耳朵里，是谁告诉建的？"奋扬回答说："是下臣告诉他的。君王曾命令我说：'事奉建要像事奉我一样。'下臣不才，不能设想自己有二心，奉了起初的命令去对待太子，就不忍心执行您后来的命令，所以要他逃走了。不久我后悔，也来不及了啊！"楚平王说："你敢来朝见，为什么？"奋扬回答说："被派遣而没有完成使命，召见我又不到来，这是再次违背命令，逃走也没有地方可去。"楚平王说："你回去吧。"于是奋扬就还像过去一样执掌政务。

无极曰："奢之子材〔1〕，若在吴，必忧楚国〔2〕。盍以免其父召之？彼仁，必来，不然，将为患。"王使召之曰："来，吾免而父。"棠君尚谓其弟员曰〔3〕："尔适吴，我将归死，吾知不逮〔4〕。我能死，尔能报。闻免父之命，不可以莫之奔也；亲戚为戮，不可以莫之报也。奔死免父，孝也；度功而行，仁也〔5〕；择任而往，知也〔6〕；知死不辟，勇也。父不可弃〔7〕，名不可废〔8〕，尔其勉之，相从为愈。〔9〕"伍尚归，奢闻员不来，曰："楚君大夫其旰食乎〔10〕！"楚人皆杀之〔11〕。

【注释】

〔1〕材与才通。

〔2〕必忧楚国，必使楚国生忧也。

〔3〕君当作尹。尚、员皆伍奢子。尚为棠邑大夫，故曰棠尹。棠，楚地。员音 yuán。

〔4〕逮音 dài，及也。不逮，不及员也。

〔5〕度音 duó，估计也。估计有功而行，才算是仁。

〔6〕选择能任报仇之责者以赴，才算是知。

〔7〕惧归为弃父。

〔8〕惧死为废名。

〔9〕言汝勉力报父仇，胜于相从以俱死也。

〔10〕旰音 gàn，晚也。言将有吴忧，不能早食。

〔11〕杀伍奢、伍尚。

【译文】

费无极说："伍奢的儿子很有才能，如果在吴国，一定会使楚国生忧。何不用赦免他们父亲的说法召回他们？他们仁爱，一定回来，否则的话，将要成为祸患。"楚平王派人召回他们，说："回来，我赦免你们的父亲。"棠邑的大夫伍尚对他的兄弟伍员说："你到吴国去，我准备回去死，我的才智不如你。我能够死，你能够报仇。听到赦免父亲的命令，不能不奔走回去；亲人被杀戮，不能不报仇。奔走回去送死使父亲获赦免，这是孝；估量成功与否而后行动，这是仁；选择合适任务的人而前往，这是智；明知是死而不逃避，这是勇。父亲不能抛弃，名誉不能废弃，你还是努力吧，这胜过两个人一齐送死。"伍尚回去，伍奢听说伍员不来，说："楚国的国君和大夫恐怕不能按时吃饭了吧！"楚国人把他们父子两人都杀了。

员如吴，言伐楚之利于州于〔1〕。公子光曰〔2〕："是宗为戮，而欲反其雠〔3〕，不可从也。"员曰："彼将有他志〔4〕，余姑为之求士而鄙以待之〔5〕。"乃见鱄设诸焉而耕于鄙〔6〕。

【注释】

〔1〕州于即吴王僚。

〔2〕公子光，其后为王，吴王阖庐也。

〔3〕反其雠，复仇也。

〔4〕他志，指自立为王之志。

〔5〕士，勇士也。鄙，动词，言居于乡野以待时机也。

〔6〕见音 xiàn，介绍也。鱄音 zhuān，鱄设诸即专诸。鄙，乡野也。

【译文】

伍员去到吴国，向州于说明进攻楚国的好处。公子光说："这个家族被楚王杀戮，而想要复仇，不能听他的。"伍员说："他将要有别的志向，我姑且为他寻求勇士而在乡野间等待着他。"于是就荐举了鱄设诸而自己则在乡野间耕种。

昭公二十三年（前五一九）

吴人伐州来，楚薳越帅师及诸侯之师奔命〔1〕救州来。吴人御诸钟离〔2〕。子瑕卒，楚师熸〔3〕。吴公子光曰："诸侯从于楚者众而皆小国也，畏楚而不获已〔4〕，是以来。吾闻之曰：'作事威克其爱〔5〕，虽小必济。'胡、沈〔6〕之君幼而狂，陈大夫啮〔7〕壮而顽，顿与许、蔡疾楚政〔8〕。楚令尹死，其师熸，帅贱多宠〔9〕，政令不壹，七国同役而不同心，帅贱而不能整，无大威命，楚可败也。若分师，先以犯胡、沈与陈，必先奔。三国败，诸侯之师乃摇心矣。诸侯乖〔10〕乱，楚必大奔，请先者去备薄威〔11〕，后者敦陈整旅〔12〕。"吴子从之。戊辰晦，战于鸡父。〔13〕吴子以罪人三千，先犯胡、沈与陈，三国争之。吴为三军以系于后，中军从王，光帅右，掩馀帅左[14]。吴之罪人或奔或止，三国乱。吴师击之，三国败，获胡、沈之君及陈大夫。舍胡、沈之囚，使奔许与蔡、顿曰："吾君死矣!"师噪而从之，三国奔，楚师大奔。书曰："胡子髡、沈子逞灭[15]，获陈夏啮。"君臣之辞也[16]。不言战，楚未陈也。

【注释】

〔1〕薳音 wěi。薳越，楚司马，以令尹子瑕病重，代为率师。诸侯指胡、沈、顿、陈、蔡、许六国。奔命，奉命急行也。

〔2〕钟离，属楚小国，在今安徽凤阳县东北。

〔3〕熸音 jiān，火灭为熸，言士气不振也。

〔4〕不获已，不得已也。

〔5〕克，胜也。威克其爱，威严重于怜爱也。

〔6〕胡，妫姓国，在今安徽阜阳县西北二里。沈，姬姓国，在今安徽阜阳县西北一百二十里。

〔7〕啮音 niè。

〔8〕顿，姬姓国，在今河南项城县北五十里。言顿、许、蔡三国均对楚不满也。

〔9〕薳越非令尹，故曰帅贱；楚军多宠人，号令不一，故曰多宠。

〔10〕乖音 guāi，不相合也。

〔11〕去备薄威，示之以不整也。

〔12〕敦，厚也。

〔13〕戊辰为七月二十九日。鸡父，今河南固始县东南。

〔14〕掩馀，吴公子。

〔15〕髡音 kūn。国君被获曰灭。

〔16〕君曰灭，臣曰获，其辞不同。

【译文】

吴国人进攻州来，楚国的薳越率领楚国和诸侯的军队奉命疾驰救援州来。吴国人在钟离抵御他们。令尹子瑕去世，楚军士气不振。吴国的公子光说："诸侯跟从楚国的很多，但都是小国，害怕楚国而不得已，因此前来。我听说：‘做事如果威严重于怜爱，虽然弱小也必然成功。’胡国、沈国的国君年轻而浮躁，陈国的大夫齧年富力强却顽固，顿国和许国、蔡国不满楚国的政事。楚国的令尹死了，他们的军队士气不振，元帅地位低而楚军中受宠的人又很多，政令又不一致，七个国家一起办事却并不同心，元帅地位低而不能整齐号令，没有重大的威信，楚国是可以被打败的。如果分开兵力，先攻打胡国、沈国和陈国的军队，他们必然率先奔逃。三国败退，诸侯的军队的军心就动摇了。诸侯混乱，楚军必然拼命奔逃，请让先头部队放松戒备收敛军威，后继部队加固军阵整顿师旅。”吴王听从了他的献策。戊辰晦，在鸡父交战，吴王用三千名罪犯，先攻胡国、沈国和陈国，三国军队争着俘虏吴军。吴国整编了三个军紧跟在后，中军跟随吴王，公子光率领右军，公子掩馀率领左军。吴国的罪犯有的奔逃，有的站住不动，三国的军队乱了阵脚。吴军攻打，三国的军队败退，俘虏了胡、沈两国的国君和陈国的大夫。吴军释放胡国、沈国的俘虏，让他们奔逃到许国和蔡国、顿国的军队里说：“我们的国君死了！”吴军擂鼓呐喊着跟上去，三国的军队败逃，楚军拼命逃跑。《春秋》记载说：“胡子髡、沈子逞被灭，俘获陈国的夏齧。”这是对国君和臣子所使用的不同措辞。不说交战，这是因为楚国还没有摆开阵势。

楚大子建之母在郹[1]，召吴人而启之。冬十月甲申[2]，吴人子诸樊入郹，取楚夫人与其宝器以归。楚司马薳越追之，不及，将死[3]。众曰：“请遂伐吴以徼之[4]。”薳越曰：“再败君师，死且有罪。亡君夫人，不可以莫之死也。”乃缢于薳澨[5]。

【注释】

〔1〕郹即郹阳。

〔2〕甲申为十月十七日。

〔3〕将死，将自杀也。
〔4〕徼音 jiǎo，徼幸也。
〔5〕薳澨，楚地。澨音 shì。

【译文】

楚国太子建的母亲住在郹地，召来吴国人并为他们打开城门。冬季十月甲申，吴国的太子诸樊进入郹地，带了楚夫人和她的宝器回国了。楚国的司马薳越追赶他，没有追上，准备自杀。众人说："请就此攻打吴国，也许能侥幸取胜。"薳越说："再次让国君的军队打败仗，死了也还是有罪过。丢了君王的夫人，不能不因此而死。"于是薳越就在薳澨上吊死了。

楚囊瓦为令尹，城郢。〔1〕沈尹戌曰："子常必亡郢，苟不能卫，城无益也。古者天子守在四夷〔2〕，天子卑〔3〕，守在诸侯；诸侯守在四邻，诸侯卑，守在四竟。慎其四竟，结其四援〔4〕，民狎其野，三务〔5〕成功，民无内忧而又无外惧，国焉用城？今吴是惧〔6〕而城于郢，守已小矣，卑之不获〔7〕，能无亡乎？昔梁伯〔8〕沟其公宫而民溃，民弃其上，不亡何待？夫正其疆埸〔9〕，修其土田，险其走集〔10〕，亲其民人，明其伍候〔11〕，信其邻国，慎其官守，守其交礼，不僭〔12〕不贪，不懦不耆〔13〕，完其守备以待不虞，又何畏矣！《诗》〔14〕曰：'无念〔15〕尔祖，聿修厥德〔16〕。'无亦监乎若敖、蚡冒，至于武、文〔17〕，土不过同〔18〕，慎其四竟，犹不城郢，今土数圻〔19〕而郢是城，不亦难乎？"

【注释】

〔1〕囊瓦即子常。城，动词，筑城也。郢，楚都，今湖北江陵县北

十里。

〔2〕守在四夷，防御之法，在于结合四方各国也。

〔3〕卑，力不及远也。

〔4〕四援，四邻之国也。

〔5〕三务，春夏秋之农务也。

〔6〕吴是惧，惧吴也。

〔7〕卑之不获，不能守在四境也。

〔8〕梁，嬴姓国，在今陕西韩城县南二十里，亡于僖公十九年（前六四一）。

〔9〕埸音 yì，边境也。

〔10〕走集，边境之壁垒也。

〔11〕明其伍候，使民有部伍，共同候望也。

〔12〕不僭，不越分也。

〔13〕耆音 qí，强也。不耆，不恃强陵人也。

〔14〕见《诗·大雅·文王篇》。

〔15〕无，发语词。无念，念也。

〔16〕聿与曰通。厥，其也。

〔17〕若敖、蚡冒、武王、文王，皆楚先君。蚡音 fén。

〔18〕方百里为同。

〔19〕方千里为圻，音 qí。

【译文】

楚国的囊瓦担任令尹，在郢都加固城墙。沈尹戌说："子常一定会丢掉郢都，如果不能保卫，加固城墙是没有好处的。在古代，天子的守卫在于结合四方各国，天子的力量不能到达远方，守卫就在于诸侯；诸侯的守卫在于四方邻国，诸侯的力量不能到达远方，守卫就在于四方边境。警惕四方边境，结交四方邻国，百姓在自己土地上安居乐业，春夏秋三时的农事有所收获，百姓没有内忧而又没有外患，国都哪里用得着加固城墙？现在惧怕吴国而在郢都加固城墙，守卫的范围已经很小了，甚至连守卫在于四方边境都办不到，能够不灭亡吗？从前梁伯在公宫旁边挖沟防卫而百姓溃散，百姓抛弃他们上边的人，不灭亡还等什么？划定疆界，修治土地，巩固边境的壁垒，亲近百姓，加强部伍间的共同候望，对邻国讲求信用，谨慎做到官吏的职守，保持外交的礼仪，没有僭越之举而又不贪婪，不懦弱而又不恃强凌弱，修整自己的防御以防备发生意外，又有什么可害怕呢！《诗》说：‘怀念你的祖先，修明你的德行。’岂不见若敖、蚡冒，以至于文王、武王，土地不超过百里见方，由于警惕四方边境，尚且不在郢都加固城墙，现在土地超过几千里见方，却反而在郢都加固城墙，要想不灭亡不也是很难了吗？”

昭公二十四年（前五一八）

楚子为舟师以略吴疆，沈尹戌曰：“此行也，楚必亡邑。不抚民而劳之，吴不动而速之。吴踵〔1〕楚而疆埸无备，邑能无亡乎？”越大夫胥犴劳王于豫章之汭〔2〕，越公子仓归〔3〕王乘舟，仓及寿梦〔4〕帅师从王，王及圉阳〔5〕而还。吴人踵楚而边人不备，遂灭巢〔6〕及钟离而还。沈尹戌曰：“亡郢之始，于此在矣。王壹动而亡二姓之帅〔7〕，几如是而不及郢！《诗》〔8〕曰：‘谁生厉阶〔9〕，至今为梗？’其王之谓乎！”

【注释】

〔1〕踵音 zhǒng，动词，随其后也。

〔2〕犴音 àn。豫章在皖北。汭音 ruì，水曲也。

〔3〕归，赠也。

〔4〕寿梦，越大夫。

〔5〕圉阳，楚地，今安徽巢县南境。

〔6〕巢，属楚小国，在今安徽巢县东北五里。

〔7〕二姓指巢及钟离二姓之国也。

〔8〕见《诗·大雅·桑柔篇》。

〔9〕厉，恶也。阶，道也。

【译文】

楚平王组建水军去侵略吴国的疆土。沈尹戌说："这一趟，楚国必然丢掉城邑。不安抚百姓而让他们劳师动众，吴国没有动静却让他们加速出动。吴军紧随楚军之后，然而边境却没有戒备，城邑能够不丢掉吗？"越国的大夫胥犴在豫章之汭慰劳楚平王，越国的公子仓把一只船赠送给楚平王，公子仓和寿梦领兵跟随楚平王，楚平王到达圉阳而返回。吴军紧随楚军之后，然而边境的守军却没有戒备，吴国人就灭掉了巢国和钟离而回。沈尹戌说："丢掉郢都的开端，就在这里了。君王一个举动就失去了两个国家的将领，照这样再来几次，还不得轮到郢都！《诗》说：'是谁开启了罪恶的根由，到今天还是四处为害？'恐怕说的就是君王吧！"

昭公二十六年（前五一六）

九月，楚平王卒。令尹子常欲立子西〔1〕，曰："大子壬弱〔2〕，其母非适也〔3〕，王子建实聘之。子西长而好善，立长则顺，建善则治；王顺国治，可不务乎？"子西怒曰："是乱国而恶君王也〔4〕。国有外援〔5〕，不可渎也〔6〕；王有适嗣，不可乱也。败亲速雠〔7〕，乱嗣不祥；我受其名〔8〕，赂吾以天下，吾滋不从也，楚国何为？必杀令尹！"令尹惧，乃立昭王。

【注释】

〔1〕子西，平王庶子，年长。

〔2〕弱，幼也。

〔3〕適与嫡通。

〔4〕恶，动词，彰平王之罪恶也。

〔5〕外援指秦。

〔6〕渎音 dú，慢也。

〔7〕不立壬，秦将来讨，是召雠也。

〔8〕受其名，受恶名也。

【译文】

九月，楚平王去世。令尹子常想要立子西，说："太子壬年纪幼小，他的母亲又不是嫡妻，原本是替王子建定亲的。子西年纪大而喜好与人为善，立年长的就顺于情理，立善良的国家就得治；君王顺于情理国家就能治理好，能不努力去做吗？"子西发怒说："这是扰乱国家并且宣扬君王的罪恶。国家有外援，不能轻慢；君王有嫡出的继承人，不能混乱。败坏亲情而召来仇敌，混乱嗣位次序是很不吉利的；我也将会蒙受恶名，即使用天下来贿赂我，我也是不能听从的，楚国又算得什么？一定要杀了令尹！"令尹恐惧，就立了楚昭王。

昭公二十七年（前五一五）

吴子欲因楚丧而伐之，使公子掩馀、公子烛庸率师围潜〔1〕，使延州来季子聘于上国〔2〕，遂聘于晋以观诸侯。楚莠尹然、工尹麇〔3〕帅师救潜，左司马沈尹戌帅都君子与王马之属〔4〕以济师，与吴师遇于穷〔5〕。令尹子常以舟师及沙汭而还〔6〕。左尹郤宛、工尹寿帅师至于潜，吴师不能退。

【注释】

〔1〕潜，楚地，今安徽霍山县东北。

〔2〕季子即季札，吴王僚叔父，封于延陵、州来，故称延州来季子。延陵，今江苏常州市。上国，中原诸国也。

〔3〕莠尹、工尹，楚官名。麇音 jūn。

〔4〕都君子，都邑之士族也。王马之属，王之养马官属也。

〔5〕穷，今安徽霍丘县西。
〔6〕沙汭，楚东地。

【译文】

吴王想要趁着楚国有丧事的机会进攻楚国，派公子掩馀、公子烛庸领兵包围潜地，派延州来季子到中原各国聘问，季子于是到晋国聘问以观察诸侯的态度。楚国的莠尹然、工尹麇领兵救援潜地，左司马沈尹戌率领都邑的士族亲兵和国君养马的部属去增援，在穷地和吴军相遇。令尹子常带着水军到了沙汭而回师。左尹郤宛、工尹寿领兵到达潜地，吴军被阻而不能撤退。

吴公子光曰："此时也，弗可失也。"告鱄设诸曰："上国有言曰：'不索何获！'我，王嗣也〔1〕，吾欲求之。事若克，季子虽至，不吾废也〔2〕。"鱄设诸曰："王可弑也〔3〕，母老子弱，是无若我何〔4〕！"光曰："我，尔身也〔5〕。"夏四月，光服甲于堀室而享王〔6〕。王使甲坐于道，及其门，门阶户席皆王亲也，夹之以铍〔7〕。羞者献体改服〔8〕于门外，执羞者坐行而入〔9〕，执铍者夹承之，及体〔10〕，以相授也〔11〕。光伪足疾，入于堀室。鱄设诸置剑于鱼中以进，抽剑刺王，铍交于胸〔12〕，遂弑王。阖庐以其子为卿〔13〕。

【注释】

〔1〕吴王寿梦有子四人：诸樊、馀祭、馀昧、季札。诸樊为王，传馀祭，馀祭传馀昧，馀昧传子僚。公子光为诸樊子，故自以为当立。
〔2〕不吾废也，倒句，不废吾也。
〔3〕弑音 shì，以下杀上曰弑。
〔4〕是无若我何，倒句，我无若是何。
〔5〕我，尔身也，犹言我与尔为一体。

〔6〕甲，甲士也。堀音 kū，堀室，地下室也。
〔7〕铍音 pī，剑也。
〔8〕羞，进食也。献体改服，裸体易衣也。
〔9〕古人席地而坐，坐行即膝行也。
〔10〕夹承之，两人以铍承之；及体，铍端及体也。
〔11〕执铍者夹道替换，故曰相授。
〔12〕铍交于胸，鱄设诸抽剑刺王之时，两铍交于其胸也。
〔13〕阖庐即公子光。

【译文】

吴国的公子光说："这是绝好时机，不能放过了。"告诉鱄设诸说："上国有话说：'不去寻求哪里能够有所收获！'我，是王位的继承人，我就要寻求。事情如果成功，季子虽然来到，也不能废掉我。"鱄设诸说："君王是可以杀掉的，但是我母亲老了，儿子还小，我不知道拿他们怎么办！"公子光说："我，就是你。"夏季四月，公子光在地下室埋伏甲士而设享礼招待吴王。吴王让甲士坐在道路两旁，一直到大门口，大门、台阶、内室门、坐席上都是吴王的亲兵，手持短剑护卫在吴王两旁。上菜的人在门外先脱光衣服再换穿别的衣服，然后端菜时膝行而入，持剑的人用剑夹着他，剑刃几乎碰到身上，并且持剑的人还夹道替换着以剑夹着他。公子光假装腿上有病，躲进地下室。鱄设诸把剑放在鱼肚子里然后进入，抽出剑猛刺吴王，两旁亲兵的短剑也交叉刺进了鱄设诸的胸膛，结果还是杀死了吴王。阖庐让鱄设诸的儿子做了卿。

季子至，曰："苟先君无废祀，民人无废主，社稷有奉，国家无倾，乃吾君也。吾谁敢怨〔1〕！哀死事生〔2〕以待天命，非我生乱，立者从之，先人之道也。"复命哭墓〔3〕，复位而待〔4〕。吴公子掩馀奔徐〔5〕，公子烛庸奔钟吾〔6〕。楚师闻吴乱而还。

【注释】

〔1〕吾谁敢怨，倒句，吾敢怨谁也。

〔2〕哀死，哀王僚；事生，事阖庐也。

〔3〕复命哭墓，于王僚墓前复命而哭之也。

〔4〕复位，复原位也。

〔5〕徐，国名，在今安徽泗县北。

〔6〕钟吾，国名，在今江苏宿迁县北。

【译文】

季子到达，说："如果先君的祭祀没有废弃，百姓没有废弃君主，社稷之神有人供奉，国家没有被颠覆，那他就是我的君王。我又敢怨恨谁！哀痛死去的，事奉活着的，以等待天命，不是我发起了动乱，谁被立为国君我就服从谁，这是祖先的常道。"到王僚墓前哭泣复命，然后回到自己原来的官位上等待命令。吴国的公子掩馀奔逃到徐国，公子烛庸奔逃到钟吾。楚军听说吴国发生动乱就收兵回国了。

昭公三十年(前五一二)

吴子〔1〕使徐人执掩馀，使钟吾人执烛庸。二公子奔楚，楚子大封而定其徙〔2〕，使监马尹大心逆吴公子，使居养〔3〕，莠尹然、左司马沈尹戌城之，取于城父〔4〕与胡田以与之，将以害吴也。子西谏曰："吴光新得国而亲其民，视民如子，辛苦同之，将用之也。若好吾边疆〔5〕，使柔服焉，犹惧其至；吾又彊其雠〔6〕以重怒之，无乃不可乎？吴，周之胄裔也〔7〕，而弃在海滨，不与姬通，今而始大，比于诸华，光又甚文〔8〕，将自同于先王。不知天将以为虐乎？使翦丧吴国而封大异姓乎？其抑亦将卒以祚[9]吴乎？其终不远矣。我盍姑亿[10]吾鬼神，而宁吾族姓，以待其归[11]，将焉用自播扬焉[12]？”王弗听。吴子怒，冬十二月，吴子执钟吾子，遂伐徐，防山以水之[13]。己卯[14]，灭徐。徐子章禹断其发[15]，携其夫人以逆吴子，吴子唁[16]而送之，使其迩臣[17]从之，遂奔楚。楚沈尹戌帅师救徐，弗及，遂城夷[18]，使徐子处之。

【注释】

〔1〕吴子，吴王阖庐也。

〔2〕楚子，楚昭王也。大封，与以土地；定其徙，定其所徙之居也。

〔3〕养，楚地，在河南宝丰县西北。

〔4〕城父，楚地，在今河南宝丰县东四十里。

〔5〕好吾边疆，使边疆与吴人修好也。

〔6〕彊其雠指封二公子事。

〔7〕吴自谓为泰伯之后。胄裔，后代也。

〔8〕甚文，文化甚高也。

〔9〕祚，福也。

〔10〕亿，安也。

〔11〕归，结果也。

〔12〕用不着自己去费力也。

〔13〕防山以水之，壅山水以灌之也。

〔14〕己卯为十二月二十三日。

〔15〕断发以示屈服。

〔16〕唁音 yàn，吊也。

〔17〕迩臣，近臣也。

〔18〕夷，城父也。

【译文】

吴王让徐国人逮捕掩馀，让钟吾人逮捕烛庸。两个公子逃亡到楚国，楚昭王大封土地给他们并确定他们迁居的地方，派监马尹大心迎接吴国公子，让他们住在养地，派莠尹然、左司马沈尹戌在那里筑城，把城父和胡地的土田赐给他们，准备用他们危害吴国。子西劝谏楚昭王说："吴公子光新近得到国家并且亲爱他的百姓，把百姓看成自己的儿子一样，和百姓同甘共苦，这是准备使用他们了。如果让边境上的人和吴国结好，让他们温柔顺服，尚且恐怕吴军的到来；现在我们又分封他们的仇人以加重他们的愤怒，恐怕不可以吧？吴国，是周朝的后代，而被抛弃在海边，不和姬姓各国相往来，现在才开始壮大，可以和中原各国相比，公子光又很有文化，准备使自己和先王一样。不知道上天是否将要使他为害？让他灭亡吴国而使异姓之国扩大土地呢？还是将最终要赐福吴国呢？结果不久就可以知道。我们何不姑且安定我们的鬼神，并且安抚我们的百姓，以等待他们的结果，哪里用得着自己辛劳呢？"楚昭王没有听从子西的谏言。吴王阖庐发怒。冬季十二月，吴王逮捕了钟吾的国君，于是就进攻徐国，堵住山上的水再灌入徐国。己卯，灭亡徐国。徐国国君章禹剪断了自己的头发，带着他的夫人迎接吴王，吴王加以慰问后送走了他，让他的近臣跟随他，于是就逃亡到楚国。楚国的沈尹戌领兵救援徐国，没有赶上，于是就在城父筑城，让徐国国君住在那里。

吴子问于伍员曰："初〔1〕而言伐楚，余知其可也，而恐其使余往也，又恶人之有余之功也，今余将自有之矣。伐楚何如？"对曰："楚执政众而乖〔2〕，莫適任患〔3〕。若为三师以肄焉〔4〕，一师至，彼必皆出，彼出则归，彼归则出，楚必道敝〔5〕。亟肄以罢之〔6〕，多方以误之，既罢而后以三军继之，必大克之。"阖庐从之，楚于是乎始病。

【注释】

〔1〕伍员建议伐楚，事在鲁昭公二十年。

〔2〕乖音 guāi，不和也。

〔3〕莫適任患，无专人负责也。
〔4〕肄音 yì，劳也。
〔5〕道敝，疲困于道路也。
〔6〕亟，屡也。

【译文】

吴王阖庐问伍员说："当初你说进攻楚国，我知道能够成功，但恐怕他们派我前去，又不愿意别人占了我的功劳，现在我将要自己占有这份功劳了。进攻楚国怎么样?"伍员回答说："楚国执政的人众多而互相不和，没有专人负责。如果组建三支部队去骚扰他们，一支部队到那里，他们必然会全军出战，他们出来，我们就退回来，他们回去，我们就出动，楚军必定在路上疲于奔命。屡次这样骚扰以使他们疲敝，运用各种方法迷惑他们，他们疲敝以后再派三军紧接着进攻，必定大胜他们。"阖庐听从了他的意见，楚国从此就开始困顿疲乏了。

昭公三十一年(前五一一)

秋，吴人侵楚，伐夷，侵潜、六〔1〕。楚沈尹戌帅师救潜，吴师还。楚师迁潜于南冈〔2〕而还。吴师围弦〔3〕，左司马戌、右司马稽帅师救弦〔4〕，及豫章，吴师还，始用子胥之谋也。

【注释】

〔1〕六，今安徽六安县北。
〔2〕南冈，今湖北鄂城县东南湖上。
〔3〕弦，今河南潢川县西南。
〔4〕二司马皆楚官，戌即沈尹戌。

【译文】

秋季，吴国人侵袭楚国，进攻夷地，又侵袭潜地、六地。楚国的沈尹戌带兵救援潜地，吴军退兵。楚军把潜地人迁移到南冈然后回去。吴军包围弦地，左司马戌、右司马稽带兵救援弦地，到达豫章，吴军退兵，这是吴王开始使用伍子胥的计谋了。

定公二年(前五〇八)

桐叛楚[1]，吴子使舒鸠氏诱楚人曰[2]："以师临我[3]，我伐桐，为我使之无忌。"

【注释】

〔1〕桐，楚属国，在今安徽桐城县北。
〔2〕舒鸠氏，楚属国，在今安徽舒城县境。
〔3〕师，楚师；我，舒鸠人自称。

【译文】

桐国背叛楚国，吴王派舒鸠氏诱骗楚国人说："请楚国用军队逼近我国，我国就攻打桐国，这样就能让我国出兵而没有顾忌。"

秋，楚囊瓦伐吴，师[1]于豫章，吴人见舟于豫章而潜师于巢[2]。冬十月，吴军楚师于豫章[3]，败之。遂围巢，克之，获楚公子繁[4]。

【注释】

〔1〕师，动词，屯兵也。
〔2〕见音 xiàn。潜师于巢，秘密行师于巢也。
〔3〕军，动词，以军击之也。
〔4〕公子繁，楚守巢大夫。

【译文】

秋季，楚国的囊瓦攻打吴国，驻扎在豫章，吴国人让战船出现在豫章而秘密行军到巢地。冬季十月，吴军在豫章攻击楚军，击败了他们。于是就包围巢地，攻占了它，俘虏了楚国的公子繁。

定公三年(前五〇七)

蔡昭侯为两佩〔1〕与两裘以如楚，献一佩一裘于昭王，昭王服之以享蔡侯，蔡侯亦服其一。子常欲之，弗与，三年止之〔2〕。唐〔3〕成公如楚，有两肃爽马〔4〕，子常欲之，弗与，亦三年止之。唐人或相与谋，请代先从者〔5〕，许之。饮先从者酒〔6〕，醉之，窃马而献之子常，子常归唐侯〔7〕。自拘于司败曰〔8〕："君以弄马之故〔9〕，隐君身〔10〕，弃国家，群臣请相夫人〔11〕以偿马，必如之。"唐侯曰："寡人之过也，二三子无辱。"皆赏之。蔡人闻之，固请而献佩于子常。子常朝，见蔡侯之徒，命有司曰："蔡君之久也，官不共也〔12〕，明日礼不毕，将死。"蔡侯归，及汉，执玉而沈曰〔13〕："余所有济汉而南者有若大川。"蔡侯如晋，以其子元与其大夫之子为质焉而请伐楚。

【注释】

〔1〕佩，佩玉也。

〔2〕三年止之，留楚三年不许归国也。

〔3〕唐，国名，在今湖北随县西北九十里。

〔4〕肃爽，骏马名。

〔5〕请代先从者，言愿代唐侯之亲随者。

〔6〕养马者饮先从者以酒。
〔7〕归唐侯，遣之归也。
〔8〕司败，司法之官。窃马者自拘于司法之官也。
〔9〕弄马，所爱之马。
〔10〕隐，忧苦也。
〔11〕相，助也。夫，阳平声，夫人，那养马之人也。
〔12〕共与供通。子常责有司以礼数不供。
〔13〕执玉而沈，犹言投玉汉水以立誓也。

【译文】

蔡昭侯制作了两块佩玉和两件皮裘带到楚国去，把一块佩玉和一件皮裘献给楚昭王，昭王穿上皮裘戴好佩玉并设享礼招待蔡侯，蔡侯也穿着另一件皮裘戴了另一块佩玉。子常想要蔡侯的皮裘和佩玉，蔡侯不给，子常就把蔡侯扣留了三年。唐成公到楚国去，有两匹肃爽马，子常也想要，唐成公不给，子常也把唐成公扣留了三年。唐国有人互相商量，请求代替先行前去的成公的亲随们，楚国答应了。这些人到楚国以后，就让先行前去的成公亲随们喝酒，灌醉了他们，偷了马献给子常，子常就送回了唐侯。偷马的人拘禁自己并到唐国的司败那里说："国君由于所爱的马匹的缘故，使自身忧苦，抛弃了国家，下臣们请求帮助养马人一起赔偿马匹，一定要像以往的两匹马一样好。"唐侯说："这是寡人的过错，您几位不要自我羞辱。"对他们全都给予赏赐。蔡国人听说了这件事，坚决请求把佩玉献给了子常。子常上朝，见到蔡侯的手下人，就命令有关的官员说："蔡侯之所以长久留在我国，都是由于你们没有提供完备送别的礼品，到明天礼品如果再不完备，就要处死你们。"蔡侯回国，到达汉水，拿起玉丢入汉水中说："我如若再有渡汉水往南的事，将有大河为证。"蔡侯到晋国去，以他的儿子元和一个大夫的儿子作为质子并请求晋国出兵进攻楚国。

定公四年(前五〇六)

伍员为吴行人[1]以谋楚。楚之杀郤宛也[2]，伯氏之族出[3]，伯氏之孙嚭为吴大宰[4]以谋楚。楚自昭王即位，无岁不有吴师，蔡侯因之，以其子乾与其大夫之子为质于吴。冬，蔡侯、吴子、唐侯伐楚，舍舟于淮汭[5]，自豫章与楚夹汉。左司马戌谓子常曰："子沿汉而与之上下，我悉方城外[6]以毁其舟，还塞大隧、直辕、冥阨[7]。子济汉而伐之，我自后击之，必大败之。"既谋而行。武城黑[8]谓子常曰："吴用木也，我用革也[9]，不可久也，不如速战。"史皇[10]谓子常："楚人恶子而好司马[11]，若司马毁吴舟于淮，塞城口[12]而入；是独克吴也。子必速战，不然，不免。"乃济汉而陈，自小别至于大别[13]。三战，子常知不可，欲奔。史皇曰："安求其事[14]，难而逃之，将何所入？子必死之，初罪必尽说[15]。"十一月庚午，二师陈于柏举。[16]阖庐之弟夫概王晨请于阖庐曰："楚瓦[17]不仁，其臣莫有死志，先伐之，其卒必奔，而后大师继之，必克。"弗许。夫概王曰："所谓'臣义而行[18]，不待命'者，其此之谓也。今日我死，楚可入也。"以其属五千先击子常之卒，子常之卒奔，楚师乱，吴师大败之。子常奔郑，史皇以其乘广死[19]。

【注释】

〔1〕行人，外交之官。

〔2〕子常信谗杀郤宛，事在昭公二十七年（前五一五）。

〔3〕伯氏之族，伯州犁之后。出，出国也。

〔4〕嚭音 pǐ。大宰读太宰。

〔5〕淮汭，淮水屈曲之处。

〔6〕悉方城外，尽发方城以外之军队以毁吴舟也。

〔7〕三者皆汉东之隘道：大隧即黄岘关，在河南信阳县南九十里；直辕即武胜关；冥阨即平靖关，在信阳东南九十里。

〔8〕武城黑，武城之大夫名黑。武城，楚地，今河南南阳县北。

〔9〕二句旧注“用军器”，未详。

〔10〕史皇，楚大夫。

〔11〕司马，沈尹戌也。

〔12〕城口，总指三隘道。

〔13〕小别山在湖北汉川县东南，大别山在湖北汉阳县东北。

〔14〕言国家太平之日求为执政之事。

〔15〕说与脱通，能战死则前罪可尽赎。

〔16〕庚午为十一月十九日。柏举，今湖北麻城县。

〔17〕瓦，囊瓦，即子常。

〔18〕臣义而行，臣见事之合宜者即行之。

〔19〕兵车十五乘为一广。以乘广死，死于作战也。

【译文】

伍员担任吴国的行人官来谋划对付楚国。当楚国杀死郤宛的时候，伯氏的族人出逃。伯州犁的孙子伯嚭担任了吴国的太宰，也在谋划对付楚国。楚国自从昭王即位以后，没有一年不和吴国交战，蔡昭侯依附吴国，把他的儿子乾和一个大夫的儿子放在吴国作为质子。冬季，蔡昭侯、吴王阖庐、唐成公联合发兵进攻楚国，他们把船停在淮汭，从豫章进发和楚军隔着汉水对峙。楚国左司马沈尹戌对子常说：“您沿着汉水和他们上下周旋，我带领方城山之外的全部人马来毁掉他们的船只，回来时再堵塞大隧、直辕、冥阨。您再渡过汉水攻打，我从后面夹击，必定把他们打得大败。”谋划定了就出发。楚国的武城大夫黑对子常说：“吴国人用木制的战车，我们用皮革防护的战车，天下雨就不能持久，不如速战速决。”史皇对子常说：“楚国人讨厌您而喜欢司马。如果司马在淮河边上毁掉了吴国的船，堵塞了城口而回来，这是他一个人独享战胜吴军的功劳。您一定要速战速决，否则，就不能免于祸难。”于是就渡过汉水摆开阵势，从小别山一直到大别山。同吴军打了三仗，子常知道不能抵敌，想逃走。史皇说：“国家太平的时候您争着当权执政，国家有了祸难您就想着逃避，您打算逃到哪里去呢？您一定要拼死打这一仗，以前的罪过必然可以全部免除。”十一月庚午，吴、楚两军在柏举摆开阵势。吴王阖庐的弟弟夫概王早晨请示阖庐说：“楚国的令尹囊瓦不仁，他的部下没有死战的决心，我们抢先进攻，他们的士兵必定奔逃，然后大部队跟上去，必然得胜。”阖庐没有答应。夫概王说：“所谓‘臣下见事情合宜就去做，不必等待命令’，说的就是这个吧。今天我拼死作战，就可以攻进楚国的郢都了。”于是夫概王带着他的部属五千人抢先攻打子常的军队，子常的士兵奔逃，楚军乱了阵脚，吴军大败楚军。子常奔逃到郑国，史皇带着子常的战车战死。

吴从楚师，及清发〔1〕，将击之，夫概王曰：“困兽犹斗，况人乎？若知不免而致死，必败我。若使先济者知免，后者慕之，蔑有斗心矣。半济而后可击也。”从之，又败之。楚人为食，吴人及之，奔食而从之〔2〕，败诸雍澨〔3〕。五战及郢。己卯，楚子取其妹季芈畀我〔4〕以出，涉睢〔5〕。鍼尹固与王同舟，王使执燧象以奔吴师〔6〕。庚辰〔7〕，吴入郢，以班处宫〔8〕。子山〔9〕处令尹之宫，夫概王欲攻之，惧而去之，夫概王入之。

【注释】

〔1〕清发，水名。

〔2〕奔食而从之，楚人且奔且食，吴人追之也。

〔3〕败，吴人击败楚人也。雍澨，在湖北京山县。

〔4〕己卯为十一月二十八日。芈音 mǐ，季芈，楚王之妹，字畀我。

〔5〕睢，水名，至湖北枝江县入江。

〔6〕燧，火燧也。以火系象尾，使奔吴师。

〔7〕庚辰为十一月二十九日。

〔8〕依班次之尊卑，分处楚之宫室。

〔9〕子山，吴王子。

【译文】

吴军追击楚军，到达清发，准备发动攻击，夫概王说："被围困的野兽还要争斗一番，何况人呢？如果明知难免一死而同我们拼死决战，一定会打败我们。如果让先渡过河的楚军知道一过河就可以逃脱，后边的人羡慕先渡河的，楚军就没有斗志了。等楚军渡过一半后就可以攻击了。"照这样做，又一次打败楚军。楚军做饭，吴军又赶到了，楚军边吃饭边奔逃，而吴军又在后继续追击，在雍澨打败了楚军。经过五次战斗，吴军到达楚国的郢都。己卯，楚王带了他妹妹季芈畀我逃出郢都，渡过睢水。鍼尹固和楚王同船，楚昭王让鍼尹固迫使尾巴系着火把的大象冲入吴军中。庚辰，吴军进入郢都，按照上下次序分别住在楚国宫室里。子山住进了令尹的宅邸，夫概王想要攻打他，子山由于害怕而离开，于是夫概王就住进了令尹的宅邸。

左司马戌及息而还〔1〕，败吴师于雍澨，伤。初司马臣阖庐〔2〕，故耻为禽焉〔3〕，谓其臣曰："谁能免吾首？"吴句卑曰〔4〕："臣贱可乎？"司马曰："我实失子〔5〕，可哉！"三战皆伤，曰："吾不用也已。"句卑布裳，刭而裹之〔6〕，藏其身而以其首免。

【注释】

〔1〕沈尹戌本意欲发动方城之外，见楚败而还。

〔2〕沈尹戌曾为阖庐之臣。

〔3〕禽与擒通。

〔4〕吴人句卑。句音 gōu。

〔5〕失子，不知汝也。

〔6〕刭音 jǐng，以刀割头也。

【译文】

左司马沈尹戌到达息地就往回退兵，在雍澨打败吴军，受了伤。当初左司马曾经做过阖庐的臣下，所以把被吴军俘虏看成羞耻，对他的部下说："谁能够不让吴国人得到我的脑袋？"吴国人句卑说："下臣卑贱，可以担当这个任务吗？"司马说："我过去的确没有重视您，您行啊！"沈尹戌三次战斗都受了伤，说："我不中用了。"句卑展开下裳，割下沈尹戌的脑袋包裹起来，藏好尸体便带着沈尹戌的头逃走了。

楚子涉睢，济江，入于云中〔1〕。王寝，盗攻之，以戈击王。王孙由于〔2〕以背受之，中肩。王奔郧〔3〕，钟建〔4〕负季芈以从，由于徐苏而从〔5〕。郧公辛〔6〕之弟怀将弑王，曰："平王杀吾父，我杀其子，不亦可乎？"辛曰："君讨臣，谁敢雠之？君命，天也，若死天命〔7〕，将谁雠？《诗》〔8〕曰：'柔亦不茹〔9〕，刚亦不吐，不侮矜寡〔10〕，不畏彊御〔11〕。'唯仁者能之。违强陵弱〔12〕，非勇也；乘人之约〔13〕，非仁也；灭宗废祀，非孝也；动无令名，非知也〔14〕。必犯是〔15〕，余将杀女〔16〕！"鬬辛与其弟巢以王奔随。吴人从之，谓随人曰："周之子孙在汉川者，楚实尽之。天诱其衷〔17〕，致罚于楚而君又窜之〔18〕，周室何罪？君若顾报周室，施〔19〕及寡人，以奖〔20〕天衷，君之惠也。汉阳之田，君实有之。"楚子在公宫之北，吴人在其南。子期似王〔21〕，逃王而己为王曰〔22〕："以我与之，王必免。"随人卜与之，不吉，乃辞吴曰："以随之辟小而密迩〔23〕于楚，楚实存之，世有盟誓，至于今未改。若难而弃之〔24〕，何以事君〔25〕？执事之患，不唯一人〔26〕；若鸠楚竟〔27〕，敢不听命？"吴人乃退。鑢金初宦于子期氏〔28〕，实与随人要言[29]，王使见，曰："不敢以约为利。"王割子期之心以与随人盟[30]。

【注释】

〔1〕云中，楚大泽，在长江以南。

〔2〕王孙由于，楚大夫。

〔3〕郧，国名，在湖北安陆县，为楚所灭。

〔4〕钟建，楚大夫。

〔5〕徐，缓也。苏，醒也。伤后闷绝，其后苏醒也。

〔6〕郧公辛，楚守郧大夫；其父蔓成然为平王所杀，事在昭公十四年(前五二八)。

〔7〕死天命，因天命而死也。

〔8〕见《诗·大雅·烝民篇》。

〔9〕茹，吞也。

〔10〕矜读作鳏，音 guān。老而无妻曰鳏。

〔11〕彊御与强圉通。圉，强也。

〔12〕违强陵弱，怕恶欺善也。

〔13〕约，艰危也。

〔14〕知与智通。

〔15〕必犯是，假设之辞。

〔16〕女与汝通。

〔17〕诱，导也。衷，中心也。天诱其衷，天导其心，有所决定也。

〔18〕窜，匿也。

〔19〕施音 yì，延也。

〔20〕奖，成也。

〔21〕子期，昭王之兄，貌相似。

〔22〕使王脱逃，而己假装为楚王也。

〔23〕密迩，接近也。

〔24〕难，去声。难而弃之，因其患难而弃之也。

〔25〕难中弃楚，将来何以事吴？

〔26〕不唯一人，不仅在昭王一人也。

〔27〕鸠，安集也。竟与境通。

〔28〕鑢音 lǜ。宦于子期氏，为子期族之家臣也。

〔29〕要言，约言也。

〔30〕割子期之心，割其心前之血以盟也。

【译文】

楚昭王渡过睢水，又渡过长江，进入云梦泽中。楚昭王在睡觉时，强盗袭击他，用戈刺击楚昭王。王孙由于用背去挡，被击中了肩膀。楚昭王逃到郧地，钟建背着季芈跟随，王孙由于慢慢苏醒过来以后也跟随而去。郧公鬬辛的弟弟怀准备杀死楚昭王，说："平王杀了我父亲，我杀死他的儿子，不也是应该的吗？"鬬辛说："国君诛讨臣下，谁敢仇恨他？国君的命令，就是上天的命令，如果因天命而死，你准备仇恨谁？《诗》说：'软的不吞下，硬的不吐掉，不欺鳏寡，不畏强暴。'这只有仁爱的人才能这样。逃避强暴而欺凌弱小，这不是勇；乘人之危，这不是仁；灭亡宗族而废弃祭祀，这不是孝；举动得不到好名声，这不是智。你如果一定要这样做，我就杀了你！"鬬辛就和他的弟弟巢护卫着楚昭王逃亡到随国。吴国人追赶楚昭王，吴王派人对随国人说："周朝的子孙封在汉川一带的，楚国全都灭了他们。上天垂示心意，将降罚于楚国而君王又把楚君藏匿起来，周室有什么罪过？君王如果报答周室的恩惠，延及于寡人，来成全上天的心意，这是君王的恩惠。汉阳的土地，就归君王所有。"这时楚昭王正在公宫的北面，吴国人就在公宫的南面。子期长得像楚昭王，他让楚昭王逃走而自己假装作楚昭王说："把我交给吴军，君王一定可以免罪。"随国人为交出子期占卜，不吉利，就辞谢吴国说："以随国的偏僻狭小而紧挨着楚国，楚国确实保全了我们，随、楚两国世世代代都有盟誓，到今天没有改变。如果因为他们遭遇患难而抛弃他们，又凭什么来事奉君王？执事所担心的，并不在于楚昭王这一个人；如果对楚国境内加以安抚，我国岂敢不听您的命令？"吴国人就撤退了。鑢金当初在子期氏那里做家臣，曾经和随国人有过约定不交出楚昭王，楚昭王让他进见随君订盟，鑢金说："不敢因为曾经与随国的约定而谋求私利。"楚昭王割破子期的胸口取血和随国人盟誓。

初，伍员与申包胥[1]友，其亡也，谓申包胥曰："我必复[2]楚国。"申包胥曰："勉之。子能复之，我必能兴之。"及昭王在随，申包胥如秦乞师曰："吴为封豕长蛇以荐[3]食上国，虐始于楚，寡君失守社稷，越[4]在草莽，使下臣[5]告急曰：夷德无厌[6]，若邻于君，疆埸之患也。逮吴之未定，君其取分焉[7]。若楚之遂亡，君之土也；若以君灵抚之，世以事君。"秦伯[8]使辞焉，曰："寡人闻命矣，子姑就馆，将图而告。"对曰："寡君越在草莽，未获所伏[9]，下臣何敢即安立[10]！"依于庭墙而哭，日夜不绝声；勺[11]饮不入口，七日。秦哀公为之赋《无衣》[12]，九顿首而坐，秦师乃出。

【注释】

〔1〕申包胥，楚大夫。

〔2〕复，报也。

〔3〕封豕，大猪也。荐音 jiàn，屡次也。

〔4〕越，走也。

〔5〕下臣，申包胥自称。

〔6〕夷，指吴人。无厌，不知足也。

〔7〕言与吴共分其地。

〔8〕秦伯，秦哀公。

〔9〕伏，处也。

〔10〕立与位通。下臣何敢即安位，申包胥自言不敢就馆也。

〔11〕勺，量器，升之百分之一。

〔12〕《无衣》，《诗·秦风》篇名，首章："岂曰无衣？与子同袍。王于兴师，修我戈矛，与子同仇。"大意言准备出兵作战。

【译文】

起初，伍员和申包胥相友好，伍员逃亡的时候，对申包胥说：

“我一定要报复楚国。”申包胥说：“你努力吧。您能报复楚国，我一定能复兴楚国。”等到楚昭王在随国避难，申包胥就到秦国去请求出兵说：“吴国就如同大猪、长蛇，屡次吞食上国，为害从楚国开始，寡君失守国家社稷，远走于杂草丛林之中，派下臣报告急难说：夷人的本性是贪得无厌，如果吴国成为君王的邻国，这将会是边境的祸患。乘着吴国还没有安定下来，君王可以分割吴国攻占的土地。如果楚国就此灭亡，那就是君王的土地了；如果仰仗君王的威福派兵镇抚楚国，楚国将世世代代事奉君王。”秦哀公辞谢申包胥，说：“我知道您的意思了，您姑且到客馆休息，我们要商量一下再答复您。”申包胥回答说：“寡君远走于杂草丛林之中，还没有得到安身的地方，下臣哪敢去客馆安稳地休息呢！”申包胥靠着院墙站着嚎陶大哭，日夜哭声不断；一直不喝一勺水，长达七天。秦哀公为他赋了《无衣》这首诗，申包胥叩头九次然后坐下，秦军于是出动。

定公五年(前五〇五)

申包胥以秦师至。秦子蒲、子虎[1]帅车五百乘以救楚。子蒲曰：“吾未知吴道[2]。”使楚人先与吴人战；而自稷[3]会之，大败夫概王于沂[4]。吴人获薳射于柏举，其子帅奔徒[5]以从子西，败吴师于军祥[6]。秋七月，子期、子蒲灭唐。九月，夫概王归自立也，以与王战而败，奔楚为堂谿氏[7]。吴师败楚师于雍澨，秦师又败吴师。吴师居麇[8]，子期将焚之，子西曰：“父兄亲暴骨焉，不能收，又焚之，不可[9]。”子期曰：“国亡矣，死者若有知也，可以歆旧祀[10]，岂惮焚之[11]？”焚之而又战，吴师败，又战于公婿之谿[12]，吴师大败。吴子乃归，囚闉舆罢[13]。闉舆罢请先，遂逃归。叶公诸梁之弟后臧从其母于吴[14]，不待而归[15]，叶公终不正视[16]。

【注释】

〔1〕子蒲、子虎，秦大夫。

〔2〕道，术也。吴道，吴人战术也。

〔3〕稷，楚地，在今河南桐柏县境。

〔4〕沂，楚地。

〔5〕奔徒，散卒也。

〔6〕军祥，楚地。

〔7〕夫概王奔楚，居堂谿，称堂谿氏。堂谿在河南西平县西北百里。

〔8〕麇音 jūn，楚地，今湖北郧县。

〔9〕前年楚人与吴战，多死麇中，言不可并焚。暴音 pù。

〔10〕歆，享也。

〔11〕惮，惧也。

〔12〕公婿之谿，楚地。

〔13〕闉舆罢，楚大夫。闉音 yīn，罢音 pí。

〔14〕叶公诸梁，沈尹戌之子也。沈尹戌曾为吴臣，故后臧及其母留吴。

〔15〕后臧弃其母先归。

〔16〕不正视，不以为弟，故不以正眼视之。

【译文】

申包胥带着秦军到达。秦国的子蒲、子虎率领战车五百乘以救援楚国。子蒲说：“我还不知道吴军的战术。”让楚军先和吴军作战；秦军从稷地和楚军会师，在沂地大败夫概王。吴国人在柏举俘虏了薳射，薳射的儿子率领溃逃的散卒跟随子西，在军祥打败了吴军。秋季七月，子期、子蒲灭亡唐国。九月，夫概王回国后自立为王，因为和吴王阖庐作战被打败，逃亡到楚国，就成了后来的堂谿氏。吴军在雍澨击败楚军，秦军又击败了吴军。吴军驻扎在麇地，子期准备用火攻，子西说：“父兄亲的尸骨暴露在那里，不能收敛，又要烧掉，这样不行。”子期说：“国家将要灭亡了，死去的人如果有知觉，知道国家如若得以复兴他们就可以享有以往的祭祀了，哪里还怕烧掉尸骨?”楚军放火焚烧吴军，接着又交战，吴军败退，又在公婿之谿作战，吴军大败。吴王就回国去了，囚禁了闉舆罢。闉舆罢请求先行去到吴国，于是乘机逃回了楚国。叶公诸梁的弟弟后臧与他母亲在吴国，后来后臧抛弃了他的母亲回到楚国，叶公就一直不用正眼看他。

楚子入于郢。初，鬬辛闻吴人之争宫也，曰：“吾闻之：‘不让则不和，不和不可以远征。’吴争于楚，必有乱，有乱则必归，焉能定楚?”王之奔随也，将涉于成臼[1]，蓝尹亹涉其帑[2]，不与王舟。及宁[3]，王欲杀之。子西曰：“子常唯思旧怨，以败。君何效焉?”王曰：“善，使复其所[4]，吾以志前恶。”王赏鬬辛、王孙由于、王孙圉、钟建、鬬巢、申包胥、王孙贾、宋木、鬬怀[5]。子西曰：“请舍怀也。”王曰：“大德灭小怨[6]，道也。”申包胥曰：“吾为君也，非为身也。君既定矣，又何求?且吾尤子旗[7]，其又为诸[8]?”遂逃赏。王将嫁季芈[9]，季芈辞曰：“所以为女子，远丈夫也[10]，钟建负我矣。”以妻钟建，以为乐尹[11]。王之在随也，子西为王舆服[12]，以保路国于脾泄[13]，闻王所在而后从王。王使由于城麇，复命，子西问高厚焉，弗知。子西曰：“不能，如辞[14]。城不知高厚小大，何知?”对曰：“固辞不能，子使余也。人各有能有不能，王遇盗于云中，余受其戈，其所犹在[15]。”袒而视之背曰[16]：“此余所能也。脾泄之事，余亦弗能也。”

【注释】

〔1〕成臼，楚地，在臼水上。水出湖北京山县西北，今名臼成河。

〔2〕蓝尹亹，楚大夫。亹音 wěi。帑与孥通，音 nú，眷属也。

〔3〕言事已安定也。

〔4〕使复其所，复其故官也。

〔5〕九人皆从王有功者。

〔6〕鬬怀虽有弑王之意，其后有功，则不记其小怨也。

〔7〕子旗即令尹蔓成然，以有德于平王，求欲无厌，为平王所杀，事在昭公十四年(前五二八)。

〔8〕其又为诸，即其又为之乎?

〔9〕嫁季芈，为季芈择婿也。

〔10〕丈夫，男子也。

〔11〕以钟建为乐尹。

〔12〕为王舆服，伪为王也。

〔13〕路国，后世称为行在或行都。脾泄，楚地。

〔14〕不能，如辞，即不能，不如辞职也。省一不字。

〔15〕所，创伤所在也。

〔16〕视与示通。

【译文】

楚昭王进入郢都。当初，鬬辛听说吴国人争住楚国宫室，说："我听说：'不谦让就会不和睦，不和睦就不能远征。'吴国人在楚国争夺，必定会发生动乱，发生动乱就必定会撤军回国，哪里能平定楚国呢?"楚昭王逃亡到随国的时候，要在成臼渡河，蓝尹亹用船把他的家眷先渡过河，不把船给楚昭王用。等到楚国安定以后，楚昭王要杀他。子西说："当初子常就因为记挂着过去的怨恨，因此失败。君王为什么效法他呢?"楚昭王说："好，让蓝尹亹官复原职，我用这件事来记住以往的过失。"楚昭王赏赐鬬辛、王孙由于、王孙圉、钟建、鬬巢、申包胥、王孙贾、宋木、鬬怀。子西说："请君王不要赏赐鬬怀。"楚昭王说："大德消除了小怨，这是合于道义的。"申包胥说："我是为了国君，不是为了自己。国君已经得到了安定，我还追求些什么?而且我也恨子旗，难道又要去学子旗贪得无厌吗?"于是申包胥就逃避了楚王的赏赐。楚昭王准备为季芈择婿，季芈辞谢说："作为女人，就要远离男人，可是钟建已经背过我了。"楚昭王把她嫁给钟建，并让钟建担任乐尹。楚昭王在随国的时候，子西仿制了楚昭王的车子和服饰，以保护在脾泄建立的路国，打听到了楚昭王的下落然后赶去跟从楚昭王。楚昭王派王孙由于在麇地筑城，王孙由于回来复命，子西问起城墙的高度和厚度，王孙由于不知道。子西说："你如果干不了，就不如辞职。不知道城墙的高度、厚度和城的大小，那还知道些什么？"王孙由于回答说："我坚决推辞说干不了，是您让我去做的。每人都有干得了的事，也有干不了的事。君王在云梦泽遭遇强盗的时候，我挡住了强盗的戈，伤疤还在这里呢。"王孙由于脱去衣服把背部给子西看说："这是我干得了的。像在脾泄建立楚王路国的事情，我是干不了的。"

定公六年(前五〇四)

四月己丑，吴大子终累〔1〕败楚舟师，获潘子臣、小惟子〔2〕及大夫七人。楚国大惕，惧亡。子期又以陵师败于繁扬〔3〕，令尹子西喜曰："乃今可为矣〔4〕。"于是乎迁郢于鄀〔5〕而改纪其政，以定楚国。

【注释】

〔1〕己丑为四月十六日。累音 léi。

〔2〕潘子臣、小惟子，楚舟师之帅。

〔3〕陵师，陆军。繁扬，楚地。

〔4〕言知惧而后可治。

〔5〕鄀，楚邑，今湖北宜城县。

【译文】

四月己丑，吴国的太子终累击败了楚国的水军，俘虏了潘子臣、小惟子和七个大夫。楚国大为惊恐，害怕灭亡。子期又带着陆军在繁扬被击败，令尹子西高兴地说："现在可以治理了。"从这时开始把国都从郢地迁到鄀地并且改革政治，来安定楚国。

【讲评】

成公二年(前五八九)吴始见《左传》，七年(前五八四)始见《春秋》。初时人称吴为蛮夷，直到申包胥赴秦，还称为夷。这是说吴是以落后国家的地位出现的。成公七年，晋人认定要打败楚国，必须联络吴国，"教吴乘车，教之战陈"。吴人学会了先进战术，在军事上获得了一定的发展。吴人走到楚人的前面，落后的成为先进的，因此打败楚国，不是一件偶然的事。可是定公四年(前五〇六)吴人入郢，次年，终因战事的失败，以退出楚国而结束。在战争中，我们没有看到两国人民的意志，可能这止是统治者和统治者当中的斗争，因此胜败的关键，必须从两国统治者的情态来衡量。楚国和吴国相比，楚国的统治阶级已经衰老，而吴国的统治阶级的新生力量正在前进，加以吴人获得先进的战术，这是使吴获胜的因素。但是楚人有爱国的优良传统，负责的大臣常把国事放在第一位，而把个人的生命放在第二位，战争失败以后，甚至牺牲生命，表示负责到底，城濮战役以后的子玉，鄢陵战役以后的子反，都是如此。长岸之战，司马子鱼因为争取国家的胜利，甘心自己的摧毁。这种高度负责的爱国精神，为春秋诸国所少有。为了救获君主，子期愿意代死；为了保存国家，子西伪为楚王——这一切都证实了楚统治者的坚强团结。相反地，我们看到阖庐乘着王僚出兵攻楚，随即刺死王僚；夫概王又因为阖庐在楚，自己回国夺取王位，及至失败以后，反而乞怜于世仇的楚国，给楚人用为打击吴国的傀儡。吴统治者内部的矛盾，也造成了吴人失败、终于退出楚国的原因。在读这篇时，我们很可以看到两国的胜败，都不是偶然的。我们同样也可以从叙述中看到作者塑造的形象——司马子鱼、伍员、鱄设诸、夫概王、沈尹戌、申包胥、子西、子期、王孙由于：他们都是活生生的人，作者止用寥寥的几笔，把他们勾勒出来，这实在是高度的艺术成就。

越句践灭吴

昭公三十二年（前五一〇）

夏，吴伐越[1]，始用师于越也。史墨曰[2]："不及四十年，越其有吴[3]乎！越得岁而吴伐之，必受其凶[4]。"

【注释】

〔1〕越，姒姓国，都会稽，今浙江绍兴县。

〔2〕史墨，晋太史，名墨。

〔3〕越其有吴，越灭吴也。

〔4〕古人以木星为岁星，又以天象与邦国配合，认为是年岁星在越，其国有福，吴先用兵，故反受其凶。

【译文】

夏季，吴国进攻越国，这是对越国用兵的开始。史墨说："不到四十年，越国大概要占有吴国吧！越国得到岁星的照临而吴国进攻它，必然受到岁星降下的灾祸。"

定公五年（前五〇五）

越入吴，吴在楚也。

【译文】

越国人攻入吴国，这是由于吴国军队正在楚国。

定公十四年(前四九六)

吴伐越，越子句践〔1〕御之，陈于檇李〔2〕。句践患吴之整也〔3〕，使死士〔4〕，再禽焉〔5〕，不动〔6〕。使罪人三行〔7〕，属剑于颈而辞曰："二君有治〔8〕，臣奸旗鼓〔9〕，不敏于君之行前，不敢逃刑，敢归死。"遂自刭也。师属之目〔10〕，越子因而伐之，大败之。灵姑浮〔11〕以戈击阖庐，阖庐伤将指〔12〕，取其一屦〔13〕。还，卒于陉〔14〕，去檇李七里。夫差〔15〕使人立于庭，苟出入，必谓己曰："夫差，而忘越人之杀而父乎?"则对曰："唯〔16〕，不敢忘。"三年乃报越〔17〕。

【注释】

〔1〕越子，越王也。句音 gōu。

〔2〕陈与阵通。檇音 zuì。檇李，在浙江嘉兴县西南七十里。

〔3〕整，整齐严肃也。

〔4〕死士，敢死之士，使之挑战。

〔5〕禽与擒通。为吴所擒。

〔6〕吴军不动。

〔7〕三行，三排也。

〔8〕有治，有战争之事也。

〔9〕奸与干通，犯也。旗鼓指号令。

〔10〕属目，注视也。

〔11〕灵姑浮，越大夫。

〔12〕将指，足大指也。

〔13〕屦音 jù，麻鞋也。足大指被伤，因失屦，灵姑浮取之。

〔14〕陉，吴地，阖庐死于此。

〔15〕夫差，阖庐子，嗣为王。

〔16〕唯，诺也。

〔17〕后三年，为哀公元年，吴伐越复仇。

【译文】

吴国进攻越国，越王句践率军抵御吴军，在槜李摆开阵势。句践担心吴军军阵整齐严肃，就派敢死之士，两次故意为吴军所擒，吴军阵势还是巍然不动。句践派罪犯排成三行，把剑架在脖子上而致辞说："两国国君有战事，下臣触犯军令，在君王的队列之前表现出无能，不敢逃避刑罚，谨此自己求得一死。"于是都自刎而死。吴军都注视着这一幕，越王乘机下令进攻，大败吴军。灵姑浮用戈攻击吴王阖庐，阖庐的足大指受伤，灵姑浮得到吴王的一只鞋。阖庐撤回，死在陉地，距离槜李七里地。夫差派人站在庭院里，只要自己出入于此，都一定要让他对自己说："夫差，你忘记越国人杀了你父亲吗？"夫差自己就回答说："是，不敢忘记。"三年后就向越国报了仇。

哀公元年(前四九四)

吴王夫差败越于夫椒〔1〕，报槜李也，遂入越。越子以甲楯五千〔2〕保于会稽，使大夫种〔3〕因吴大宰嚭以行成。吴子将许之。伍员曰："不可。臣闻之：'树德莫如滋〔4〕，去疾莫如尽〔5〕。'昔有过浇杀斟灌以伐斟鄩〔6〕，灭夏后相〔7〕。后缗方娠〔8〕，逃出自窦〔9〕，归于有仍〔10〕，生少康焉，为仍牧正〔11〕，惎浇〔12〕，能戒之。浇使椒〔13〕求之，逃奔有虞〔14〕，为之庖正〔15〕，以除其害〔16〕。虞思于是妻之以二姚，而邑诸纶〔17〕，有田一成〔18〕，有众一旅〔19〕。能布其德而兆其谋，以收夏众，抚其官职，使女艾谍浇〔20〕，使季杼诱豷〔21〕，遂灭过、戈，复禹之绩，祀夏配天，不失旧物。今吴不如过而越大于少康。或将丰[22]之，不亦难乎？句践能亲而务施，施不失人，亲不弃劳，与我同壤而世为仇雠。于是乎克而弗取，将又存之，违天而长寇雠[23]，后虽悔之，不可食已[24]。姬[25]之衰也，日可俟也[26]，介在蛮夷而长寇雠，以是求伯，必不行矣。”弗听，退而告人曰：“越十年生聚，而十年教训[27]，二十年之外，吴其为沼乎[28]！”三月，越及吴平。吴入越不书，吴不告庆，越不告败也。

【注释】

〔1〕夫椒，山名，在江苏吴县西南太湖中，即包山。

〔2〕甲楯五千，指武器言。楯音 shǔn，战争时用以抵御之牌也，或以木为之。

〔3〕越大夫种即文种。

〔4〕二语见《书·泰誓》。滋，益也。树德莫如滋，树德愈多愈好也。

〔5〕疾，恶也。愈消灭净尽愈好也。

〔6〕斟郡即斟寻，见本书《晋悼复霸篇》。

〔7〕夏后相，夏之君主，少康之父。

〔8〕后缗，夏后相之妻。缗音 mín。娠音 shēn，怀孕也。

〔9〕逃出自窦，倒句，自窦逃出也。窦，孔穴也。

〔10〕有仍，国名，今山东济宁县。

〔11〕牧正，牧官之长也。

〔12〕惎音 jì，忌也。

〔13〕椒，浇臣。

〔14〕有虞，姚姓国，今山西永济县。君名虞思。

〔15〕庖正，掌膳食之官。

〔16〕言少康赖此以除其害。

〔17〕纶，有虞地名，今河南虞城县东南。

〔18〕方十里曰成。

〔19〕五百人为旅。
〔20〕女艾，少康臣。谍，伺也。
〔21〕季杼，少康子。豷音 yì，浇弟。
〔22〕丰，壮大也。
〔23〕长，上声。助长也。
〔24〕食，消也；已，止也，言无法消除之也。
〔25〕姬，即指吴国，吴为姬姓国之一。
〔26〕日可俟也，犹指日可待也。
〔27〕生聚、教训，言生民聚财而教之也。
〔28〕沼，泽也。言吴宫室废坏，当为池沼也。

【译文】

吴王夫差在夫椒击败越国军队，报了檇李之战的仇，于是吴军就侵入越国。越王带着披甲持楯的士兵五千人坚守在会稽山，派大夫文种通过吴国太宰嚭而向吴国求和。吴王夫差打算答应越国的请求。伍员说："不可以。下臣听闻：'树立德行愈多愈好，消灭邪恶愈净尽愈好。'从前过国的浇杀了斟灌而攻打斟鄩，灭亡了夏后相。后缗正怀着孕，从城墙的小洞里逃了出去，回到娘家有仍国，生了少康，少康后来做了有仍的牧正，忌恨浇，并能警惕戒备。浇派椒寻找少康，少康奔逃到有虞国，做了那里的庖正，才逃避了浇的杀害。虞思因此把两个女儿嫁给他，封他在纶邑，拥有方圆十里的土田，有五百人的兵众，能广施恩德并且开始实施复国计划，他收集夏朝的余部，安抚他的官员，派女艾到浇那里去做间谍，派季杼去引诱浇的弟弟豷。于是就灭亡了过国、戈国，复兴了禹的功绩，少康奉祀夏朝的祖先同时祭祀上天，保持了原先的规模。现在的吴国比不上过国而越国比少康强大。如果与之讲和而使越国壮大，不也是对吴国的灾难吗？句践能够亲近别人而注意施行恩惠，对应该施舍的人从不漏掉，对有功劳的人从不疏远，越国和我国土地相连而又世代为仇。在这种情况下如果我们战胜越国而不灭亡它，又准备使它存在下去，这是违背了天意而又助长了仇敌，以后即使因此后悔，也来不及消除祸患了。姬姓的衰微，指日可待了，我国处于蛮夷之间却还去助长仇敌，用这样的办法来求取霸主的地位，必定是办不到的。"吴王夫差不肯听从，伍员退下去告诉别人说：“越国用十年时间生民聚财，用十年时间教育训练，二十年以后，吴国的宫殿恐怕要成为池沼了吧！”三月，越国和吴国讲和。吴国侵入越国而《春秋》不加记载，这是由于吴国没有报告胜利，越国没有报告失败。

吴师在陈，楚大夫皆惧，曰：“阖庐惟能用其民以败我于柏举，今闻其嗣又甚焉，将若之何？”子西曰：“二三子恤不相睦〔1〕，无患吴矣。昔阖庐食不二味，居不重席，室不崇坛〔2〕，器不彤镂〔3〕，宫室不观〔4〕，舟车不饰，衣服财用，择不取费〔5〕。在国，天有菑疠〔6〕，亲巡其孤寡而共其乏困〔7〕。在军，熟食者分而后敢食，其所尝者卒乘与焉〔8〕。勤恤其民而与之劳逸〔9〕，是以民不罢劳〔10〕，死知不旷〔11〕。吾先大夫子常易之〔12〕，所以败我也。今闻夫差次有台榭陂池焉〔13〕，宿有妃嫱嫔御焉〔14〕，一日之行，所欲必成，玩好必从，珍异是聚，观乐是务〔15〕，视民如雠而用之日新。夫先自败也已〔16〕，安能败我？”

【注释】

〔1〕恤，忧也。睦，和睦也。言所忧者自己不相和睦也。

〔2〕崇，高也。坛，台也。

〔3〕彤音 tóng，赤色也。涂以赤色亦曰彤。镂音 lòu，刻也。

〔4〕不观，不装饰也。

〔5〕择不取费，择取坚厚，不靡费也。

〔6〕菑与灾通。疠音 lì，疫疾也。

〔7〕言供给其困乏也。

〔8〕卒乘，步卒车乘也。

〔9〕与之劳逸，同其劳逸也。

〔10〕人民不感到疲劳过度。
〔11〕旷，弃也。死者知其不至见弃也。
〔12〕易之，正相反也。
〔13〕次，再宿也。榭音 xiè，台上之屋也。陂音 bēi，蓄水池也。
〔14〕嫱音 qiáng，嫔音 pín。侍宿之女：贵者曰妃嫱，贱者曰嫔御。
〔15〕观，游览也。言追求游乐也。
〔16〕他只有先自取败而已。

【译文】

吴国军队在陈国，楚国的大夫们都感到惧怕，说："吴王阖庐善于使用他的百姓作战并在柏举把我们打败了，现在听说他的继承人比他还要厉害，我们该怎么办呢？"子西说："您几位只应当忧虑自己不相和睦，不用担心吴国。从前阖庐吃饭不用两道菜，坐着不用两层席子，房子不造在高台上，器用不加红漆和镂刻，宫室之中不加装饰，车船不加配饰，衣服和用具，取其坚厚而不尚靡费。在国内，上天降下天灾瘟疫，就亲自巡视，安抚孤寡并资助他们的困乏。在军中，煮熟的食物必须等士兵分食了，自己才食用，如果有珍肴美味，一定会分给他的步卒车乘。勤恳地抚恤他的百姓而和他们同甘共苦，因此百姓不感到疲劳，死了也知道自己没有被国家所抛弃。我们的先大夫子常的做法正相反，所以吴国就打败了我国。现在听说夫差住处有楼台池沼，睡觉有各种女人侍奉，即使出门在外一天，想要的东西一定要到手，玩赏爱好的东西一定要随身携带，积聚珍宝异物，致力于游览玩乐，把百姓看得如同仇人并且没完没了驱使他们。这样做只不过是先自取失败而已，哪里能打败我国呢？"

哀公九年(前四八六)

秋，吴城邗〔1〕，沟通江淮〔2〕。

【注释】

〔1〕邗音 hán，今江苏江都县。吴将伐齐，自广陵城东南筑邗城，城下掘深沟，见《水经注》。

〔2〕沟即邗沟，今运河自长江至淮安段。

【译文】

秋季，吴国在邗地筑城，开掘邗沟贯通了长江和淮水。

哀公十一年（前四八四）

吴将伐齐，越子率其众以朝焉，王及列士，皆有馈赂〔1〕。吴人皆喜，唯子胥惧曰："是豢吴也夫〔2〕。"谏曰〔3〕："越在我，心腹之疾也，壤地同而有欲于我。夫其柔服，求济其欲也〔4〕。不如早从事焉〔5〕。得志于齐，犹获石田也，无所用之。越不为沼，吴其泯矣〔6〕。使医除疾而曰'必遗类焉'者〔7〕，未之有也。《盘庚之诰》曰〔8〕：'其有颠越不共〔9〕，则劓殄〔10〕，无遗育〔11〕，无俾易种于兹邑〔12〕。'是商所以兴也。今君易之，将以求大，不亦难乎！"弗听。使于齐，属其子于鲍氏〔13〕，为王孙氏〔14〕。反役，王闻之，使赐之属镂〔15〕以死。将死，曰："树吾墓檟〔16〕，檟可材也。吴其亡乎！三年，其始弱矣。盈必毁，天之道也。"

【注释】

〔1〕馈赂，馈音 kuì，赠与礼物也。

〔2〕豢音 huàn，饵人以利曰豢。利诱吴人也。

〔3〕谏吴王夫差。

〔4〕欲，欲得吴也。
〔5〕早从事，早击之也。
〔6〕泯音 mǐn，灭亡也。
〔7〕必遗类焉，必保存(病)根也。
〔8〕《盘庚之诰》见《商书》。
〔9〕颠越不共，强傲不恭顺从命也。
〔10〕劓音 yì，割除也。殄音 tiǎn，灭绝也。
〔11〕遗育，保存生机也。
〔12〕易种，传种也。不使传播于此新邑也。
〔13〕属音 zhǔ，托付也。鲍氏，齐世族。
〔14〕王孙氏，伍员之后改姓也。
〔15〕属音 zhǔ。属镂，剑名。
〔16〕槚音 jiǎ，山楸也，落叶乔木，其材可用。

【译文】

吴国准备进攻齐国，越王率领他的部众前去朝见，吴王和他的臣下，都获赠了财礼。吴国人都很高兴，惟独伍子胥感到忧惧地说："这是在利诱吴国人啊！"就劝谏吴王夫差说："越国对于我国，是心腹之患，同处在一块土地上而对我们有所欲求。他们的驯服，目的是为了要达成他们的欲望。我们不如早点下手。在齐国得到满足，就好像得到了石头的田地一样，没有什么用。我们不把越国变成池沼，吴国恐怕就会被灭亡了。好比让医生治病却说'一定要留下病根'，这样的做法是从来没有的。《盘庚之诰》上说：'如果有强傲不恭顺从命的，就统统铲除，不给他们留下生存的机会，不要让他们的种族在此新邑传播下去。'这就是商朝兴起的原因。现在君王的做法正相反，想要用这种办法来求得称霸的大业，不也是太困难了吗？"吴王夫差不肯听从。派伍子胥出使齐国，伍子胥把儿子托付给齐国的鲍氏，改姓王孙氏。伍子胥后来从艾陵战役回来，吴王听说这件事，便派人把属镂宝剑赐给伍子胥让他自杀。伍子胥临死的时候，说："在我的坟墓上种植槚树，槚树的木材可以用。吴国大概就要灭亡了吧！三年以后，吴国就要开始衰弱了。骄傲自满必然失败，这是上天的常道啊。"

哀公十二年(前四八三)

公会吴于橐皋[1]，吴子使大宰嚭请寻盟[2]。公不欲，使子贡[3]对曰："盟所以周信也[4]，故心以制之，玉帛以奉之，言以结之，明神以要之[5]。寡君以为苟有盟焉，弗可改也已。若犹可改，日盟[6]何益？今吾子曰：'必寻盟。'若可寻也，亦可寒也。"乃不寻盟。

【注释】

〔1〕公，鲁哀公。橐皋，吴地，在安徽巢县西北。

〔2〕寻，温也。哀公七年(前四八八)公会吴于鄫。

〔3〕子贡，孔子弟子。

〔4〕周，巩固也。

〔5〕要，约也。

〔6〕日盟，逐日结盟。

【译文】

哀公在橐皋与吴国人举行盟会，吴王派太宰嚭请求重温过去的盟约。哀公不愿意，派子贡回答说："盟誓是用来巩固信用的，所以用内心来制约它，用玉帛来奉献它，用言语来完成它，用神明来约束它。寡君认为如果有了盟约，就不能更改了。如果还是可以更改，逐日结盟又有什么好处？现在您说：'一定要重温过去的盟约。'如果可以重温，它同样可以寒凉下去的。"于是就没有重温盟约。

吴征会于卫[1]。初卫人杀吴行人且姚[2]而惧，谋于行人子羽[3]。子羽曰："吴方无道，无乃辱吾君，不如止也[4]。"子木曰[5]："吴方无道。国无道，必弃疾于人[6]。吴虽无道，犹足以患卫。往也。长木之毙[7]，无不摽也[8]；国狗之瘈[9]，无不噬也[10]；而况大国乎？”秋，卫侯会吴于郧[11]，公及卫侯、宋皇瑗盟[12]，而卒辞吴盟。吴人藩卫侯之舍[13]。子服景伯[14]谓子贡曰：“夫诸侯之会，事既毕矣，侯伯致礼，地主归饩[15]，以相辞也。今吴不行礼于卫，而藩其君舍以难之[16]，子盍见大宰？”乃请束锦以行[17]。语及卫故[18]，大宰嚭曰：“寡君愿事卫君，卫君之来也缓，寡君惧，故将止之。”子贡曰：“卫君之来，必谋于其众，其众或欲或否，是以缓来。其欲来者，子之党也；其不欲来者，子之雠也。若执卫君，是堕党而崇雠也[19]。夫堕子者得其志矣。且合诸侯而执卫君，谁敢不惧？堕党崇雠而惧诸侯[20]，或者难以霸乎[21]？”大宰嚭说，乃舍[22]卫侯。卫侯归，效夷言[23]。子之[24]尚幼，曰：“君必不免[25]，其死于夷乎！执焉而又说其言，从之[26]固矣。”

【注释】

〔1〕征会，言召卫参加会盟也。

〔2〕且音 jū。

〔3〕子羽，卫大夫。

〔4〕言不去为佳。

〔5〕子木，卫大夫。

〔6〕弃疾，遗害也。

〔7〕毙，倒也。

〔8〕摽音 biào，击也。

〔9〕国狗，都市之狗。瘈音 zhì，疯狂也。

〔10〕噬音 shì，啮也。

〔11〕卫侯，卫出公。郧音 yún，吴地，今江苏如皋县东。

〔12〕瑗音 yuàn。皇瑗，宋大夫。
〔13〕藩，篱也，于其四围树篱以禁其出入。
〔14〕子服景伯，鲁大夫。
〔15〕饩音 xì。归饩，送食品也。
〔16〕难，去声。
〔17〕子贡请束锦以去赂吴也。
〔18〕故，事故也。
〔19〕堕，毁也。言打击自己之党与而崇拜仇人也。
〔20〕惧诸侯，使诸侯畏惧也。
〔21〕言不容易称霸为盟主也。
〔22〕舍，释放也。
〔23〕夷言，吴言也。
〔24〕子之，卫大夫。
〔25〕不免，不能幸免也。
〔26〕从之，从吴也。

【译文】

吴国召卫国参加盟会。当初，卫国人杀了吴国的行人官且姚因而害怕，就和行人官子羽商量。子羽说："吴国正当无道的时候，恐怕会羞辱我们的国君，不如不去。"子木说："吴国正当无道的时候。国家无道，必然会加害别人。吴国即使无道，还足以祸害卫国。去吧。高大的树倒下，旁边的东西没有不受打击的；城里的狗发疯，没有不疯狂咬人的；而何况是大国呢？"秋季，卫出公在郧地与吴人举行盟会，哀公和卫出公、宋国的皇瑗订立盟约，而终于辞谢了和吴国订盟。吴国人竖起藩篱围住了卫出公的馆舍。子服景伯对子贡说："诸侯的盟会，事情结束了，盟主向来宾致礼，所在地的主人馈送食物，以此互相辞别。现在吴国不对卫国行礼，反而竖起藩篱围住他们国君的馆舍来使他为难，您何不去见太宰？"子贡请求带着束锦前往。谈到卫国的事情，太宰嚭说："寡君愿意事奉卫国国君，但是他来晚了，寡君害怕，所以打算把他留下。"子贡说："卫君前来，一定和他的臣下们商量，那些人有的同意他来，有的不同意他来，因此才来晚了。那些同意的人，是您的支持者；那些不同意的人，是您的仇人。如果拘禁了卫国国君，这是打击了支持者而抬高了仇人。那些想毁了您的人就如愿以偿了。而且会合诸侯却拘禁了卫国国君，谁敢不惧怕？打击了支持者并且抬高了仇人，而又让诸侯畏惧，也许难于称霸吧！”太宰嚭高兴了，就释放了卫出公。卫出公回国，学夷人说话。子之当时还年幼，说：“国君必定不能免于祸难，恐怕会死在夷地吧！被他们拘禁还喜欢学他们说话，顺从他们是必然的了。”

哀公十三年(前四八二)

夏，公会单平公、晋定公、吴夫差于黄池〔1〕。

【注释】

〔1〕公，鲁哀公。单平公，周卿士。黄池，在河南封丘县南。

【译文】

夏季，哀公在黄池与单平公、晋定公、吴王夫差举行盟会。

六月丙子，越子伐吴，为二隧。〔1〕畴无馀、讴阳〔2〕自南方，先及郊。吴大子友、王子地、王孙弥庸、寿於姚自泓上〔3〕观之。弥庸见姑蔑〔4〕之旗，曰：“吾父之旗也〔5〕，不可以见雠而弗杀也。”大子曰：“战而不克，将亡国，请待之。”弥庸不可，属徒五千〔6〕，王子地助之。乙酉〔7〕，战，弥庸获畴无馀，地获讴阳。越子至，王子地守。丙戌〔8〕，复战，大败吴师，获大子友、王孙弥庸、寿於姚。丁亥，入吴。〔9〕吴人告败于王，王恶其闻也〔10〕，自刭七人于幕下〔11〕。

【注释】

〔1〕丙子为六月十二日。隧与队通。

〔2〕畴无馀、讴阳，皆越大夫。

〔3〕泓，水名，在吴境。

〔4〕姑蔑，越地，今浙江龙游县北。

〔5〕弥庸之父为越所获，故姑蔑人得其旗。

〔6〕属音 zhǔ，会也。言会其徒五千人进攻也。

〔7〕乙酉为六月二十一日。

〔8〕丙戌为六月二十二日。

〔9〕丁亥为六月二十三日。入吴，破吴都也。

〔10〕恶音 wù。恶为诸侯所闻。

〔11〕自刭，言吴王亲以刀杀七人以绝口也。

【译文】

六月丙子，越王句践进攻吴国，兵分两路。越国的畴无馀、讴阳从南边走，先到达吴国国都的郊区。吴国的太子友、王子地、王孙弥庸、寿於姚在泓水上观察越军。王孙弥庸见到姑蔑的旗帜，说："那是我父亲的旗帜，我不能见到仇人而不杀死他们。"太子说："如果作战不能取胜，将会亡国，请等一等。"王孙弥庸不同意，集合部属五千人出战，王子地帮助他。乙酉，两军交战，弥庸俘虏了畴无馀，王子地俘虏了讴阳。越王句践率军到达，王子地守卫。丙戌，再次交战，越军大败吴军，俘虏了太子友、王孙弥庸、寿於姚。丁亥，攻入吴国国都。吴国人向吴王报告战败，吴王深恐诸侯听到这个消息，亲自把七个报信的吴国人杀死在帐幕里边以灭口。

秋七月辛丑，盟，〔1〕吴、晋争先。吴人曰："于周室，我为长〔2〕。"晋人曰："于姬姓，我为伯〔3〕。"赵鞅呼司马寅曰〔4〕："日旰矣，大事未成，二臣之罪也。建鼓整列〔5〕，二臣死之〔6〕，长幼必可知也〔7〕。"对曰："请姑视之。"反曰："肉食者无墨〔8〕，今吴王有墨！国胜乎[9]？大子死乎？且夷德轻[10]，不忍久[11]，请少待之。”乃先晋人[12]。

【注释】

〔1〕辛丑为七月七日。

〔2〕吴为泰伯之后，泰伯之弟为王季，王季之子为文王，故吴人自称为周室之长。

〔3〕伯，与霸通。

〔4〕鞅音 yāng。赵鞅，晋卿。司马寅，晋大夫，时为司马。

〔5〕建鼓整列，下令整队也。

〔6〕二臣，赵鞅及司马寅。死之，拚命也。

〔7〕长幼必可知也，言晋吴之先后高下可定也。

〔8〕墨，气色黑沉也。

〔9〕国为敌所胜，言越入吴也。

〔10〕夷指吴。德轻，性不沉着也。

〔11〕不忍久，不耐久也。

〔12〕乃先晋人，吴居晋之先也。

【译文】

秋季七月辛丑，诸侯盟誓，吴国、晋国争执歃血的先后。吴国人说：“在周王室中，我们最长。”晋国人说：“在姬姓之中，我们是霸主。”赵鞅对司马寅呼喊说：“天色已晚，大事还没有成功，是我们两个臣下的罪过。下令整顿队列，如果我们两人战死，次序先后就可以定下来了。”司马寅说：“请姑且让我到吴营那里观察一下。”回来后说：“高贵的人的脸色没有灰暗无神的，现在吴王面色灰暗！是他的国家被敌人战胜了吗？或许是太子死了吧？而且夷人性情并不沉着，不能长久忍耐，请稍等一等。”吴国人于是就比晋国人先行歃血。

吴人将以公见晋侯[1]。子服景伯对使者曰：“王合诸侯，则伯帅侯牧[2]以见于王；伯合诸侯，则侯帅子男以见于伯。自王以下，朝聘玉帛不同[3]，故敝邑之职贡于吴，有丰于晋[4]，无不及焉，以为伯也。今诸侯会而君将以寡君见晋君，则晋成为伯矣，敝邑将改职贡[5]。鲁赋于吴八百乘[6]，若为子、男[7]，则将半邾以属于吴[8]，而如邾以属晋[9]。且执事以伯召诸侯，而以侯终之，何利之有焉？"吴人乃止。既而悔之，将囚景伯。景伯曰："何也[10]立后于鲁矣。将以二乘与六人从，迟速唯命。"遂囚以还。及户牖[11]，谓大宰曰："鲁将以十月上辛，有事于上帝先王，[12]季辛而毕[13]。何世有职焉[14]，自襄[15]以来，未之改也。若不会，祝宗[16]将曰：'吴实然[17]。'且谓鲁不共而执其贱者七人[18]，何损焉？"大宰嚭言于王曰："无损于鲁而只为名[19]，不如归之。"乃归景伯。

【注释】

〔1〕见音 xiàn。晋侯，晋定公也。吴以属国待鲁。

〔2〕伯为诸侯之长。牧，君长也。

〔3〕诸侯见于天子，或相见，皆曰朝。大夫朝于诸侯曰聘。朝聘所持之玉帛，以对方地位之高低而不同。

〔4〕有丰于晋，有过于晋，吴高晋低也。

〔5〕吴既以晋为霸主，则晋高吴低，鲁之职贡将改。

〔6〕鲁为独立国，国力为八百乘，对吴之贡品，以八百乘为基数以计之。赋，定额也。

〔7〕子、男，小国，属国也。

〔8〕邾为齐之属国，国力为六百乘，对于宗主国之齐，按其基数六百乘之半以进贡。鲁之于吴亦将如此。

〔9〕对于霸主之晋，将按基数六百乘以进贡。

〔10〕何，子服景伯之名。

〔11〕户牖，在河南兰封县东北二十里。

〔12〕每月有三辛日，第一曰上辛。有事，祭祀也。
〔13〕第三辛日曰季辛。
〔14〕何世有职，子服景伯一族历代参加祭事。
〔15〕襄，鲁襄公，前五七二—前五四二在位。
〔16〕祝宗，祝享之官也。
〔17〕吴实然，吴实使之至此也。
〔18〕七人，子服景伯及其从者六人。
〔19〕为名，反得恶名也。

【译文】

吴国人要带领哀公进见晋定公。子服景伯对使者说：“天子会合诸侯，那么诸侯之长就率领诸侯的君长进见天子；诸侯之长会合诸侯，那么诸侯就率领位列子、男的小国进见诸侯之长。从天子以下，朝聘时所用的玉帛也不相同，所以敝邑进贡给吴国的，要比晋国丰厚，而没有不如的，因为敝邑把吴国作为诸侯之长。现在诸侯会盟，而君王准备带领寡君进见晋君，那么晋国就成为诸侯之长了，敝邑将会改变进贡的数量。鲁国进贡按八百辆战车的定额给贵国，如果变成位列子、男的小国，那么将会按邾国战车的一半来进贡，而按邾国战车的数量来进贡晋国。而且执事以诸侯之长的身份召集诸侯，而以一般诸侯的身份结束，这有什么好处呢？”吴国人于是就没有那么做。不久又后悔了，准备囚禁景伯。景伯说：“我已经在鲁国立了继承人了。打算带着两辆车子和六个人跟随你们去，早走晚走都听从你们的命令。”吴国人就囚禁了景伯并带回去。到达户牖，景伯对太宰说：“鲁国将要在十月的第一个辛日，祭祀上帝和先王，到最后一个辛日完毕。我世世代代都在祭祀中担任一定的职务，从襄公以来，没有改变过。如果我不参加，祝宗将会说：‘是吴国让他这样的。’而且贵国认为鲁国不恭敬，却只逮捕了他们七个卑微的人，这对鲁国有什么损害呢？”太宰嚭对吴王说：“对鲁国没有损害反而只能造成坏名声，不如放他回去。”于是就放回了景伯。

吴申叔仪乞粮于公孙有山氏〔1〕，曰：“佩玉蘂兮[2]，余无所系之[3]。旨酒一盛兮[4]，余与褐之父睨之[5]。”对曰：“粱则无矣[6]，麤则有之[7]。若登首山以呼曰[8]：‘庚癸乎[9]！’则诺。”王欲伐宋，杀其丈夫而囚其妇人，大宰嚭曰：“可胜也而弗能居也。”乃归。冬，吴及越平。

【注释】

〔1〕申叔仪，吴大夫。公孙有山，鲁大夫。

〔2〕繠音 ruǐ，垂也。

〔3〕饥不得食，则佩玉无用，故曰无所系之。

〔4〕旨，美也。一盛，一器也。盛音 chéng。

〔5〕褐音 hé，粗毛布也。睨音 nì，斜视也。我与粗毛布衣之老人斜视，言其不可得也。

〔6〕粱，细粮。

〔7〕麤，古粗字，粗粮也。

〔8〕首山，山名。

〔9〕庚癸，军粮之隐语。旧说云：庚西方，主谷；癸北方，主水。

【译文】

吴国的申叔仪到公孙有山氏那里讨粮食，说：“佩玉垂下来啊，我没有地方系住它。美酒一杯啊，我和身着粗毛布衣的老头斜视它。”公孙有山氏回答说：“细粮已经没了，粗粮还有一些。如果你登上首山喊：‘庚癸啊！’就答应给你。”吴王夫差想要攻打宋国，准备杀死那里的男人而囚禁妇女，太宰嚭说：“我们虽然可以战胜，但不能在那里久留。”吴王这才回国。冬季，吴国和越国讲和。

哀公十七年(前四七八)

三月，越子伐吴，吴子御之笠泽[1]，夹水而陈。越子为左右句卒〔2〕，使夜或左或右，鼓噪而进。吴师分以御之。越子以三军潜涉，当吴中军而鼓之〔3〕，吴师大乱，遂败之。

【注释】

〔1〕笠泽，今太湖，或以为吴淞江。

〔2〕句音 gōu。句卒，支队也。

〔3〕先以左右支队分吴兵力，然后以三军之精锐并力击其中军。

【译文】

三月，越王句践进攻吴国，吴王夫差在笠泽抵御越军，隔着河流摆开阵势。越王将越军编成左右两支部队，让他们趁着夜色忽左忽右，击鼓呐喊着进军。吴军分兵抵御。越王带领三军的精锐偷偷渡河，对准吴国的中军击鼓进攻，吴军大乱，于是越军就打败了吴军。

哀公十九年（前四七六）

十九年春，越人侵楚，以误吴也。夏，楚公子庆、公孙宽追越师至冥〔1〕，不及，乃还。

【注释】

〔1〕冥，楚地。

【译文】

十九年春季，越国人侵袭楚国，是为了迷惑吴国。夏季，楚国的公子庆、公孙宽追击越军到达冥地，没有追上，就撤兵回去了。

哀公二十年（前四七五）

吴公子庆忌骤谏吴子曰[1]："不改必亡。"弗听。出居于艾[2]，遂适楚。闻越将伐吴，冬，请归平越，遂归，欲除不忠者以说于越[3]，吴人杀之。

【注释】

〔1〕骤谏，屡谏也。

〔2〕艾，吴地，在江西修水县西。

〔3〕庆忌主和，欲除不忠于越者。

【译文】

吴国的公子庆忌屡次劝谏吴王说："如果不改变政令，就一定会亡国。"吴王不肯听从。庆忌离开国都住在艾地，又去到楚国。庆忌听说越国准备进攻吴国，冬季，请求回国和越国讲和，于是就回国了，想要除掉对越国不忠的人来取悦越国，吴国人杀死了庆忌。

十一月，越围吴，赵孟降于丧食[1]。楚隆曰[2]："三年之丧，亲暱[3]之极也，主[4]又降之，无乃有故乎？"赵孟曰："黄池之役，先主与吴王有质曰[5]：'好恶同之[6]。'今越围吴，嗣子不废旧业[7]，而敌之[8]，非晋之所能及也。吾是以为降。"楚隆曰："若使吴王知之，若何？"赵孟曰："可乎？"隆曰："请尝之[9]。"乃往。先造于越军[10]曰："吴犯间上国多矣[11]，闻君亲讨焉，诸夏之人莫不欣喜，唯恐君志之不从，请入视之。”许之。告于吴王曰：“寡君之老[12]无恤，使陪臣隆[13]，敢展谢[14]其不共。黄池之役，君之先臣志父得承齐盟[15]曰：‘好恶同之。’今君在难[16]，无恤不敢惮劳，非晋国之所能及也，使陪臣敢展布之。”王拜稽首曰：“寡人不佞[17]，不能事越以为大夫忧，拜命之辱[18]。”与之一箪珠[19]，使问[20]赵孟。曰[21]：“句践将生忧寡人[22]，寡人死之不得矣[23]。”王曰：“‘溺人必笑[24]’，吾将有问也。史黯何以得为君子[25]？”对曰：“黯也进不见恶[26]，退无谤言。”王曰：“宜哉。”

【注释】

〔1〕此篇之赵孟，指赵无恤，赵鞅之子。赵鞅新死，无恤有三年之丧，礼当减膳，今又降一等，故曰降于丧食。

〔2〕楚隆，赵氏家臣。

〔3〕暱音 nì，亲也。

〔4〕贵族一族之长曰主。

〔5〕先主，赵鞅也。有质，有约也。

〔6〕恶音 wù。言好恶彼此一致也。

〔7〕嗣子，赵无恤自称，为晋世卿，故曰不废旧业。

〔8〕敌之，言敌越以救吴也。

〔9〕尝，试也。

〔10〕造，去声，至也。

〔11〕间，去声，与也，干预也。

〔12〕老，卿也。

〔13〕臣之臣曰陪臣，楚隆自称。

〔14〕展谢，陈谢也。

〔15〕志父即赵鞅。齐盟，同盟也。

〔16〕难，去声。

〔17〕佞音 nìng，才也。

〔18〕言感谢赵无恤遣使对吴之慰问也。

〔19〕箪音 dān，圆形竹器也。

〔20〕问，赠也。
〔21〕吴王夫差之言。
〔22〕生忧寡人，使寡人生忧也。
〔23〕死之不得，不得善终也。
〔24〕溺人，溺水之人。
〔25〕黯音 àn。史黯即史墨。
〔26〕恶，去声。言人无恶之者。

【译文】

十一月，越军包围了吴国国都，赵无恤服丧时的饮食比规定的饮食还要降等。楚隆说："三年的丧礼，是表示亲情关系到了极点，现在您又降等，恐怕另有缘故吧？"赵无恤说："黄池那一次盟会，先主和吴王有过盟约，说：'同好共恶。'现在越国包围了吴国，我继承祖先作为晋国的世卿，想与越国为敌来救援吴国，但又不是晋国的力量所能达到的。我因此把饮食降等来表示心意。"楚隆说："如果让吴王知道您的心意，怎么样？"赵孟说："办得到吗？"楚隆说："请让我试一试。"于是就前去。先到越军那里，说："吴国冒犯上国已经多次了，听说君王亲自讨伐，中原国家的人们无不欢欣鼓舞，惟恐君王的意愿不能实现，请让我进去看看吴军的情况。"越王答应了。楚隆告诉吴王说："寡君的卿无恤，派陪臣我楚隆前来，谨敢为他的不恭敬而陈告谢罪。黄池那一次盟会，君王的先臣志父得以参加盟会并盟誓说：'同好共恶。'现在君王处在危难之中，无恤不敢害怕辛劳，但又不是晋国的力量所能达到的，谨派我前来向君王秉告。"吴王下拜叩头说："寡人没有才能，不能事奉越国因而让大夫担忧，谨拜谢大夫派人屈尊前来慰问。"给了楚隆一箪珍珠，让他赠给赵无恤。说："句践要让寡人在忧患中生活，寡人看来是不得善终了。"吴王又说："'快淹死的人必然强作欢笑'，我还有句话要问你。史墨为什么能成为君子？"楚隆回答说："史墨这个人做官没有人讨厌他，不做官了也没有人诽谤他。"吴王说："说得好啊。"

哀公二十二年(前四七三)

冬十一月丁卯[1]，越灭吴，请使吴王居甬东[2]，辞曰："孤老矣，焉能事君？"乃缢。越人以归[3]。

【注释】

〔1〕丁卯为十一月二十八日。

〔2〕甬东，今浙江定海县。

〔3〕以归，以其尸归也。

【译文】

冬季十月丁卯，越国灭亡了吴国，请求让吴王住在甬东，吴王夫差辞谢说："我老了，哪里还能事奉君王？"于是就上吊自杀了。越国人就带着他的尸体回国了。

【讲评】

春秋后期出现了吴、越两个大国。这不是吴、越的突起，而是《左传》记载的局限性，前期只注意到中部的几个大国而忽略了东南的吴、越。吴从落后的国家，一跃而为先进的国家。邗沟的完成，不但证明了吴对于航运的认识，同样也证明了吴有强大的组织力量。吴的疆界，西到安徽、江西的极西，北到江苏、安徽的极北，南部直到浙西，在春秋末年，是一个庞大的国家。所可惜的是内部的团结不够，同时又因为统治者的野心，无限制地向外发展，和四围的楚、越、宋、齐都结下仇恨，又准备和晋人争霸。过度的扩展，形成内部的崩溃，终于走向灭亡。旧时以为越人乘吴有黄池之会，起而灭吴，实则黄池之会在前四八二，吴灭在前四七三，前后十年。吴的灭亡，不是由于句践之乘机，而是由于多年的对外作战，把国内的民力财力消耗殆尽，以至即使强敌压境，夫差也无从集中国力，做最后的挣扎。这是读这一篇所必须注意的。《左传》所载，和《国语》中《吴语》、《越语》两部分的记载，详略不同，事实亦略有出入，正可见到两书不出于一人。篇中所写的夫差，是一个极其生动的形象；所记子服景伯对于吴人的言论，也可看出中原人物对于新进国家的看法和作风。